CURSO DE FILOSOFIA - 1

Coleção FILOSOFIA

- *O Homem, quem é ele?: elementos de antropologia filosófica*, Battista Mondin
- *Introdução à filosofia: problemas, sistemas, autores, obras*, Battista Mondin
- *Curso de filosofia – vol. 1*, Battista Mondin
- *Curso de filosofia – vol. 2*, Battista Mondin
- *Curso de filosofia – vol. 3*, Battista Mondin
- *Filosofia da religião*, Urbano Zilles
- *Os sofistas*, William Keith Chambers Guthrie
- *Quem é Deus? Elementos de teologia filosófica*, Battista Mondin
- *Os filósofos através dos textos: de Platão a Sartre*, VV.AA.
- *A educação do homem segundo Platão*, Evilázilo Francisco Borges Teixeira
- *Léxico de metafísica*, Aniceto Molinaro
- *Filosofia para todos*, Gianfranco Morra
- *Metafísica: curso sistemático*, Aniceto Molinaro
- *Filosofia, encantamento e caminho: introdução ao exercício do filosofar*, Vanildo de Paiva
- *Corpo, alma e saúde: o conceito de homem de Homero a Platão*, Giovanni Reale
- *Teoria do conhecimento e teoria da ciência*, Urbano Zilles
- *Direito e ética: Aristóteles, Hobbes, Kant*, Maria do Carmo Bettencourt de Faria
- *Estética: fundamentos e questões de filosofia da arte*, Peter Kivy (org.)
- *Ética em movimento*, VV.AA.
- *Por que São Tomás criticou Santo Agostinho. Avicena e o ponto de partida de Duns Escoto*, Étienne Gilson
- *Filosofia da linguagem*, Alexander Miller
- *Filosofia prática e a prática da filosofia*, Antonio Bonifácio Rodrigues de Sousa
- *O problema do ser em Aristóteles*, Pierre Aubenque
- *Antropologia filosófica contemporânea: subjetividade e inversão teórica*, Manfredo Araújo de Oliveira
- *Perfil de Aristóteles*, Enrico Berti
- *Metafísica: Antiga e medieval*, Luciano Rosset; Roque Frangiotti
- *Modelos de filosofia política*, Stefano Petrucciani
- *A ontologia em debate no pensamento contemporâneo*, Manfredo Araújo de Oliveira
- *Panorama das filosofias do século XX*, Urbano Zilles
- *Filosofia: Antiguidade e Idade Média – vol. 1*, Giovanni Reale; Dario Antiseri
- *Filosofia: Idade Moderna – vol. 2*, Giovanni Reale; Dario Antiseri
- *Filosofia: Idade Contemporânea – vol. 3*, Giovanni Reale; Dario Antiseri

BATTISTA MONDIN

CURSO DE FILOSOFIA

Os Filósofos do Ocidente

Vol. 1

Dados Internacionais de Catalogação na Publicação (CIP)
(Câmara Brasileira do Livro, SP, Brasil)

Mondin Battista
Curso de Filosofia / B. Mondin [tradução do italiano
Benôni Lemos; revisão de João Bosco Lavor Medeiros].
São Paulo: Paulus, 1981. Coleção Filosofia.

ISBN 978-85-349-0390-5
Bibliografia.

Conteúdo: v. 1. Os filósofos do Ocidente. 1. Filosofia 2. Filosofia
— História I. Título II. Título: Os filósofos do Ocidente.

81-1292   CDD-100-109

Índice para catálogo sistemático:
1. Filosofia 100
2. Filosofia: História 109

Título original
I Filosofi dell'Occidente
© Editrice Massimo, 3ª ed., 1977

Tradução
Benôni Lemos

Revisão
João Bosco de Lavor Medeiros

Editoração, impressão e acabamento
PAULUS

Imagem da capa
iStock

Seja um leitor preferencial **PAULUS**.
Cadastre-se e receba informações
sobre nossos lançamentos e nossas promoções:
paulus.com.br/cadastro
Televendas: **(11) 3789-4000 / 0800 016 40 11**

1ª edição, 1982
19ª reimpressão, 2021

© PAULUS – 1982

Rua Francisco Cruz, 229 • 04117-091 São Paulo (Brasil)
Tel. (11) 5087-3700
paulus.com.br • editorial@paulus.com.br
ISBN 978-85-349-0390-5

Aos meus alunos

INTRODUÇÃO

1. Que é filosofia?

Filosofia é palavra de origem grega que significa literalmente "amigo da sabedoria" (*philos sophias*). Narra-se que o termo foi inventado por Pitágoras, que certa vez, ouvindo alguém chamá-lo sábio e considerando este nome muito elevado para si mesmo, pediu que o chamassem simplesmente filósofo, isto é, amigo da sabedoria.

A filosofia é conhecimento, forma de saber que, como tal, tem *esfera própria de competência*, a respeito da qual procura adquirir informações válidas, precisas e ordenadas. Mas, enquanto é fácil dizer qual é a esfera de competência das várias ciências experimentais, o mesmo não se dá com a filosofia. Sabemos, por exemplo, que a botânica estuda as plantas, a geografia, os lugares, a história, os fatos, a medicina, as doenças etc. Quanto à filosofia, que coisa estuda? No dizer dos filósofos, estuda todas as coisas. Aristóteles, que foi o primeiro a fazer pesquisa rigorosa e sistemática em torno desta disciplina,[1] diz que a filosofia estuda "as causas últimas de todas as coisas"; Cícero define a filosofia como "o estudo das causas humanas e divinas das coisas"; Descartes afirma que a filosofia "ensina a raciocinar bem"; Hegel entende-a como "o saber absoluto"; para Whitehead, o papel da filosofia é o de "fornecer uma explicação orgânica do universo". Poderíamos citar muitos outros filósofos que definem a filosofia ora como o estudo do valor do conhecimento, ora como a indagação do fim último do homem, ora como o estudo da linguagem, do ser, da história, da arte, da cultura, da política etc. Realmente, coerentes com essas diferentes definições, os filósofos

---

[1] ARISTÓTELES, *Metafísica*, livro I.

estudaram todas as coisas. Devemos então concluir que a filosofia estuda tudo? Sim, e por duas razões.

Em primeiro lugar, porque todas as coisas podem ser examinadas no nível científico e também no filosófico. Assim, os homens, os animais, as plantas, a matéria, estudados por muitas ciências e diversos pontos de vista, podem ser objeto também da indagação filosófica. De fato, os cientistas se perguntam de que é feita a matéria, que coisa é a vida, como são formados os animais e o homem, mas não consideram outros problemas que dizem respeito também ao homem, aos animais, às plantas, à matéria, como, por exemplo, o que é a existência. Especialmente a respeito do homem, que as ciências estudam sob vários aspectos, muitos são os problemas que nenhuma delas estuda (supondo-os já resolvidos), como o do valor da vida e do conhecimento humano, o da natureza do mal, o da origem e do valor da lei moral. Destes problemas ocupa-se somente a filosofia.

Em segundo lugar, porque, enquanto as ciências estudam esta ou aquela dimensão da realidade, a filosofia estuda o todo, a totalidade, o universo tomado globalmente.

Eis, portanto, a primeira característica que distingue a filosofia de qualquer outra forma de saber: ela estuda toda a realidade ou, pelo menos, procura oferecer explicação completa e exaustiva de esfera particular da realidade.

Há, porém, duas outras qualidades que contribuem para dar caráter próprio e específico ao saber filosófico: trata-se do método e do objetivo.

O *método* não é o da simples verificação, nem o da descrição mais ou menos fantasiosa, nem o da experimentação. O primeiro é próprio do conhecimento comum; o segundo, da poesia e da mitologia; o terceiro, da ciência. A filosofia tem método diferente, o da justificação lógica, racional. Das coisas que estuda, a filosofia deseja oferecer explicação conclusiva e, para consegui-la, se serve somente da razão, isto é, daquilo que os gregos chamaram *logos*.

Quanto ao objetivo, a filosofia não busca fins práticos e não tem interesses externos como a ciência, a arte, a religião e a técnica, as quais, de um modo ou de outro, sempre têm em vista alguma satisfação ou alguma vantagem. A filosofia tem como único objetivo o conhecimento; ela procura a verdade pela verdade, prescindindo de eventuais utilizações práticas. A filosofia tem finalidade puramente teorética, ou seja, contemplativa; não procura a verdade por algum motivo que não seja a própria verdade. Por isso, como diz egregiamente Aristóteles na Metafísica (A, 2, 982b), é "livre" enquanto não se destina a nenhum uso de ordem prática, realizando-se na pura contemplação da verdade.

Dissemos há pouco que todas as coisas podem ser objeto de indagação filosófica. Como decorrência disso, pode haver uma filosofia do homem, dos animais, do mundo, da vida, da matéria, dos deuses, da sociedade, da política, da religião, da arte, da ciência, da linguagem, do esporte, do riso, do jogo etc. Na verdade, porém, os que são chamados filósofos estudam de preferência somente alguns problemas, os que são designados com os nomes de *lógica, epistemologia, metafísica, cosmologia, ética, psicologia, teodiceia, política, estética*, os quais constituem as partes mais importantes da filosofia. A *lógica* se ocupa do problema da exatidão do raciocínio; a *epistemologia*, do valor do conhecimento; a *metafísica*, do fundamento último das coisas em geral; a *cosmologia*, da constituição essencial das coisas materiais, de sua origem e de seu vir-a-ser; a ética, da origem e da natureza da lei moral, da virtude e da felicidade; a *psicologia*, da natureza humana e das suas faculdades; a *teodiceia*, do problema religioso ou da existência e da natureza de Deus e das relações dos homens com ele; a *política*, da origem e da estrutura do Estado; a *estética*, do problema do belo e da natureza e função da arte.

2. Mito e filosofia

A mente humana é naturalmente inquiridora: quer conhecer as razões das coisas. Basta ver uma criança propondo perguntas aos pais. Mas às mesmas perguntas podem ser dadas diversas respostas: respostas míticas, científicas, filosóficas. As respostas míticas são explicações que podem contentar a fantasia, embora não sejam verdadeiras. Como, por exemplo, quando, à pergunta da criança "por que o carro se move?", responde-se "porque uma fada o empurra". Já as respostas científicas procuram satisfazer à razão, mas são sempre explicações incompletas, parciais, fragmentárias: dizem respeito apenas a alguns fenômenos, não abrangem toda a realidade. As respostas filosóficas propõem-se, ao contrário, como dissemos, oferecer explicação completa de todas as coisas, do conjunto, do todo.

A humanidade primitiva (pode-se verificar em todos os povos) contentava-se com explicações míticas para qualquer problema. Assim, à pergunta "por que troveja?", respondia: "porque Júpiter está encolerizado"; à pergunta "por que o vento sopra?", respondia: "porque Éolo está enfurecido".

A nós modernos, estas respostas parecem simplistas e errôneas. Historicamente, contudo, elas têm importância muito grande porque representam o primeiro esforço da humanidade para explicar as coisas e suas causas. Sob o véu da fantasia, há nessas respostas procura autêntica das "causas primeiras" do mundo.

Julgamos oportuno, por isso, dizer aqui algumas palavras acerca do mito, a respeito de sua definição, acerca das suas interpretações principais e concernentes à passagem da mitologia grega para a filosofia.

Turchi, grande estudioso da história das religiões, dá a seguinte definição de mito: "Em sua acepção geral e em sua fonte psicológica, o mito é a animação dos fenômenos da natureza e da vida, animação devida a alguma forma primordial e intuitiva do conhecimento humano, em virtude da qual o homem projeta a si mesmo nas coisas, isto é, anima-as e personifica-as, dando-lhes figura e comportamentos sugeridos pela sua imaginação; o mito é, em suma, representação fantástica da realidade, delineada espontaneamente pelo mecanismo mental".[2] Desta longa definição retenhamos a última parte: o mito é representação fantasiosa, espontaneamente delineada pelo mecanismo mental do homem, a fim de dar interpretação e explicação aos fenômenos da natureza e da vida.

Como dissemos acima, desde o início o homem procurou indagar a respeito da origem do universo, da natureza das coisas e das forças às quais se sentia sujeito. A esta indagação deu, sob o impulso da fantasia criadora — tão ativa entre os povos primitivos —, cor e forma, criando um mundo de seres vivos (em forma humana ou animal) dotados de história. A função deles era fornecer explicação para os acontecimentos da natureza e da existência humana: para a guerra e a paz, para a bonança e a tempestade, para a abundância e a carestia, para a saúde e a doença, para o nascimento e a morte. Todos os povos antigos — assírios, babilônios, persas, egípcios, hindus, chineses, romanos, gauleses, gregos — têm seus mitos. Mas entre todas as mitologias, a grega é a que mais se destaca pela riqueza, ordem e humanidade. Não é de admirar, por isso, que a filosofia se tenha desenvolvido justamente da mitologia grega.

[2]TURCHI, N., *Le religioni dell'umanità*, Assis, 1954, 61.

Introdução

Do mito foram dadas as mais diversas interpretações, das quais as principais são: mito-verdade e mito-fábula.

Segundo a intepretação "mito-verdade", o mito é representação fantasiosa que pretende exprimir uma verdade; segundo a interpretação "mito-fábula", ele é narração imaginosa sem nenhuma pretensão teórica. Para a primeira interpretação, os mitos são as únicas explicações das coisas que a humanidade, nos seus primórdios, estava em condições de fornecer e nas quais ela acreditava firmemente. Para a segunda interpretação, são representações fantasiosas nas quais ninguém jamais acreditou, muito menos seus criadores.

Os primeiros que consideraram os mitos como simples fábulas foram os filósofos gregos. A eles se juntaram mais tarde os Padres da Igreja, os escolásticos e a maior parte dos filósofos modernos.

Mas, a partir do começo do século XX, vários estudiosos da história das religiões (Eliade), da psicologia (Freud), da filosofia (Heidegger), da antropologia (Lévi-Strauss), da teologia (Bultmann) começaram a apoiar a interpretação mito-verdade, argumentando que a humanidade primitiva, embora não podendo dar explicação racional e metódica do universo, deve ter procurado explicar para si mesma fenômenos como a vida, a morte, o bem, o mal etc., fenômenos estes que atraem a atenção de qualquer observador, ainda que dotado de pouca instrução. Na opinião de muitos estudiosos contemporâneos, os mitos escondem, portanto, sob a capa de imagens mais ou menos eloquentes, a resposta que a humanidade primitiva deu a estes grandes problemas. Esta resposta, pensam eles, merece ser tomada em consideração ainda hoje porque, em alguns casos, a humanidade primitiva, simples e atenta, pode ter percebido melhor o sentido das coisas do que a humanidade mais adiantada, muito maliciosa e desatenta.

Das análises feitas pelos estudiosos de nosso tempo segue que o mito exerceu, entre os povos antigos, três funções principais: religiosa, social e filosófica.

Primeiramente, "o mito é o primeiro degrau no processo de compreensão dos sentimentos religiosos mais profundos do homem; é o protótipo da teologia".[3] Mas, ao mesmo tempo, é também o que assinala e garante a pertença a um grupo social e não a outro; de fato, a pertença

---

[3] GILKEY, L., *Il destino della religione nell'èra tecnologica*, Roma, 1972, 163.

a este ou àquele grupo depende dos mitos particulares que alguém segue e cultiva. Finalmente, o mito exerce função semelhante à da filosofia, enquanto representa o modo de autocompreender-se dos povos primitivos. Também o homem das civilizações antigas tem consciência de certos fatos e valores, e cristaliza a causa dos primeiros e a realidade dos segundos justamente nas representações fantásticas que são os mitos.

Em nossa opinião, o mito é denso de significado tanto religioso como filosófico, tanto social como pessoal. Mas não concordamos com uma valorização que o equipare à filosofia. Embora tendo fundamentalmente o mesmo objetivo que o mito, a saber, o de fornecer a explicação exaustiva das coisas, a filosofia procura atingir este seu objetivo de modo completamente diferente. De fato, o mito procede mediante a representação fantástica, a imaginação poética, a intuição de analogias, sugeridas pela experiência sensível; permanece, pois, aquém do *logos*, ou seja, aquém da explicação racional. A filosofia, ao contrário, trabalha só com a razão, com rigor lógico, com espírito crítico, com motivações racionais, com argumentações rigorosas, baseadas em princípios cujo valor foi prévia e firmemente estabelecido de forma explícita.[4]

3. A religião grega e a filosofia

É comum ouvir em nossa época que o conhecimento humano se desenvolveu em três fases diferentes, das quais a primeira seria religiosa, a segunda, filosófica e a terceira, científica. É também muito difundida a opinião segundo a qual a fase religiosa se identifica com a fase mítica da humanidade.

Observou-se, porém, de várias partes e com razão que a tendência a dar estruturação mítica ao pensamento não é exclusiva da religião, mas acompanha todas as outras expressões e dimensões do agir humano, e que semelhante tendência para a mitificação não desapareceu na época moderna, uma vez que também em nossos dias a ciência, a tecnologia, a política, a religião, o esporte etc. forjam seus mitos.

---

[4]Aristóteles diz que a diferença específica entre ciência e experiência está no fato de que a experiência atesta que aconteceu alguma coisa e explica o seu como, ao passo que a ciência procura esclarecer o seu porquê. Em nossa opinião, é esta também a diferença entre mito e filosofia. O mito nos diz como se estrutura o universo, ou seja, o mundo dos deuses, dos homens e das coisas, ao passo que a filosofia quer apresentar o porquê do mundo, do homem, de Deus.

Não obstante isso, não deixa de ser verdade que a interpretação mítica constitui aspecto característico dos povos antigos e que até na Grécia, berço da filosofia, a primeira explicação das coisas foi essencialmente mítica e ao mesmo tempo genuinamente religiosa. Isto nos oferece a oportunidade de dizer uma palavra sobre a religião grega e sobre as mitologias de Homero e Hesíodo.

Quando se fala da religião grega, é necessário distinguir claramente entre religião pública e religião dos mistérios.

A *religião pública,* que tem sua mais bela expressão em Homero, é essencialmente hierofânica, antropomórfica e naturalista. Hierofânica enquanto vê em qualquer evento cósmico a manifestação do divino: tudo o que acontece é obra dos deuses; todos os fenômenos naturais são provocados pelos numes: os trovões e os raios são arremessados do alto por Zeus, as ondas do mar são levantadas pelo tridente de Poseidon, os ventos são impelidos por Éolo, e assim por diante. Antropomórfica enquanto os deuses "são forças naturais calcadas em formas humanas idealizadas, aspectos do homem sublimados, personalizados, forças do homem cristalizadas em belíssimas formas. Em outras palavras, os deuses da religião natural não são mais do que *homens ampliados e idealizados;* são, pois, quantitativamente superiores a nós, não, porém, *qualitativamente diferentes*".[5] Por isso a religião pública grega é certamente uma forma de religião naturalista. E tão naturalista que, como observou justamente Walter Otto, "a santidade não se pode encontrar nela"[6] porque, pela sua própria essência, os deuses não queriam, nem poderiam, elevar o homem acima dele mesmo. O que a divindade exige do homem "não é a mudança íntima de seu modo de pensar, nem a luta contra suas tendências naturais e seus impulsos; ao contrário, tudo o que para o homem é natural vale diante da divindade como legítimo; o homem mais divino é o que cultiva com o máximo empenho suas forças humanas; e o cumprimento do dever religioso consiste essencialmente nisto: que o homem faça, em honra da divindade, o que é conforme à sua própria natureza".[7]

---

[5]REALE, G., *I problemi del pensiero antico,* Milão, 1971, 38.
[6]OTTO, W.F., *Gli dèi della Grecia,* Florença, 1941, 72.
[7]ZELLER, E.-MONDOLFO, R., *La filosofia dei greci nel suo sviluppo storico,* Florença, 1943, 2ª ed., I, 105ss.

Outra característica da religião pública grega é não ser revelada, mas natural. Os gregos, diversamente dos judeus, dos povos do Oriente e dos egípcios, não tinham livros sagrados ou considerados como fruto de revelação divina. Por isso eles não tinham uma dogmática fixa e imutável. Pelo mesmo motivo não havia na Grécia uma casta sacerdotal encarregada da guarda do dogma. Nesta ausência de dogmas e de encarregados de sua guarda, ausência que permitia a mais ampla liberdade à especulação filosófica, os historiadores veem com razão um dos fatores mais importantes do aparecimento e do desenvolvimento da filosofia entre os gregos.

Inegavelmente, a religião pública, com seu imenso quadro mitológico, exerceu grande influência sobre as reflexões filosóficas dos pensadores gregos. Mas eles não foram menos sensíveis às solicitações da religião dos mistérios, a qual atingiu seu maior brilho na Grécia justamente quando a filosofia começava a florescer.

Os pontos mais importantes da *religião dos mistérios* (conhecida também pelo nome de *orfismo*) são os seguintes: *a)* no homem reside um princípio divino, um demônio (*daimônion*), unido a um corpo por causa de uma culpa original; *b)* este demônio é imortal e, por isso, não morre com o corpo, mas deve passar por uma série de reencarnações até expiar completamente sua culpa; *c)* a vida órfica, com suas práticas de purificação, é a única que pode pôr fim ao ciclo de reencarnações; *d)* por isso, quem vive a vida órfica entrará, depois desta existência, no estado de felicidade perfeita, ao passo que quem vive outro tipo de vida será condenado a ulteriores reencarnações.

Como se vê, a diferença principal entre a religião pública e a dos mistérios diz respeito às relações entre a alma e o corpo. Enquanto a religião pública tem concepção unitária da alma e do corpo, a dos mistérios professa concepção dualista. De não pouca importância são as consequências éticas destas duas concepções antitéticas. Na religião pública, como observamos, não se impõe nenhuma ascese, mas se encoraja o pleno desenvolvimento e a plena satisfação de qualquer capacidade, força e paixão. Na religião dos mistérios, ao contrário, impõe-se ascese muito rigorosa.

Vários ensinamentos antropológicos e éticos, como a imortalidade da alma, a condenação do prazer, o culto da virtude etc., de Pitágoras, Sócrates, Platão, Zenão, Plotino, são tomados diretamente da religião dos mistérios. E isto basta para mostrar sua importância para o desenvolvimento da filosofia grega.

Homero e Hesíodo têm o mérito de haverem fornecido codificação quase oficial da mitologia da religião pública grega. Hoje, porém, os historiadores concordam em atribuir também certa importância filosófica à obra épica de ambos. De fato, nota-se em Homero esforço, típico do filósofo, voltado para as motivações e para as razões dos acontecimentos narrados. Homero não conhece, escreve Werner Jaeger, a "mera aceitação passiva de tradições nem a simples narração de fatos, *mas somente o desenvolvimento interno e necessário da ação,* de fase em fase, nexo indissolúvel entre causa e efeito. (...) A ação não se estende como tênue sucessão temporal: em qualquer circunstância, vale para ela o princípio de razão suficiente, recebendo cada acontecimento rigorosa motivação psicológica".[8] Este modo poético de ver as coisas é exatamente o antecedente da pesquisa filosófica da "causa", do "princípio", do "porquê" das coisas. Mas há outra característica do *epos* homérico que prefigura a filosofia dos gregos: "Em uma e outra, *a realidade é apresentada em sua totalidade:* o pensamento filosófico apresenta-a em forma racional, enquanto a épica a apresenta em forma mítica. A 'posição do homem no universo', tema clássico da filosofia grega, é problema a que se volta sempre em Homero".[9]

Em sua *Teogonia*, Hesíodo fixou com precisão o quadro cósmico dentro do qual se moverá a especulação cosmológica dos filósofos. Segundo sua explicação da gênese do universo, primeiro foi gerado o Caos, depois Gea (a Terra), em cujo amplo seio estão todas as coisas. Nas profundezas da Terra, foi gerado o Tártaro escuro e, por último, Eros (o Amor), que em seguida deu origem a todas as outras coisas.

Será útil, contudo, repetir aqui o que dissemos atrás, a propósito das relações entre mito e filosofia. Se é verdade que o espírito indagador é o mesmo em Homero e em Hesíodo, de um lado, e nos filósofos, de outro, o modo como o realizaram é essencialmente diferente. "Enquanto em Hesíodo ou nos autores de teogonias o papel determinante exerce-o o elemento fantástico-poético-mitológico, em Tales exerce-o o *logos* e a razão: é este o motivo pelo qual a tradição considera Tales como o

---

[8] JAEGER, W., *Paideia*, Florença, 1953, 3ª ed., I, 110ss.
[9] Id., *ibid.*, 113, nota 34.

primeiro filósofo reconhecendo que no seu discurso havia algo totalmente diferente do discurso dos poetas e que esta diferença assinalava justamente a passagem do mito para o logos".[10]

4. O contexto social, político e econômico da filosofia grega

Primum vivere, deinde philosophare (primeiro viver, depois filosofar), diz um célebre provérbio latino. O sentido é que, sem determinadas condições sociais, econômicas e políticas, torna-se impossível qualquer especulação filosófica (como, além disso, qualquer outra atividade cultural séria). Quando o homem é atormentado pela fome ou pela miséria, ou oprimido pela escravidão ou pela ignorância, não tem tranquilidade, nem tempo nem disposições mentais para formular hipóteses filosóficas rigorosas e sistemáticas sobre a finalidade de sua existência, sobre a origem das coisas, sobre os fundamentos da ordem social e moral. De fato, entre os povos primitivos ou subdesenvolvidos, observa-se a ausência total de especulação filosófica sistemática. É lógico, por isso, supor que, se a primeira produção filosófica aparecida na Grécia data do século VI a.C., isto se deu graças a condições sociais, econômicas e políticas particulares.

De fato, no decorrer do século VI, a Grécia encaminha-se para relativa estabilidade política. Encerrados finalmente os grandes movimentos migratórios, a vida da cidade (*pólis*) organiza-se na base de disposições bem definidas, sob o controle de grupos aristocráticos reduzidos; também a vida econômica intensifica-se e o intercâmbio entre as cidades torna-se mais frequente. Este intenso ritmo de iniciativas e atividades atinge seu ponto mais alto nas colônias jônias da Ásia Menor (Mileto, Éfeso, Colofão, Clazômena, Foceia) e nas colônias gregas da Itália meridional (Eleia, Régio, Metaponto, Gela, Agrigento, Catânia). Tanto nas primeiras como nas segundas, os colonos provenientes da Grécia entregaram-se principalmente ao comércio, o que trouxe para as novas comunidades riqueza e prosperidade. Riqueza e prosperidade, por sua vez, proporcionaram a estas populações elevados níveis culturais, atestados ainda hoje pelos numerosos restos de templos, túmulos e estátuas. E por causa de certa liberdade decorrente da distância, as colônias

---

[10] REALE, G., *o. c.*, 67.

puderam reger-se por constituições livres antes da mãe pátria. Foram assim as condições sociais, políticas e econômicas mais favoráveis que propiciaram o nascimento e o florescimento da filosofia, que, passando depois para a mãe-pátria, atingiu os mais altos cumes justamente em Atenas, isto é, na cidade onde reinou a maior liberdade que os gregos jamais desfrutaram.

BIBLIOGRAFIA

Sobre o mito e suas relações com a religião e a filosofia:

ELIADE, M., *Aspects du mythe*, Paris, 1963; BULTMANN, R., *Nuovo testamento e mitologia*, Bréscia, 1970; RICOEUS, P., *Finitudine e colpa*, Bolonha, 1970; NESTLE, W., *Vom Mythos zum Logos*, Estugarda, 1942, 2ª ed.; GILKEY, L., *Il destino delia religione nell'èra tecnológica*, Roma, 1972; SERVIER, J., *L'uomo e l'invisibile*, Turim, 1967.

Sobre a religião grega e a origem da filosofia:

ZELLER, E.-MONDOLFO, R., *La filosofia dei greci nel suo sviluppo storicco*, Florença, 1943, 2ª ed., I, 140-166; PETTAZZONI, R., *La religione delia Grécia antica*, Turim, 1954, 2ª ed.; NILSSON, M., *Religiosità greca*, Florença, 1961; CORNFORD, F.M., *Greek Religious Thought*, Londres, 1923; CORNFORD, F.M., *From Religion to Philosophy*, Nova Iorque, 1967; JAEGER, W., *La teologia dei primi pensatori greci*, Florença, 1961; KERENYI, C., *Gli eroi e gli dei della Grécia*, Milão, 1972; REALE, G., *I problemi dei pensiero antico*, Milão, 1971; VERNANT, J. P., *Mythe et pensée chez les Grecs*, Paris, 1965.

I
OS JÔNIOS

Como dissemos na introdução, o problema da existência de princípio unitário para todas as coisas já está contido implicitamente na *Teogonia* de Hesíodo. Nesta obra o poeta procura coordenar toda a realidade, estabelecendo que uma coisa procede de outra: é lei à qual estão sujeitos também os deuses. A construção de Hesíodo permanece, porém, profundamente impregnada de elementos míticos (todo o mundo mitológico da religião grega está presente nela) e não chega ao princípio supremo de todas as coisas porque, segundo o autor, tudo está sujeito ao vir-a-ser, à geração e à corrupção.

Os primeiros pensadores que dão expressão filosófica ao problema da existência de uma causa suprema de todas as coisas são os filósofos jônios: Tales, Anaximandro, Anaxímenes, todos de Mileto, na Ásia Menor, às margens do mar Egeu. Todos viveram entre os séculos VII e V a.C.

1. Tales

A filosofia nasceu não na Grécia propriamente dita, e sim nas colônias gregas do Oriente e do Ocidente, a saber, na Jônia e na Magna Grécia. Cerca de 624 a.C., em Mileto, nasceu Tales, o pai da filosofia grega e de toda a filosofia ocidental.

Matemático e astrônomo, atribuem-se a ele muitas descobertas. Foi considerado um dos sete sábios da Antiguidade. Diógenes Laércio narra que morreu ao cair em uma cisterna enquanto observava os astros, aproximadamente em 562 a.C.

Pelo que se sabe, Tales foi o primeiro pensador que se pôs expressa e sistematicamente a pergunta: "Qual é a causa última, o princípio supremo de todas as coisas?" A pergunta justificava-se pelo fato de que, apesar da aparente diversidade, há em todas as coisas algo de comum: em todas as coisas observáveis encontra-se água, terra, ar e fogo.

Certamente a religião oferecia a Tales uma explicação a respeito da origem das coisas, mas não se tratava de dado racional no qual pudesse crer firmemente, mas de dado mítico.

A problemática de Tales é evidentemente de natureza filosófica, metafísica. Ele se pergunta se, não obstante a experiência que apresenta o quadro impressionante de uma multiplicidade infinita de fenômenos aparentemente irredutíveis, é possível derivar toda a realidade de um único princípio supremo. É o colossal problema do um e do múltiplo, que atormentará os filósofos de todos os tempos.

A esta pergunta ousada Tales dá uma resposta ingênua e rudimentar. Parece-lhe que entre os quatro elementos — água, terra, ar e fogo — que o bom-senso considera primordiais e constitutivos de todas as coisas, a *água* tenha prioridade sobre os outros. E conclui que a água é o princípio do qual se originam todas as coisas. Da água deriva, *por condensação*, a terra; *por rarefação*, o ar e o fogo.

Como dissemos acima, nesta resposta ainda está presente o elemento mítico: a mitologia enchera de divindades as águas do mar e dos rios e da espuma do mar fizera sair Afrodite, a deusa do amor e, portanto, da vida.

Nada nos restou dos escritos de Tales. Numerosos, mas pouco significativos são, todavia, os testemunhos indiretos. Tudo o que eles nos dizem se reduz ao seguinte: "Tales descobriu que os eclipses solares são causados pela Lua quando se coloca entre o Sol e a Terra; descobriu a Ursa Menor e os solstícios e determinou, antes dos gregos, a superfície e a natureza do Sol. Sustentava que também as coisas inanimadas têm alma, baseando-se, para isso, talvez na observação do magnetismo e do ímã. O princípio dos elementos era, segundo Tales, a água".[1]

No primeiro livro da *Metafísica* (que é o primeiro texto escrito de história da filosofia), Aristóteles explica o pensamento de Tales em termos rigorosamente filosóficos, do modo seguinte: "Dos primeiros filósofos, a maioria pensou que existem apenas princípios materiais para as coisas. Dizem que aquilo de que as coisas têm o seu ser e de que se

---

[1] PASQUINELLI, A., *I presocratici*, Turim, 1958, I, 13.

originam e no que, corrompendo-se, se resolvem — porque, embora a substância seja permanente em si, é mutável em seus acidentes — é o elemento primordial e a substância, o princípio das coisas; e pensam que nada se gera nem perece em sentido absoluto, uma vez que a substância permanece eternamente. (...) Deve haver, com efeito, alguma substância, uma ou mais de uma, da qual é gerado o resto, permanecendo ela a mesma. Quanto ao número e à forma deste princípio, não têm todos a mesma opinião. Tales, o iniciador desta filosofia, diz que ele é a água (e por isso afirma que a terra está apoiada sobre a água) e esta opinião lhe veio talvez por ter observado que o alimento de todas as coisas é úmido e que até o calor é gerado pela água e vive dela; ele foi induzido a esta opinião por este fato e também por ter observado que todos os germes são úmidos por natureza; a água é o princípio da natureza do que é úmido".[2]

2. Anaximandro

Nascido em Mileto pouco depois de Tales e, como ele, matemático, astrônomo e filósofo, Anaximandro interroga-se, como ele, sobre a questão da unidade do princípio. Mas dá a esta questão uma resposta surpreendente, muito mais satisfatória do que a do mestre: o princípio de todas as coisas, o elemento primordial, não pode ser uma coisa determinada como a água, a terra, o fogo ou o ar, porque o que se quer explicar é justamente a origem destas coisas determinadas. O princípio primeiro deve ser alguma coisa indeterminada (*ápeiron*).

Também para o estudo de Anaximandro temos apenas testemunhos indiretos. Um dos mais claros e completos é o de Simplício. Sabemos por ele que "Anaximandro de Mileto, filho de Praxíades, discípulo e sucessor de Tales, afirmava que o princípio e o elemento primordial das coisas é o ilimitado, sendo o primeiro a introduzir o termo 'princípio'. E dizia que ele não era nem a água, nem outro dos chamados elementos, mas outra natureza (infinita), da qual provêm todos os céus e os mundos que neles existem. (...) Assim se exprime Anaximandro em sua linguagem poética. Evidentemente, tendo observado a transformação dos quatro elementos um no outro, Anaximandro não quis pôr um deles como

---

[2] ARISTÓTELES, *Metafísica*, 983, b6ss.

substrato, mas alguma coisa além deles. Para ele, portanto, a geração não se dá por uma transformação do princípio primordial, mas pela separação dos contrários, causada pelo eterno movimento. Anaximandro afirma que os contrários, já contidos no substrato ilimitado, que é um corpo, se separam e são os primeiros a dar ao substrato o nome de 'princípio'. Estes contrários são o quente e o frio, o seco e o úmido etc.".[3]

3. Anaxímenes

Discípulo de Anaximandro e terceiro célebre filósofo de Mileto, Anaxímenes põe como princípio primordial de todas as coisas o ar. Do ar procedem todos os outros elementos e, por consequência, todas as coisas.

É oportuno notar que também para os antigos o ar tinha um significado mítico. De fato, para eles, o espírito e a alma não eram mais do que ar quente.

Também para o conhecimento de Anaxímenes dependemos de testemunhos indiretos, especialmente das informações de Simplício. Sabemos, por este, que "Anaxímenes de Mileto, filho de Eurístrato, foi amigo de Anaximandro e que, como este, considerava como substrato uma substância primordial e ilimitada, não indeterminada como a de Anaximandro, mas determinada, a qual, para ele, era o ar. O ar, dizia ele, diferencia-se nas várias substâncias segundo o grau de rarefação e condensação; dilatando-se, dá origem ao vento e depois às nuvens; em grau maior de densidade, forma a água e, depois, a terra e as pedras; as outras coisas procedem destas. Também Anaxímenes admite a eternidade do movimento por obra do qual se dá a transformação".[4]

Neste texto, Simplício mostra a razão por que Anaxímenes abandonou o princípio do *ápeiron* de seu mestre: ele não compreendia como fosse possível que acontecimentos e realidades tão diversos como os que nos são atestados pela experiência quotidiana pudessem proceder de algo absolutamente indeterminado.

A sua escolha do ar — entre os vários princípios determinados possíveis — parece motivada por três razões fundamentais. Em primeiro lugar, pela verificação de que o ar é essencial para o homem e para os outros seres vivos. Um fragmento citado por Aécio diz: "(…)

---

[3] Pasquinelli, A., *o. c*, I, 27-28.
[4] Id., *ibid.*, 46.

justamente como a nossa alma, que é ar, nos sustém e nos governa, do mesmo modo o vento e o ar abarcam o cosmo inteiro".[5] Em segundo lugar, pela observação do fato de que do céu (isto é, do ar) caem a chuva (água) e os raios (fogo) e de que para o céu sobem os vapores e as exalações. Finalmente, pela consideração de que o ar se presta, melhor do que qualquer outra coisa, às variações e, por isso, também a ser pensado como princípio capaz de gerar tudo.

Os historiadores em geral consideram Anaxímenes inferior ao seu mestre Anaximandro. Mas os antigos não pensavam assim. Quando falavam da escola filsófica dos jônios, referiam-se a Anaxímenes como a um paradigma, como à expressão mais completa e mais correta da escola.[6] O acerto da opinião dos antigos foi reforçado recentemente por Giovanni Reale ao dizer: "Não se pode desconhecer que, introduzindo o processo de condensação e rarefação, Anaxímenes fornece a causa dinâmica que faz todas as coisas procederem do princípio, causa da qual Tales não falara e que Anaximandro havia determinado, inspirando-se apenas em concepções órficas. Com isso ele estabelece uma causa *em perfeita harmonia* com o princípio, tornando assim o naturalismo jônico plenamente coerente com suas premissas. E quando a filosofia jônica renascer ou tentar renascer, com Diógenes de Apolônia, partirá justamente de Anaxímenes".[7]

BIBLIOGRAFIA

PASQUINELLI, A., *I presocratici, frammenti e testimonianze,* Turim, 1958; DIELS, H.-KRANZ, W., *I presocratici, testimonianze e frammenti,* Bari, 1969; BURNET, J., *Early Greek Philosophy,* Londres, 1892; COVOTTI, A., *I presocratici,* Nápoles; JAEGER, W., *La teologia dei primi pensatori greci,* Florença, 1961; CORNFORD, F.M., *Principium sapientiae. The Origins of Greek Philosophical Thought,* Londres, 1952; REALE, G., *I problemi dei pensiero antico,* Milão, 1971; LAURENTI, R., *Introduzione a Talete, Anassimandro, Anassimene,* Bari, 1971.

---

[5] DIELS. H.-KRANZ, W., *I presocratici,* Bari, 1969, I, 13 b2.
[6] Cf. BURNET, J., *Early Greek Philosophy,* Londres, 1892, 77ss.
[7] REALE, G., *I problemi dei pensiero antico,* Milão, 1971, 88.

II
PITÁGORAS

Pitágoras pertence ao grupo restrito dos grandes mestres da humanidade. Mas esta posição de altíssimo prestígio lhe vem mais das doutrinas ascéticas e religiosas do que das filosóficas, apesar de ter dado a estas uma contribuição decisiva.

Gênio multiforme, cultivava ao mesmo tempo a matemática, a geometria, a astronomia, a filosofia, a ascese e a mística. Nenhum de seus escritos foi conservado; temos, porém, muitos testemunhos indiretos a seu respeito. Segundo esses testemunhos, o fundador da escola pitagórica nasceu em Samos, mais ou menos em 571 a.C. Ainda jovem desejoso de aprender, viajou para longe da pátria e se iniciou em todos os mistérios gregos e bárbaros. Esteve no Egito, no tempo de Polícrates. Aí "pôde ver os lugares sagrados e aprender as mais secretas doutrinas sobre os deuses. Voltando à pátria, encontrou-a sob a tirania de Polícrates; dirigiu-se, por isso, para Crotona, na Itália. Aí deu leis aos italiotas e, com seus discípulos, adquiriu grande fama".[1]

Pitágoras levou a geometria, cujos fundamentos foram descobertos por Mérides, ao seu máximo desenvolvimento. "Mas Pitágoras ocupou-se sobretudo com a aritmética e descobriu o monocórdio; não negligenciou nem mesmo a medicina. O matemático Apolodoro narra que Pitágoras sacrificou grande número de bois para celebrar a descoberta de que no triângulo retângulo o quadrado da hipotenusa é igual à soma do quadrado dos catetos".[2]

Segundo Pitágoras, "o princípio de todas as coisas é a mônada; dela procede a díada indeterminada, que serve de substrato material à

---

[1] Pasquinelli, A., *I presocratici*, Turim, 1958, I, 82.
[2] Id., *ibid.*, 85.

mônada, que é a sua causa. Da mônada e da díada indeterminada nascem os números; dos números nascem os pontos e destes, as linhas, das quais procedem as figuras planas. Das figuras planas nascem as figuras sólidas e destas, os corpos sensíveis, cujos elementos são quatro, a saber, o fogo, a água, a terra e o ar. Estes elementos mudam-se e transformam-se uns nos outros, originando-se deles um universo dotado de alma e de razão, de forma esférica, em cujo ponto central está a Terra, também ela esférica e habitada".[3]

De grandíssima importância para os futuros desenvolvimentos do pensamento filosófico é a doutrina de Pitágoras relativa à natureza da alma. Para ele, a alma é essencialmente imortal porque se origina do éter, que é substância incorruptível. Na alma do homem, Pitágoras distingue três partes: a inteligência, a razão e o impulso passional. Inteligência e impulso passional encontram-se também nos animais, mas a razão é própria do homem. A sede da alma estende-se do coração até o cérebro; a parte que reside no coração é o impulso passional, ao passo que a inteligência e a razão estão no cérebro. Imortal é somente a parte racional; as outras duas são mortais. Uma vez arrancadas de sua união com o corpo, as almas vagam no ar sobre a Terra. As mais puras sobem para as regiões mais altas; as impuras tendem a recair sobre a Terra. "Pitágoras diz que a coisa mais importante na vida humana é convencer a alma para o bem ou para o mal. Os homens são felizes quando têm uma alma boa; mas ela não permanece sempre no mesmo estado de repouso, e nele a situação não é sempre a mesma. (...) A virtude é harmonia como o são também a saúde e todo o bem e a divindade. Consequentemente também as coisas, todas, são formadas segundo a harmonia. A amizade é igualdade harmônica".[4]

Estes testemunhos expressivos mostram como foi grande o progresso trazido ao saber filosófico por Pitágoras. Na determinação da natureza do universo e do homem, ele penetrou além das aparências sensíveis, individuando-as em algo imaterial e invisível: no éter para a alma e nos números para o universo.

Já os filósofos jônios haviam lançado as bases da metafísica como interpretação unitária da realidade. Mas, ainda fortemente ligados a

---

[3] Id., *ibid.*, 89.
[4] Id., *ibid.*, 92.

mentalidade experimentalista, não conseguiram descobrir a existência de uma realidade propriamente metafísica e identificaram o princípio supremo com um dos dados empíricos: o ar, a água ou o fogo.

Pitágoras prossegue a indagação iniciada pelos jônios em torno do primeiro princípio. Mas, graças à sua mentalidade matemática e abstrativa, não lhe foi difícil separar-se das aparências sensíveis e dos elementos materiais. Assim pôde identificar o primeiro princípio das coisas com um elemento imaterial, o número. Além disso, também a experiência parece dar-lhe razão: o número exprime a natureza e as relações das figuras geométricas, a tonalidade dos sons e a lei de sua harmonia, a regularidade dos movimentos celestes, a essência da virtude e dos valores espirituais, a sucessão dos dias, dos meses, dos anos, as diferenças entre as coisas etc.

A identificação do princípio primordial com o número permitiu a Pitágoras arquitetar engenhosa derivação pela qual a multiplicidade procede da unidade, o que para os jônios era absolutamente impossível. Esta derivação se processa do modo seguinte: o número é de duas espécies, par e ímpar, contrárias entre si e fundamento último de toda contrariedade. Delas derivam todos os outros contrários: o limitado e o ilimitado, o bem e o mal, a unidade e a multiplicidade, o masculino e o feminino etc. O ímpar representa o que é perfeito, determinado, bom; o par representa o que é imperfeito, indeterminado, mau. O número perfeito é o número dez; por isso, as esferas celestes, que, segundo Pitágoras, são as realidades mais perfeitas, são dez.

Como Tales e os outros filósofos da escola de Mileto, também Pitágoras mostrou grande interesse pela astronomia e elaborou vasto sistema voltado para a definição exata das posições que os corpos celestes ocupam no universo. Segundo Pitágoras, o cosmos dispõe-se em torno de um foco central (*Hestia*), princípio ativo e determinador. Em volta dele, os dez corpos cósmicos: as estrelas fixas, os cinco planetas então conhecidos, o Sol, a Lua, a Terra e a *Antiterra* (inventada talvez para explicar os eclipses).

Graças à sua concepção espiritualista do homem, que, como vimos, é essencialmente alma, Pitágoras propõe um código moral bastante rigoroso. Recomenda ao homem que realize o elemento divino, presente nele, praticando a virtude. Este é o modo mais eficaz para impor ordem às paixões e para conduzir a existência humana a participar da "harmonia das esferas celestes". Para a consecução da virtude, Pitágoras sugeria aos seus discípulos a prática de alguns exercícios e rituais. Por exemplo: "Segue os deuses e principalmente controla a tua língua"; "abstém-te da carne", "evita as mulheres". Pitágoras recomendava, além disso, aos seus discípulos que contemplassem a ordem matemática que reina no universo. Para melhorar a harmonia da alma cultivava a música, e para conservar a saúde do corpo praticava a ginástica e se dedicava à medicina.

Pitágoras via na virtude também o meio mais eficaz de purificação da alma, a qual, precisamente com a prática da virtude, conseguirá, aos poucos, libertar-se de sua prisão que é o corpo. Mas, segundo Pitágoras, esta purificação progressiva continua através de uma longa série de reencarnações, até o ponto no qual, tornada perfeitamente virtuosa, a alma se separa completamente da matéria. Sobe então desta região confusa e tenebrosa para a imortalidade, na região divina da luz e da unidade.

De Pitágoras originou-se a famosa escola pitagórica ou itálica. Entre seus expoentes principais contam-se Filolau e Arquita, contemporâneos de Sócrates e de Platão. A escola teve caráter, além de filosófico, também científico, ético, religioso e político, e mantinha entre seus seguidores perfeita comunidade de vida.

BIBLIOGRAFIA

Além das obras mencionadas no fim do capítulo I, aconselha-se consultar as seguintes monografias:
ROSTAGNI, A., *Il verbo di Pitagora*, Turim, 1924; DELATTE, A., *Etudes sur la littêrature pythagoricienne*, Paris, 1915; MEAUTIS, G., *Recherches sur le pythagorísme*, Nauchâtel, 1922; DE VOGEL, C., *Pythagoras and Early Pythagoreanism*, Assen, 1966.

III
HERÁCLITO

Nasceu em Éfeso, na Ásia Menor, no século VI a.C. Espírito altivo e desdenhoso, aristocrata de nascimento e engenho, desprezava a multidão e os falsos sábios e não poupava, em suas críticas, sequer a grande tradição literária e a religião. Não fundou escola filosófica, mas os estoicos aprenderam muito de seus ensinamentos.

De seus escritos restam pouquíssimos fragmentos. As linhas mestras de seu pensamento podem, contudo, ser facilmente restabelecidas graças a abundantes testemunhos indiretos. Daí segue que o que mais impressionou Heráclito não foi a experiência do múltiplo, que tanto impacto causara em seus concidadãos, como Tales, Anaximandro e Anaxímenes, mas a experiência do devir: tudo é vir-a-ser, tudo muda, tudo se transforma. O mundo, o homem, as coisas estão em incessante transformação. "As coisas são como um rio, não há nada permanente". O vir-a-ser é dado último e não pode ser ulteriormente decomposto: nenhuma realidade, imóvel e idêntica a si mesma, escapa ao infatigável devir.

Heráclito reconhece, todavia, que também o devir tem sua causa e obedece a uma lei. A causa do devir só pode ser homogênea com ele. Por isso Heráclito lhe dá como princípio o fogo, o qual, existindo pela consumação de outras coisas, é o tipo mais apropriado do devir. Do fogo, mediante os movimentos ascendente e descendente, procedem todas as coisas. No movimento descendente o fogo condensa-se e torna-se ar, água e terra. No movimento ascendente estes elementos se rarefazem e voltam a ser fogo.

A lei que regula os movimentos ascendente e descendente e que causa a ordem e a harmonia das coisas é a razão universal, o *logos*. Segundo Heráclito, o logos não é realidade transcendente nem inteligência ordenadora existente fora do mundo, mas algo de imanente, uma lei intrínseca, existente nas coisas. Esta lei imanente nas coisas é, para Heráclito, o Deus único.

Até aqui a especulação de Heráclito não se afasta muito da dos jônios. Mas ela entra por caminho novo e atinge alturas desconhecidas quando começa a indagar sobre a natureza do devir e descobre que ele é sempre o resultado de luta entre pólos opostos, entre contrários: o devir é essencialmente unidade de polaridade.

E a realidade, que está toda no vir-a-ser, não é outra coisa senão a harmonia renovada de contrários: do dia e da noite, do verão e do inverno, do bem e do mal, do quente e do frio, da guerra e da paz, da unidade e da multiplicidade, da identidade e da diferença, da vida e da morte.

Mas nem todos os homens conseguem descobrir esta estupenda harmonia no devir das coisas. Consegue-o somente quem segue a via da razão. "Heráclito, julgando que o homem tem dois instrumentos para o conhecimento da verdade, a saber, a sensação e a razão, considerou a primeira não digna de fé, fazendo, por isso, da razão o critério da verdade. Rejeita a sensação, dizendo literalmente: 'Olhos e ouvidos são más testemunhas para os homens', e isto é semelhante ao dito: 'Confiar nas sensações irracionais é próprio daquele que tem alma de bárbaro'. Prosseguindo, ele mostra que a razão é o juiz da verdade; não razão qualquer, mas a razão que é comum a todos e divina. O nosso físico pensa de fato que o que nos cerca é lógico e racional".[1]

Aos que conseguem viver segundo a razão (logos), Heráclito confia a missão de ajudar os outros a fazerem o mesmo. Os que estão "acordados" devem ajudar os que "dormem"; devem procurar despertá-los.

Ele funda a moral diretamente sobre o Logos. O homem pode tornar-se sábio, bom e feliz se procurar unir-se ao Logos. O meio principal para conseguir isto é o conhecimento de si mesmo, porque o conhecimento de si mesmo leva ao Logos, que age na alma. Pelo conhecimento do Logos o homem compreende que as tensões da vida são contrabalançadas pela harmonia geral das coisas, o que é "a virtude suprema". O homem aproxima-se do Logos percorrendo a *via ascendente* da verdade e não a *via descendente* do prazer.

---

[1] PASQUINELLI, A., *I presocratici*, Turim, 1958, I, 171.

Em conformidade com a mentalidade já consolidada no povo grego, Heráclito situa o fulcro da vida moral na participação na vida da *pólis*, na qual os interesses individuais se fundem com os interesses comuns. A base da unidade é sempre o Logos, uma vez que "todas as leis humanas são alimentadas pelo ser divino, que governa como quer e que basta a tudo". As leis humanas, enquanto exprimem a lei universal ou Logos, têm valor transcendente que merece o respeito de todos os homens.

Todo homem é responsável pelo próprio destino, porque é ele que decide seguir a via ascendente ou a descendente. A alma que segue a via descendente, a do prazer, no momento da morte cessa de existir como alma. Mas a alma que percorre a via ascendente, no momento da morte, se une novamente ao fogo eterno. Assim "os mortais tornam-se imortais, e os imortais tornam-se mortais", já que os próprios deuses estão expostos à morte, e as almas que morrem se unem ao Logos incorruptível e ao fogo cósmico.

A especulação heracliteia significa grande passo adiante na história da filosofia por causa da atenção particular que dedica ao devir, fenômeno que não pode ser facilmente descurado, como acontecia na especulação dos jônios e dos pitagóricos. Mas a doutrina de Heráclito a respeito da natureza e da origem do devir tem grave defeito: ela se contenta com aprofundar-se em suas raízes intrínsecas, em seus aspectos formais (a presença de dois elementos contrários), mas não procura descobrir suas causas extrínsecas. Ora, se existe uma realidade que não pode ser autossuficiente, que jamais pode ser completa em si mesma, como supõe Heráclito, esta é justamente o devir. Mais tarde Aristóteles mostrará claramente que todo devir supõe causa eficiente e causa final, diferentes do próprio devir.

BIBLIOGRAFIA

Walzer, R., *Eraclito*, Florença, 1964, 2ª ed.; Mazzantini, G., *Eraclito*, Turim, 1945; Gigon, O., *Untersuchungen zu Heraklit*, Leipzig, 1935; Ramnoux, U., *Héraclite, ou l'homme entre les choses et les mots*, Paris, 1968, 2ª ed.

IV
PARMÊNIDES

Nasceu em Eleia, onde ensinou e de onde veio para sua escola o nome de eleática. Viveu na primeira metade do século V a.C. Provavelmente teve como mestre Xenófanes, recordado na história da filosofia por sua crítica severa ao antropomorfismo religioso, crítica da qual temos exemplo eloquente no fragmento seguinte:

"Se mãos tivessem os bois, os cavalos e os leões,
e pudessem com as mãos desenhar e criar obras
como os homens,
os cavalos semelhantes aos cavalos,
os bois semelhantes aos bois
desenhariam as formas dos deuses
e os corpos fariam
tais quais eles próprios têm".[1]

Parmênides foi filósofo e poeta de altíssimo engenho. A sua obra principal é o poema *Sobre a natureza*, dividido em duas partes: *Da verdade* e *Da opinião*. Restam-nos dele apenas alguns fragmentos.

O núcleo central do seu pensamento constitui-o a distinção radical entre o ser e o não-ser e pela afirmação da realidade exclusiva do ser. Esta doutrina vem admiravelmente expressa nos versos seguintes:

"Jamais poderá existir força de constrangimento que faça
[ser aquilo que não é;

---

[1] *Os pensadores*, Abril Cultural, São Paulo, 1973, I, 70; cf. PASQUINELLI, A., *I presocratici*, Turim, 1958, I, 149.

afasta tu, porém, o pensamento desta via da opinião
e faze com que o hábito nascido das muitas experiências dos
[homens não te obrigue
a dirigir para este caminho o olho que não vê, o ouvido
[ribombante
e a língua, mas unicamente com o pensamento examina
[e decide a muito debatida questão
que por mim te foi dita. E permanece agora falando
[somente da via
que diz que é. Sobre esta via existem muitíssimos sinais:
não sendo gerado, é também imperecível,
porque é íntegro em seus membros e firme e sem um termo
[para o qual tender.
Jamais foi e jamais será, porque é agora e simultaneamente
[tudo em sua completude
uno, contínuo. Que origem quererias procurar para ele?
Como teria nascido e de onde teria vindo? Do não-ser não
[te permito
dizê-lo, nem pensá-lo. Porque não há possibilidade de dizer
[ou de pensar
que não é. E que necessidade o teria impelido
a nascer depois ou antes, se ele começa do nada?
Assim é necessário que ele exista de modo absoluto ou que
[não exista de modo absoluto.
E nem a força da persuasão poderá fazer admitir
que do ser nasça algo diferente dele. Por isso, nem o nascer nem o
perecer lhe concedeu Dike, afrouxando os laços,
mas o mantém firme. A respeito destas coisas não há outra
[decisão possível:
é ou não é. E como era necessário, o nosso juízo foi então
o de abandonar uma das vias porque impensável e inominável
(e que não é de fato a estrada da verdade), ao passo que
[a outra é, e é verdadeira.
E como poderia o ser existir no futuro? E como poderia ter
[existido no passado?
Já que, se existiu, não existe; não existe igualmente se
[deve existir no futuro.

Assim se extingue o seu nascimento e desaparece a sua morte. Além disso, ele não é divisível porque é todo igual:
não existe em nenhuma parte dele algo de mais ser que
    [possa impedi-lo de ser contíguo consigo mesmo,
nem um ponto no qual o ser prevaleça menos, mas tudo
    [é cheio de ser.
Por isso, ele é todo contínuo: o ser está pegado ao ser.
Mas imóvel, obrigado aos limites de cadeias imensas,
é o ser sem princípio nem fim, porque nascimento e morte foram repelidos para longe; afastou-os a verdadeira convicção. Permanecendo o mesmo no mesmo lugar, jaz em si mesmo
e assim permanece imóvel porque a força invencível da
    [necessidade
o prendeu nas cadeias do limite que o envolve
porque o ser não pode não ser completo;
com efeito, nada lhe falta, porque se lhe faltasse alguma
    [coisa, faltar-lhe-ia tudo.
São a mesma coisa o pensar e o pensamento que é.
Porque, sem o ser, no qual é expresso,
não encontrarás pensamento; pois, fora do ser,
ele não é nem será coisa alguma, porque a Moira o vinculou para ser todo um e imóvel; por isso, não são mais do que
    [puros nomes
os que os mortais puseram, convencidos de que fossem
    [verdadeiros:
vir-a-ser e perecer, ser e não-ser,
mudar de lugar e mudar a cor resplandecente.
Mas, havendo para isso limite extremo, ele está completo totalmente em torno, como a massa da esfera redonda,
que do centro exerce pressão com a mesma força em todas
    [as partes".[2]

Vê-se que, para Parmênides (e o fragmento que acabamos de citar mostra-o com clareza e sem possibilidade de dúvida), a única realidade é o ser. Não é possível nenhuma outra realidade, nem o vir-a-ser como

---

[2] *Os pensadores*, Abril Cultural, São Paulo, 1973, I, 148-149; cf. PASQUINELLI, o. c., 232-235.

queria Heráclito. De fato, ou uma coisa é ou não é. Se é, não pode vir-
-a-ser, porque já é. Se não é, não pode vir-a-ser, porque do nada não
se tira nada (se o não-ser fosse alguma coisa, teríamos a contradição de
alguma coisa que, ao mesmo tempo, é e não é).

Com esta doutrina, Parmênides queria provavelmente pôr em
relevo a correlação entre o ser e o pensamento, e a necessidade para o
pensamento de pensar o ser e somente o ser. Parece ser este o sentido
das expressões: "O ser e o pensar são a mesma coisa"; "sem o ser, no
qual o pensar se encontra expresso, não há pensamento".

Em conclusão, Parmênides quer afirmar que o objeto de nosso
pensamento é o ser e que o não-ser não é pensável. Coerente com este
postulado, passando das exigências do pensamento ao mundo da experiência, interpreta-o à luz das leis do pensamento e conclui que o nascer
e o perecer das coisas, ou seja, toda forma de vir-a-ser, são puros nomes
que exprimem as opiniões falazes dos homens. Parmênides é considerado
universalmente como o primeiro grande metafísico da História, porque
foi o primeiro filósofo que procurou esclarecer a noção fundamental do
ser. Com seus célebres dilemas, ele foi também o primeiro a mostrar a
importância do princípio de não-contradição, pressuposto básico para
a validade de qualquer raciocínio. Parmênides foi ainda o primeiro a
insistir na distinção entre razão e sentidos: os sentidos nos enganam,
dando-nos a impressão de que as coisas são sujeitas ao vir-a-ser, ao passo
que a razão nos revela o absurdo desta impressão.

Zenão, um dos mais ilustres discípulos de Parmênides, pôs a serviço da doutrina do mestre formidável dialética. Demonstrando, com
paradoxos aparentemente irrefutáveis (Aquiles e a tartaruga, o atleta
corredor, a flecha disparada etc.), que a doutrina dos adversários não se
pode sustentar, reforçou notavelmente a posição de Parmênides.

BIBLIOGRAFIA

Entre os muitos estudos sobre o pensamento de Parmênides indicamos aqui os que
nos parecem mais úteis para a consulta:

CALOGERO, G., *Studi sull'eleatismo,* Roma, 1932; ZAFIROPULO, J., *L'école éléate,*
Paris, 1950; BEAUFRET, J., *Le poème de Parménide,* Paris, 1955; GUAZZONI FOÀ,
V., *Attualità dell'ontologia eleatica,* Turim, 1961.

Sobre Zenão: UNTERSTEINER, M., Zenone, *testimonianze e frammenti,* Florença,
1963.

V
EMPÉDOCLES

Nascido em Agrigento, foi filósofo, médico e mago e teve participação ativa na vida política de sua cidade. Morreu pelo fim do século V a.C., atirando-se na cratera do vulcão Etna para fazer crer aos seus concidadãos que subira aos céus. Escreveu um poema, *Sobre a natureza,* e um *Hino lustral,* dos quais restam numerosos fragmentos.

Ensinou uma filosofia eclética na qual é evidente o esforço para conciliar o monismo dos primeiros pensadores jônios e de Parmênides com as exigências pluralistas apaixonadamente defendidas por Heráclito com a teoria do devir.

Os principais ensinamentos de sua filosofia dizem respeito à causa última das coisas, a qual é posta nos quatro elementos, e ao processo do conhecimento, que é explicado com a teoria da analogia.

Empédocles é de opinião, como Parmênides, que o ser é imutável porque, se não o fosse, o mundo já teria deixado de existir. Afirma, com os jônios, que o princípio primordial das coisas não deve ser posto em algo diverso do mundo, mas nos quatro elementos (terra, fogo, ar e água): não em um só, mas nos quatro ao mesmo tempo. Os elementos não derivam um do outro, como ensinaram os jônios, mas são absolutamente originais e imutáveis. Por isso, cada um deles espelha os caracteres de imobilidade que Parmênides atribuía ao ser.

O devir é *possível* não pela transformação dos elementos, mas pela formação de seres diferentes mediante a combinação diversa dos elementos. Esta combinação é possível porque nos quatro elementos existem poros que permitem às partículas de um elemento penetrar em outro. Quando vários elementos se combinam em certa mistura ou proporção, dá-se a geração de um indivíduo; quando a proporção se rompe, segue-se a corrupção.

O devir é causado *de fato* pela luta entre duas forças primordiais: o Amor e o Ódio. O Amor une os elementos e mantém sua unidade; o Ódio os divide e separa. Na luta entre o Ódio e o Amor, os elementos, separados pelo Ódio, são reunidos pelo Amor, formando assim as diversas espécies que existem no mundo. A duração limitada dos seres físicos é determinada pela alternância do predomínio do Amor e do Ódio em luta. Quando o Amor predomina, há união e vida. Quando é o Ódio que predomina, dá-se a desagregação e a morte. Às vezes o Ódio parece vencer o Amor e levar o mundo à desagregação geral; mas, neste ponto, o Amor torna a prevalecer e leva os elementos separados novamente para a unidade.

O princípio básico da doutrina do conhecimento de Empédocles é o de que as coisas são conhecidas mediante as coisas que lhes são semelhantes (*simile simili dignoscitur*, o semelhante é conhecido por meio do semelhante). Pela terra vemos a terra, pela água vemos a água, pelo ar vemos o ar brilhante e pelo fogo vemos o fogo devorador. A alma humana pode conhecer as coisas porque é formada de todos os elementos fundamentais que compõem os corpos e porque os corpos emanam das partículas que são captadas pelos sentidos.

Aqui Empédocles fixa um princípio muito importante, o da analogia (semelhança) entre a estrutura epistemológica e a estrutura física da realidade extramental. Mas este princípio é prejudicado pelo seu materialismo simplista.

BIBLIOGRAFIA

BIGNONE, E., *Empedocle. Studio critico con traduzione e corrimento delle testimonianze e frammenti*, Turim, 1916; KRANZ, W., *Empedokles. Antke Gestalt und romantische Neuschöpfung*, Zurique, 1951; NÉLOD", G., *Empédocle d'Agrigente*, Bruxelas, 1959; BOLLACK, J., *Empédocle*, Paris, 1965.

VI
DEMÓCRITO

O atomismo representa o extremo desenvolvimento do pluralismo físico ensinado por Empédocles. Segundo o atomismo, o elemento primordial constituem-no os átomos.

Como iniciador do atomismo é apontado geralmente Leucipo, do qual falam Aristóteles e Teofrasto. Mas alguns estudiosos duvidam até mesmo de sua existência.

O verdadeiro criador deste sistema é Demócrito de Abdera, contemporâneo de Sócrates; viveu entre 460 e 360 a.C. Escreveu muitas obras, mas todas se perderam.

Também Demócrito, como antes Empédocles, sustenta a imutabilidade do ser e ao mesmo tempo a realidade do vir-a-ser. O ser constituem-no os átomos que são partículas indivisíveis e invisíveis, eternas e imutáveis; não têm qualidades, exceto a impenetrabilidade; diferem entre si apenas pela figura e pela dimensão.

A causa do vir-a-ser é o movimento, o qual, fazendo entrechocarem-se os átomos contidos no vazio, combina-os de vários modos, dando assim origem às coisas.

A terra é constituída de átomos mais volumosos, os quais, no turbilhão do movimento, se reuniram no centro do universo, constituindo a massa homogênea que chamamos Terra.

A alma humana é formada de átomos leves e sutis, os quais são ígneos, isto é, semelhantes aos que constituem o fogo.

Também os deuses são feitos de átomos. A sua superioridade é devida a constituição atômica mais perfeita e a uma duração mais longa. Mas nem os deuses são imortais. Isto porque tudo — deuses, homens, coisas — está sob a fatalidade do movimento que associa e dissocia os átomos.

O conhecimento explica-o Demócrito como captação, por parte dos órgãos sensitivos, dos átomos irradiados pelos corpos. A diversidade da sensação depende das formas diferentes dos átomos. O doce, por exemplo, é causado "por átomos redondos e de tamanho razoável", o azedo "por átomos agudos e angulosos" etc.

Com esta doutrina aparece pela primeira vez na cena da história da filosofia uma teoria de capital importância, a qual ensina que qualidades como odor, sabor, cor etc. não são objetivas, mas subjetivas. Assim, por exemplo, a cera, em si mesma, não é nem doce nem amarga, nem branca nem amarela; essas qualidades são devidas ao encontro dos átomos da cera, em suas características quantitativas, com o sentido do gosto e da vista do homem. Isto explica, segundo Demócrito, por que a mesma coisa seja doce para uns e amarga para outros, branca para estes e amarela para aqueles: depende dos órgãos sensitivos de cada um.

Demócrito foi o primeiro filósofo a dar atenção à origem da linguagem. Eis sua explicação: "No começo os homens emitiam sons não articulados e destituídos de significado; mais tarde, aos poucos, começaram a articular palavras e estabeleceram entre eles expressões convencionais para designarem os objetos e assim criaram a linguagem".

Quanto à moral, Demócrito não põe a felicidade no prazer dos sentidos, mas na harmonia da razão e na paz da alma (*tranquilitas animi*). Isso mostra que, apesar do materialismo e do determinismo mecânico, nos quais se inspira a visão atomística do mundo, a ética de Demócrito tem algo de nobre e interior que surpreende a quem esperasse outras consequências de suas premissas físicas e gnosiológicas.

BIBLIOGRAFIA

Entre as monografias sobre Demócrito e os atomistas assinalemos:

Alfieri, V.E., Gli atomisti, *frammenti e testimonianze*, Bari, 1936, reproduzida também na obra coletiva: Diels, H.-Kranz, W., *I presocratici*, Bari, 1969, 2 v., 643-867; Alfieri, V.E., Átomos Idea. *L'origine dei conceito dell'atomo nel pensiero greco*, Florença, 1953; Baily, C., *Greek Atomists and Epicurus*, Oxford, 1928; Enriques, F.-Mazziotti, M., *La dottrína de Demócrito d'Agrigento*, Bolonha, 1948.

VII
ANAXÁGORAS

Com Anaxágoras de Clazômena (c. 500-428 a.C.) a filosofia parte das colônias da Jônia e da Magna Grécia e penetra na Ática. Com efeito, depois da Batalha de Salamina, Anaxágoras transferiu-se para Atenas, onde se tornou mestre de Péricles. Acusado de impiedade, por causa de suas opiniões, que abalavam a mitologia tradicional, foi atirado na prisão. Posto em liberdade por intercessão de Péricles, foi exilado em Lâmpsaco, onde morreu. Escreveu a obra *Sobre a natureza,* da qual restam vários fragmentos.

Os pontos principais de sua doutrina dizem respeito ao ser, ao devir e à Mente Suprema.

À semelhança de Demócrito, também para Anaxágoras o ser é constituído de átomos que são corpúsculos não qualitativamente iguais (como sustentara Demócrito) porque, se assim fosse, não se explicaria a diversidade dos seres (diversidade qualitativa, além de quantitativa), mas qualitativamente diferentes, chamados "homeomerias".

O termo *homeomeria* significa "parte qualitativamente semelhante". As homeomerias são infinitas e formam uma variedade infinita de tipos elementares de seres. Os corpos compõem-se de homeomerias de diversas naturezas: *tudo está em tudo.* Cada corpo reproduz de certo modo a variedade do universo. A diversidade dos corpos é consequência da predominância de homeomerias de determinado tipo. Os quatro elementos não são verdadeiramente simples, mas compostos de diversas homeomerias.

Quanto ao devir, Anaxágoras distingue o que o torna possível daquilo que o realiza.

O devir é possível porque cada corpo contém elementos dos outros corpos. Por isso, um corpo dá origem a outro corpo pela separação das homeomerias que prevalecem em sua composição. A erva, por exemplo, torna-se carne pelo isolamento das partículas de carne. Por isso, não existe no mundo verdadeira geração e corrupção. No universo nada se cria e nada se destrói, porque o número das homeomerias permanece o mesmo.

A causa do devir é dupla: o movimento giratório e a Mente Suprema. Desta última dependem a harmonia e a ordem das coisas.

A Mente Suprema (nous) é a grande descoberta de Anaxágoras. Enquanto Demócrito atribuía o movimento e a formação das coisas a uma força cega, e Empédocles, a duas forças ocultas (o Ódio e o Amor), Anaxágoras descobre na Mente o princípio ordenador das coisas. A Mente é realidade de ordem superior, independente dos corpos e infinita. Não parece, contudo, que Anaxágoras tenha chegado à concepção espiritual da mente, uma vez que a considera formada de matéria sutilíssima.

Apesar disso, por ter ensinado que há uma Mente que "é a causa da ordem e da disposição do universo", Aristóteles considera Anaxágoras como o "único homem sensato entre tantos ébrios".[1] O veredicto parece justificado porque, com o nous, Anaxágoras supera sem dificuldade a insuficiência da explicação naturalista e abre horizontes totalmente novos para o pensamento grego, que entra assim na sua fase mais madura.

BIBLIOGRAFIA

Monografias úteis para o estudo de Anaxágoras:

LANZA, D., *Anassagora, testimoniaze e frammenti*, Florença, 1966; CIURNELLI, D,. *La filosofia de Anassagora*, Pádua, 1947; ZAFIROPULO, J., *Anaxagore de Clazomène*, Paris, 1948; ROMANO, F., *Anassagora*, Pádua, 1965; CARBONARA NADDEI, M., *Spermata, Nous, Chremata nella dottrina di Anassagora*, Nápoles, 1969.

---

[1] ARISTÓTELES, *Metafísica*, 984 b8ss.

VIII
OS SOFISTAS

1. Origem e objetivos da sofística

A filosofia pré-socrática chega ao seu termo com a sofística, movimento de ideias que se desenvolve no mundo grego durante o século V a.C.

Diversamente das escolas filosóficas precedentes, a sofística não tem localização geográfica bem definida: seus seguidores procedem tanto da Itália meridional como da Ásia Menor, tanto da Sicília como da Grécia. A novidade mais importante da sofística é que ela desperta interesse, por assim dizer, geral, não só nas colônias, mas também na mãe pátria, principalmente em Atenas, que, depois das duas vitórias de Maratona sobre os persas (490 e 475), se impõe como o maior centro político e cultural da Grécia.

O aparecimento da sofística deve-se a razões de ordem filosófica e política.

Primeiramente de ordem filosófica. O resultado do esforço metafísico de dois séculos não fora encorajador. As mentes mais esclarecidas haviam pesquisado a causa primeira das coisas, mas as conclusões a que haviam chegado eram totalmente contrastantes: alguns filósofos haviam identificado a "causa primeira" com um dos quatro elementos; outros, com os quatro; outros ainda, com elementos mais sutis, chamados "átomos" ou "homeomerias". Diante deste quadro pouco animador, é lógico que os pensadores do século V julgassem inútil insistir na pesquisa metafísica sem antes estudar o homem em profundidade e determinar com exatidão o valor e o alcance de sua capacidade cognitiva. Nesta fase de desconfiança em relação à matemática, surge a sofística como exigência de verificação da capacidade cognitiva do homem. O seu interesse é, portanto, essencialmente humanístico e gnosiológico.

Contribuíram para o aparecimento da sofística, além de razões de ordem filosófica, também exigências de ordem política, típicas da cidade grega deste período. A vida na *pólis* exigia de todos os cidadãos que se dedicavam à atividade política (o que faziam todos os membros da aristocracia) cultura razoável e certa facilidade na eloquência, por causa da enorme importância das assembleias públicas, nas quais eram tratadas as mais variadas questões como a guerra e a paz, o direito e o conceito, o governo e a religião etc. A educação tradicional não estava em condições de satisfazer a exigências tão variadas e avançadas. Fazia-se necessária uma instrução mais profunda e especializada. Aparece então a figura do sofista. Ele se atribui o encargo de instruir os filhos da aristocracia na gramática, na literatura, na filosofia, na religião e principalmente na retórica, que, como diz Platão, "é o entendimento das coisas da família, de modo que se possa administrar otimamente a própria casa, e das coisas da cidade, de modo que se alcance, na cidade, o poder tanto de realizar como de discorrer".[1]

2. Principais ensinamentos dos sofistas

Em consequência de vasta gama de interesses, múltiplos eram os ensinamentos dos sofistas. Objeto de nosso estudo serão, porém, os que deram mais atenção à teoria do conhecimento.

Como dissemos há pouco, a urgência de uma posição crítica diante do problema do conhecimento provinha da situação em que se encontrava a filosofia no começo do século V. Era situação de crise profunda, devida à precariedade e à contraditoriedade das múltiplas soluções propostas para os problemas da natureza última das coisas e do seu princípio, do sentido da vida humana e da origem e do valor da lei moral. Perguntava-se se o homem tinha realmente a capacidade de conhecer a natureza íntima das coisas e a lei moral absoluta. Os sofistas foram os primeiros a levantar estas questões e responderam que a realidade e a lei moral ultrapassam a capacidade cognitiva do homem: ele não pode conhecê-las. Sendo assim, tudo o que o homem conhece na filosofia e na ética é arquitetado por ele mesmo. Daí o célebre dito dos sofistas: "O homem é a medida de todas as coisas".

---

[1] PLATÃO, *Protágoras*, 318 e.

Em conclusão, os sofistas ensinavam aos seus discípulos que não pode haver conhecimento verdadeiro, mas só conhecimento provável, por causa de sua origem sensível, e que não existe lei moral absoluta, mas somente leis convencionais. O fim supremo da vida é o prazer: esta é a única meta apropriada à dimensão rigorosamente empírica do conhecimento humano.

3. Os expoentes da sofística

Trataremos aqui apenas de seus dois maiores representantes: Protágoras e Górgias.

PROTÁGORAS

Nascido provavelmente em 481 a.C., em Abdera, na Trácia, transferiu-se ainda bastante jovem para Atenas, onde ensinou a densa multidão de alunos entusiastas. Ganhou a estima e o favor de Péricles, que o encarregou de redigir a constituição da colônia de Túrio. A data de sua morte é desconhecida.

De suas muitas obras pouco nos resta. Seu pensamento foi-nos conservado por Platão, que usou seu nome como título de um de seus maiores diálogos e que o fez participante, como uma das personagens mais importantes, de outro diálogo seu, o *Teeteto*.

A sua doutrina a respeito do conhecimento resume-se no dito famoso: "O homem é a medida de todas as coisas; das que são, enquanto são, e das que não são, enquanto não são". O significado dessas palavras é, entretanto, muito discutido. No *Teeteto,* Protágoras entende por homem o indivíduo. Segue-se disso que o conhecimento varia como os indivíduos. Mas, no *Protágoras,* ele parece entender por homem não o indivíduo, mas a humanidade em geral. Haveria, neste caso, um conhecimento universal, comum a todos os homens, embora não se possa pretender que este conhecimento reproduza exata e fielmente a realidade. Trata-se, em ambos os casos, de relativismo: absoluto no primeiro caso, bastante moderado no segundo. De qualquer forma, é inegável o significado antropocêntrico da doutrina de Protágoras: não existe verdade absoluta; o homem interpreta os dados dos sentidos a seu modo e de acordo com seus interesses. O sábio, isto é, o sofista, usando a arte da persuasão, consegue fazer com que apareçam como melhores não as opiniões mais chegadas à verdade, mas as mais vantajosas.

A moral ensinada por Protágoras é convencional, mas não arbitrária, porque ele lhe dá por fundamento, em última instância, os princípios divinos do respeito e da justiça comunicados por Júpiter a todos os homens.[2] Cada um é obrigado a obedecer à interpretação da lei moral dada pela constituição de sua cidade. Em resumo, Protágoras não ensina a anarquia, sendo antes um conservador das instituições tradicionais.

Ocupou-se também do problema religioso, na obra denominada *Sobre os deuses*. No único fragmento que nos resta, nos diz: "Quanto aos deuses não ouso dizer nem que existam, nem que não existam, nem que se pareçam conosco, porque muitas são as causas que impedem de chegar a conhecimento certo, entre as quais estão a obscuridade do problema e a brevidade da vida humana."

Este fragmento deixa transparecer certo agnosticismo, não de todo injustificado. Mas não se pode concluir apenas dele que Protágoras tenha rejeitado a religião tradicional. Deve-se antes admitir, como vimos em relação à ética, que ele ensinasse que, em vista da incapacidade de chegar a conhecimento melhor, o homem deve seguir a religião tradicional.

GÓRGIAS

Nasceu em Leôncio, na Sicília, provavelmente em 484 a.C. Chefiou uma delegação a Atenas, em 427, para conseguir a interferência ateniense contra Siracusa, que ameaçava a independência das cidades vizinhas; obteve grande triunfo discursando ao povo. Voltou outra vez a Atenas, onde sua oratória brilhante e arguta colheu novos aplausos. Segundo a tradição, morreu na Tessália, com mais de cem anos.

Górgias levou o relativismo de Protágoras ao mais radical ceticismo como se pode ver do seguinte fragmento de sua obra *Sobre a natureza, ou seja, sobre o que não é:* "Nada existe; se existisse alguma coisa, não poderíamos conhecê-la; se pudéssemos conhecê-la, não poderíamos comunicar nosso conhecimento aos outros." Os três pontos desta argumentação, que é substancialmente um dilema, eram corroborados com os seguintes raciocínios:

a) O ser não existe, seja não gerado ou gerado. De fato, se se considera o ser como não gerado, portanto, eterno, é necessário admitir

---

[2] Id., *ibid.*, 318-327.

que é infinito; se é infinito, não está contido em nenhum lugar; e se não está em nenhum lugar, não existe. Se se considera o ser como gerado, é necessário admitir aquele que o gerou, e outro que gerou a este, e assim por diante, sem que nunca se chegue ao ser.

b) Uma coisa é o pensar, outra o ser. De fato, pode-se pensar em coisas inexistentes como a quimera. Logo, o pensamento é diferente do ser, o qual, se fosse admitido como existente, não poderia ser pensado.

c) Finalmente, a palavra dita é diferente da coisa significada, de modo que a realidade, se fosse admitida, não poderia ser traduzida em palavras nem ser manifestada aos outros.

Com estas argumentações, Górgias conclui que não pode haver conhecimento certo das coisas e que, por isso, é necessário esforçar-se por persuadir os homens da probabilidade do que aparece: daqui o interesse pela retórica enquanto arte de persuadir, coisa muito diferente da filosofia, que é procura da verdade.

BIBLIOGRAFIA

A coleção mais completa de testemunhos e fragmentos dos sofistas é a de UNTERSTEINER, M., *Sofisti: testimonianze e frammenti*, Florença, 1949-1954, 4 v. Entre as melhores monografias mencionemos: BIGNONE, E., *Studi sul pensiero antico*, Nápoles, 1938; SAITTA, G., *L'illuminismo della sofistica greca*, Milão, 1938; UNTERSTEINER, M., *I sofisti*, Milão, 1967, 2ª, 2 v.; LEVI, A., *Storia della sofistica*, Nápoles, 1966; DUPREEL, E., *Les Sophistes*, Neuchâtel, 1949.

IX
SÓCRATES

1. A vida

Sócrates nasceu em 469 a.C. em Atenas, quando a cidade já atingira o máximo de seu esplendor artístico e o vértice de seu poderio militar e econômico. Seu pai, Sofronisco, era escultor, e sua mãe, Fenareta, parteira. Sócrates cresceu forte e robusto, mas sua aparência não primava pela beleza. Dotado de grande resistência física, não se abatia nem com o trabalho nem com as dificuldades. Andava descalço tanto no inverno como no verão e se vestia do mesmo modo em todas as estações do ano. Era moderado no comer e no beber, mas, se necessário (em caso de aposta), ganhava de todos sem nenhuma consequência.[1]

Começou o estudo da filosofia ainda jovem. Entusiasmou-se por Anaxágoras, de quem depois se desiludiu ao constatar sua inabilidade em aplicar a doutrina da Mente Suprema à explicação do universo.[2] Abandonou por isso a filosofia de Anaxágoras e dos outros pré-socráticos.

O acontecimento decisivo de sua vida deu-se quando o oráculo de Delfos revelou a um seu amigo que nenhum homem era mais sábio do que ele. Procurou interpretar o significado do oráculo e concluiu que ele era o mais sábio porque tinha consciência de sua própria ignorância.[3]

O oráculo pôs Sócrates no caminho de sua vocação: ensinar a verdade aos homens. Desposou uma mulher chamada Xantipa, a qual, como aparece no *Fédon*, não era absolutamente extravagante como muitas vezes se dá a entender.

---

[1] Cf. PLATÃO, *Banquete*.
[2] Cf. *Id., Fédon*.
[3] Cf. *Id., Apologia de Sócrates*.

Tomou parte em várias campanhas militares, demonstrando sempre grande coragem e heroísmo (no cerco de Potideia, por exemplo). Manifestou sua inteireza moral quando, em 406, recusou-se a dar seu voto pela condenação de oito comandantes derrotados em Arginusa. Teve a mesma atitude em 404, quando lhe foi pedido que votasse pela condenação à morte de Leão de Salamina. Em 400 a.C. foi acusado de impiedade e de corrupção da juventude. Os acusadores pediram a pena de morte, esperando que Sócrates se salvasse indo para o exílio antes da instauração do processo. Mas ele enfrentou o processo e serenamente fez sua própria defesa. Foi condenado à morte. Podendo propor uma pena alternativa, sugeriu uma pequena importância em dinheiro. Irritado, o tribunal confirmou a sentença de morte, que o próprio Sócrates executou, bebendo a cicuta.[4]

2. A personalidade

O mais belo panegírico da incomparável personalidade de Sócrates foi tecido por Alcebíades, no Banquete. Depois de celebrar a sua persuasiva eloquência, a sua grandeza espiritual e a sua coragem militar, Alcebíades concluiu: "Muitas outras coisas admiráveis teria ainda a dizer a respeito de Sócrates, mas, como muitas delas poderiam ser ditas também de outras pessoas, dispenso-me de fazê-lo. Há, porém, uma que não posso omitir por ser realmente maravilhosa: é que ele não é semelhante a ninguém, nem dos antigos nem dos modernos. A Aquiles, por exemplo, se poderia comparar Brásidas e mais algum outro; Nestor, Antenor e outros poderiam ser comparados a Péricles; e poderiam ser feitos ainda outros paralelos. Mas Sócrates fala de coisas tão diferentes que, por mais que se procure, seja entre os modernos, seja entre os antigos, jamais se poderá encontrar alguém que se assemelhe a ele, a não ser que se queira compará-lo e seus discursos com os dos sátiros e silenos, que não são homens. Seus discursos são, de fato, parecidíssimos com os dos silenos; por isso, se alguém se aproxima para ouvir os discursos de Sócrates, à primeira vista parecer-lhe-ão muito ridículos, porque envoltos em certos nomes e verbos estranhos, como na pele de Procaz, sátiro. De fato, ele sempre tem na boca palavras como: burro de carga, artesão, sapateiro, vendedor de couro, e parece que diz sempre as mesmas

---

[4] Cf. Id., ibid.

coisas. E quem não está habituado a ouvir tais coisas, ou quem não é dotado de entendimento, não contém o riso. Mas quem compreende o que ouve e reflete bem em sua profundidade concluirá que, dentre todos os discursos que se fazem, somente estes têm significado e são diviníssimos, contêm muitíssimas imagens de virtudes e encerram muitíssimas e altíssimas coisas, ou, melhor, tudo aquilo a que deve mirar quem quiser tornar-se belo e bom".[5]

3. O problema socrático

O problema socrático consiste em saber qual foi exatamente o ensinamento filosófico de Sócrates. Já que ele não deixou nenhum escrito, seu pensamento só pode ser conhecido através de outras fontes, isto é, dos autores que falam dele. Os principais são Xenofonte, Platão e Aristóteles. Mas em cada um desses autores a doutrina de Sócrates é apresentada de modo diferente e com isso ele adquire uma estatura filosófica de dimensões muito desiguais.

Lendo Xenofonte, vem-nos a impressão de que Sócrates era moralista, de que se preocupava acima de tudo com a formação de bons cidadãos, pouco se interessando pelos problemas da lógica e da metafísica: é o Sócrates, grande moralista.

Dos diálogos de Platão pode-se concluir que Sócrates é grande metafísico, que se interessa não só pelos problemas da moral cotidiana, mas também pelos problemas mais difíceis do ser, e que os resolve com a doutrina das ideias subsistentes.

Em Aristóteles, Sócrates aparece como grande filósofo, que ensinou doutrinas muito interessantes e originais, não chegando, porém, a desenvolver a doutrina das ideias até o ponto de considerá-las existentes à parte.

Qual dos três refere a verdadeira doutrina de Sócrates? A este respeito os estudiosos não estão de acordo. A maioria deles subscreve o testemunho de Aristóteles e admite que Xenofonte, que não era filósofo nem se interessava por problemas metafísicos, transmitiu-nos um Sócrates muito moralista. Quanto a Platão, muitas vezes, especialmente nos últimos diálogos, atribui a Sócrates doutrinas que não são do mestre, mas suas.

[5] Cf. PLATÃO, *Banquete*, 221-222.

Esta solução parece satisfatória por dois motivos. Em primeiro lugar porque exalta Sócrates sem destruir a personalidade filosófica de Platão. Em segundo lugar, porque reflete o testemunho bastante preciso de Aristóteles, que, tendo frequentado Platão por bem vinte anos, falava com conhecimento de causa. É compreensível, por outro lado, que Platão preferisse pôr na boca de Sócrates, "o mestre que tinha encantado a todos os contemporâneos", doutrinas pelas quais tinha predileção.

4. A missão de Sócrates

Na *Apologia de Sócrates*, Platão narra que, condenado e devendo escolher a pena a ser-lhe aplicada, não conseguia fixar-se em nenhuma. Eis as palavras de Sócrates: "Qual a pena que escolherei para mim, ó atenienses? A que mereço, é claro. E que pena devo sofrer ou pagar eu, que em toda a minha vida jamais deixei de procurar ensinar, visto que, negligenciando aquilo pelo que os outros se interessam (dinheiro, governo da casa, cargos públicos...), andei por onde pudesse fazer a cada um, privadamente, o maior bem; tentando persuadir cada um de vós a não cuidar de suas coisas antes que de si mesmo, que se tornasse bom, sábio o quanto lhe fosse possível; que não cuidasse das coisas da cidade antes que da própria alma, e assim por diante?".[6]

Eis a missão de Sócrates, missão para a qual ele se sentiu chamado pelo oráculo de Delfos: incitar os homens a se preocuparem antes de tudo com os interesses da própria alma, procurando adquirir a sabedoria e a virtude. Estimulado pelo impulso divino, Sócrates propôs-se livrar seus concidadãos da influência nefasta dos sofistas, que punham em dúvida o conhecimento de uma verdade suprema e de uma lei moral absoluta, e estimulá-los à procura da verdade e da virtude, dando testemunho, com sua vida e sua morte, desses valores eternos.

5. O método: a ironia e a maiêutica

O método preferido de Sócrates é o da ironia. Entre os gregos, a ironia não era forma literária, mas atitude do espírito considerada detestável.

---

[6]Cf. *Id., Apologia de Sócrates*, 36.

No livro IV da Ética a Nicômaco, Aristóteles, definindo a virtude da veridicidade, considera-a o justo meio entre a jactância e a ironia. O irônico peca contra a veridicidade porque, em seus discursos, se recusa a revelar as suas qualidades, oculta seu saber sob a capa de uma ignorância fingida e se protege atrás de comportamento puramente negativo. Não é difícil reconhecer que esta é a ironia que Sócrates usa, e é natural que os seus contemporâneos o tenham condenado por causa dela, mesmo tendo ele sabido transformar a ironia em método de educação, em processo pedagógico e filosófico.

A ironia é uma espécie de simulação, mas, em Sócrates, ela tem a finalidade de pôr a descoberto a vaidade, de desmascarar a impostura e de seguir a verdade. Atacando a vaidade, as reputações enraizadas e os cânones oficiais, a ironia socrática tem muitas vezes aparência negativa e revolucionária; parece ameaçar as opiniões correntes e os valores consagrados; é cheia de irreverência e se compraz em desprezar o que a sociedade preza. Mas a ironia socrática não tem a finalidade de desprezar os valores mais altos, mas de provar sua autenticidade. Quando se finge de ignorante, tem em mira discernir as aptidões; é método de análise crítica, mas também e sobretudo método pedagógico.

Com suas perguntas, Sócrates deixa embaraçado e perplexo aquele que está seguro de si mesmo, fá-lo ver novos problemas, desperta a sua curiosidade e estimula-o a refletir. A sua arte educativa pode ser comparada com a de sua mãe, que era parteira, porque ele é como o médico que ajuda nos partos do espírito. Por causa deste aspecto o método de Sócrates é chamado *maiêutica*.

Por razões de método (e não por incapacidade de Sócrates), seus diálogos levantam uma questão, mas não dão a solução. Servem para pôr o interrogado no caminho da solução para que ele mesmo a encontre. Solução difícil porque, tratando-se de problemas morais, exige muitas vezes conversão.

6. Sócrates e os sofistas

Sócrates foi contemporâneo dos sofistas e o mais enérgico adversário que eles tiveram. Seu método de ensino e sua doutrina são o oposto da doutrina e do método dos sofistas. As divergências principais são as seguintes:

a) Os sofistas buscam o sucesso e ensinam como consegui-lo. Sócrates busca só a verdade e incita seus discípulos a descobri-la.

b) Segundo os sofistas, para ter sucesso é necessário fazer carreira. Segundo Sócrates, para chegar à verdade, é necessário desapegar-se das riquezas, das honras, dos prazeres, reentrar no próprio espírito, analisar sinceramente a própria alma, conhecer a si mesmo, reconhecer a própria ignorância.

c) Os sofistas se gabam de saberem tudo e de ensinarem a todos. Sócrates tem a convicção de que ninguém pode ser mestre dos outros. Ele não é mestre, mas obstetra (maieuta); não ensina a verdade, mas ajuda seus discípulos a descobri-la neles mesmos. Não leciona aos discípulos, mas conversa, discute, guia-os em suas discussões, orienta-os para a descoberta da verdade.

d) Segundo os sofistas, aprender é coisa facílima. Afirmam por isso que por preço módico podem garantir aos discípulos o conhecimento da retórica e da arte de governar. Segundo Sócrates, aprender não é coisa fácil. Muitos diálogos terminam sem conclusão, sem uma definição da verdade, da bondade, da beleza, da justiça etc., sem desenvolvimento completo do tema proposto. Para Sócrates, é somente lenta e progressivamente que se chega ao conhecimento da verdade, esclarecendo as próprias ideias e definindo as questões sempre com mais precisão.

e) Para os sofistas, o valor de qualquer conhecimento e de qualquer lei moral é relativo, subjetivo. Para Sócrates, existem conhecimentos e leis morais de valor absoluto, objetivo e, portanto, universal.

7. Ensinamentos filosóficos

Sócrates, como os sofistas, mantém-se mais no campo crítico do que no ontológico: não se interessa pelos princípios supremos do universo, mas pelo valor do conhecimento humano. "Sócrates, abstendo-se, ao invés da maioria dos outros filósofos, de dissertar sobre a natureza do universo, de indagar a origem espontânea do que os sofistas chamam cosmos e a que leis fatais obedecem os fenômenos celestes, ia a ponto de demonstrar a loucura dos que se dedicam a semelhantes especulações. Antes de tudo, examinava se eles presumiam ter aprofundado suficientemente os conhecimentos humanos para se ocuparem de tais assuntos, ou se achavam razoável prescindir do que está ao alcance do homem para intrometer-se no que aos deuses pertence. Admirava-se de que não vissem serem tais segredos intangíveis ao homem, de vez que, longe de concordarem entre si, aqueles mesmos que se gabam de melhor falar sobre eles se têm mutuamente na conta de loucos. (...) Quanto aos que se preocupam com a natureza do universo, estes afirmam a unidade do ser, aqueles, sua multiplicidade infinita. Uns creem que os corpos estão em perpétuo movimento, outros, em inércia absoluta. Aqui se pretende que tudo nasce e que tudo morre, ali que nada se criou e que nada deve ser destruído... Quanto a Sócrates, discutia constantemente tudo o que ao homem diz respeito, examinando o que é piedoso e o ímpio, o belo e o vergonhoso; (...) e mais coisas deste jaez, cujo conhecimento lhe parecia essencial para ser virtuoso e sem o qual se merece o nome de escravo".[7]

Os principais ensinamentos filosóficos de Sócrates situam-se no âmbito da psicologia, da epistemologia e da moral.

Na psicologia, a doutrina fundamental gira em torno da imortalidade da alma. Para Sócrates, a alma é claramente superior ao corpo e encontra-se nele como em prisão. A morte liberta a alma desta prisão e lhe abre a porta de vida melhor. Deve-se, por isso, cuidar da alma e não temer a morte.

A respeito do conhecimento, Sócrates faz clara *distinção entre opinião e verdade*. O conhecimento sensível por si só não pode fazer-nos conhecer a verdade, mas só opiniões mais ou menos sólidas. Neste ponto, os sofistas têm razão; e se admitirmos com eles que o homem é dotado só de conhecimento sensitivo, devemos aceitar sua conclusão, isto é, o relativismo e o ceticismo. Mas, para Sócrates, além do conhecimento dos sentidos, existe outro, o conhecimento intelectual ou conceptual. Este vai além das aparências sensíveis, porque extrai das coisas a sua verdadeira natureza, formando na mente noção, conceito, de valor universal.

Aristóteles diz que são duas as grandes descobertas de Sócrates: o método indutivo e a definição (ou o conceito universal). Essas duas descobertas estão estreitamente ligadas entre si, uma vez que é por via indutiva que se chega ao conceito universal.

---

[7] Xenofonte, *Ditos memoráveis de Sócrates*. Cf. *Os pensadores,* Abril Cultural, São Paulo, 1972, II, 40-41.

Sócrates foi o primeiro filósofo que procurou determinar a natureza do conceito universal e que mostrou que é muito diferente da opinião. De fato, a opinião varia de indivíduo para indivíduo, ao passo que o conceito universal é necessariamente o mesmo para todos.

O procedimento a ser seguido para chegar à aquisição do conceito universal (isto é, o método ou o caminho para obter definição válida da essência de uma coisa) é o indutivo. De definições de valor limitado passa-se para definições menos imprecisas até chegar à definição adequada. Quando Sócrates quer definir a santidade, a justiça, a política etc., segue este método. Pede aos interlocutores uma definição e demonstra que é insuficiente. Pede outra definição e faz o mesmo..., até chegar a definição satisfatória. Eis um exemplo deste método tirado do Mênon de Platão:

Sócrates — Podes esclarecer, Mênon, o que seja a virtude?

Mênon — Não é difícil. Se queres saber primeiro a respeito da virtude do homem, é claro que ela consiste em ser ele apto a fazer bem aos amigos e mal aos inimigos, tomando cuidado para que no fim o mal não atinja também a ele. Se queres saber a respeito da virtude da mulher, também esta não é difícil: consiste em governar bem a casa, em ser caseira e obediente ao marido. Outra é a virtude das crianças, sejam homens ou mulheres, e outra a dos velhos...

Sócrates — Sou homem de sorte! Estava procurando uma virtude apenas, e eis que me apresentas, ó Mênon, um enxame de virtudes. Aproveitando a imagem do enxame, se te perguntar qual é a natureza das abelhas, tu me dirás que são muitas e de várias formas; mas se eu te perguntar novamente, dirás que as muitas abelhas são de várias formas e que diferem umas das outras quanto ao serem abelhas? Ou nisto não diferem de modo algum, mas diferem, por exemplo, pela beleza ou pelo tamanho ou por outra característica? Qual seria a tua resposta?

Mênon — Que as abelhas não diferem umas das outras enquanto abelhas.

Sócrates — Dize-me agora uma coisa, ó Mênon: dizes que existe uma coisa em que as abelhas não diferem, coisa que todas elas são? Saberias responder-me?

Mênon — Sim!

Sócrates — O mesmo é preciso fazer quanto à virtude; mesmo que muitas e de muitas formas, todas as virtudes têm a mesma característica pela qual são virtude, e nesta deve pensar quem quiser responder a quem lhe pergunta que é a virtude.

Os conceitos universais que Sócrates se preocupou mais em definir são os de bem, de justiça, de felicidade e de virtude, isto é, os conceitos éticos. Os sofistas haviam negado que existisse um bem que fosse válido para todos, uma felicidade idêntica para todos, isto porque cada um considera bom o que lhe agrada. Sócrates, indo além das aparências, demonstrou que o homem tem a capacidade de conhecer o bem e de distingui-lo do mal. É verdade que os homens consideram boas coisas diferentes: para uns o bem consiste nas riquezas, para outros, nas honras, para outros, na virtude. Mas é verdade também que todos os homens têm a mesma noção do bem e do mal. Um homem pode amar a riqueza e considerá-la um bem, outro pode considerar como bem as honras, outro, os prazeres. Mas, observa Sócrates, ninguém dirá que o bem é mal, nem que o mal é bem; todos procuram o que pensam ser bom e evitam o que pensam ser mau. È evidente, pois, que todos têm a noção ou o conceito do bem e do mal, noção esta que é sempre a mesma, embora a sua aplicação possa ser diferente. Com o mesmo procedimento descobrem-se os conceitos de justiça, beleza, verdade etc.

Para Sócrates a moralidade identifica-se com o conhecimento: a sabedoria é virtude e a virtude identifica-se com a sabedoria. Se o homem peca, é por ignorância, porque não é admissível que, conhecendo o bem e o mal, escolha o mal e não o bem. Os homens que fazem o mal ignoram o bem ou não sabem que o que escolheram é mau.

Os sofistas corrompiam a juventude porque negavam que se pudesse conhecer o bem e deixavam os jovens entregues à ignorância. Sócrates incita seus ouvintes a procurarem a verdade e a sabedoria, porque somente a verdade e a sabedoria tornam o homem livre e virtuoso.

A felicidade consiste na honestidade, na prática da virtude. Não consiste em algo exterior e passageiro (riqueza, honras, prazeres), como ensinavam os sofistas, mas na consciência reta, no seguir sempre os ditames da razão; numa palavra, na prática da virtude.

8. As escolas socráticas

É sabido que Sócrates teve muitos discípulos e que estes se dividiram, depois da morte do mestre, em várias escolas das quais as mais importantes são a cínica, a cirenaica e a megárica.

A ESCOLA CÍNICA

O fundador desta escola foi o ateniense Antístenes, que viveu entre os séculos V e IV a.C. e que já era de idade avançada quando se tornou discípulo de Sócrates. A sua escola funcionava no ginásio chamado Cinosarge (cão ágil), de onde veio o nome de "cínicos" dado aos seus adeptos e aos seguidores de sua escola.

Em oposição aos desenvolvimentos lógico-metafísicos realizados por Platão, Antístenes concentrou-se essencialmente nos problemas éticos. Ele sustentava, socraticamente, que "o fim do filosofar é alcançar e praticar a virtude e que a virtude é suficiente para a felicidade; que a virtude está nas ações e que não tem necessidade de muitas palavras nem de muitos conhecimentos".[8]

O "não-ter-necessidade-de-nada", isto é, o desapego dos bens materiais e a absoluta independência em relação aos acontecimentos deste mundo, é, segundo Antístenes, o ponto distintivo da vida do filósofo e do sábio. Diógenes Laércio refere que, tendo alguém perguntado a Antístenes qual a vantagem que a filosofia lhe trouxera, teria ele respondido: "O poder estar em companhia de mim mesmo".[9] O mesmo biógrafo recorda entre as doutrinas fundamentais de Antístenes, o princípio: "O sábio basta a si mesmo".[10] Bastar a si mesmo é, pois, perfeição divina e dela somente o filósofo é capaz.

Há, porém, segundo Antístenes, duas grandes dificuldades para a obtenção da sabedoria: o orgulho e o prazer. O orgulho é um obstáculo para a consecução da sabedoria, porque impede o homem de conhecer a si mesmo, de conhecer os próprios limites e defeitos. O prazer opõe-se à sabedoria, porque impede a autarquia do sábio. Compreende-se assim que Diógenes, outro seguidor desta escola, dissesse: "Eu preferiria enlouquecer a sentir prazer",[11] e ainda: "Se Afrodite estivesse em minha frente, eu lhe atiraria uma flecha".[12] Estas expressões, obviamente paradoxais, querem mostrar que os prazeres constituem um grande obstáculo para a consecução do não-ter-necessidade-de-nada.

---

[8] Diógenes Laércio, *Vidas dos filósofos*, VI, 11.
[9] Id., *ibid.*, VI, 6.
[10] Id., *ibid.*, VI, 11.
[11] Id. *ibid.*, VI, 3.
[12] Clemente de Alexandria, *Stromata*, II, 20, 107, 2.

A ESCOLA CIRENAICA

Foi fundada por Aristipo de Cirene, que viveu entre os últimos decênios do século V a.C. e os primeiros do século IV a.C.

Como os cínicos, também Aristipo e os cirenaicos concentravam seu interesse quase exclusivamente nos problemas éticos, rejeitando como inúteis outros tipos de pesquisa. Aristóteles fala expressamente da atitude de Aristipo em relação, por exemplo, às matemáticas:

"(...) Alguns solistas, como Aristipo, desprezavam as matemáticas. De fato, como nas artes, mesmo nas artes manuais, como as do carpinteiro e do sapateiro, motiva-se tudo aduzindo-se como razão o melhor e o pior, as matemáticas não desenvolvem nenhuma consideração acerca das coisas boas e más".[13] Pelo mesmo motivo os cirenaicos rejeitaram em bloco todas as investigações "filosóficas", já que elas não incluem apreciações morais.

Refere-se que antes de ser discípulo de Sócrates, Aristipo o foi dos sofistas. As suas doutrinas gnosiológicas e éticas estão de fato mais próximas da dos sofistas do que da de Sócrates.

Critério da verdade para Aristipo, como para os sofistas, são as sensações, e só elas, no sentido de que, consideradas como estados subjetivos, elas são sempre verdadeiras, enquanto os objetos ou os supostos objetos que provocam as sensações são falazes. E como as sensações produzem prazer ou dor, o critério de ação será logicamente o seguinte: devemos fazer as ações que produzem o prazer e a satisfação do prazer, e não devemos fazer as ações que produzem dor. E que o prazer deva ser o fim das ações, Aristipo deduzia isso do fato de que "todos os seres animados aspiram ao prazer e evitam a dor"; de fato "(...) desde a infância somos atraídos instintivamente para o prazer e, depois de consegui-lo, não o procuramos mais; e de nada fugimos tanto como do seu contrário, a dor".[14] Parece que alguns de seus discípulos chegaram a afirmar que "o prazer é bem, mesmo que proceda de atos vergonhosíssimos. (...) Pois, mesmo que a ação seja reprovável, o prazer, em si mesmo, é desejável e é um bem".[15]

---

[13] ARISTÓTELES, *Metafísica*, 996 a-b.
[14] DIÓGENES LAÉRCIO, o. c., II, 88.
[15] Id., *ibid.*, l. c.

A ESCOLA MEGÁRICA

Para esta escola, fundada por Euclides de Mégara, fiel amigo de Sócrates, a única realidade é o bem. Por isso, o que não têm razão de bem não existe. De seu conhecimento dependem logicamente a virtude e a felicidade.

Euclides identificou o "bem" socrático com o *um* eleático: "Ele sustentava que o sumo bem é um só, ainda que seja chamado com muitos nomes, tais como prudência, Deus, Mente etc. Rejeitava, negando sua existência, tudo o que se opõe ao bem".[16] Mas a identificação do bem com o Um devia levar além de Sócrates e de sua problemática. E, na verdade, Euclides rejeitou o método socrático. Narra Diógenes Laércio: "Nas demonstrações (Euclides) não considerava as premissas, mas as conclusões. Não admitia o argumento por analogia, sustentando que ele se baseia em coisas semelhantes ou dessemelhantes; se em coisas semelhantes, o argumento deve tratar de coisas semelhantes e não de suas analogias; se em coisas dessemelhantes, o paralelo é supérfluo".[17]

Concluindo, tanto na problemática (que diz respeito ao Um) como no método (que é o dialético), a escola megárica inspira-se mais em Parmênides e Zenão do que em Sócrates.

BIBLIOGRAFIA

Entre as inúmeras monografias dedicadas à figura e ao pensamento de Sócrates, assinalemos as seguintes.

LABRIOLA, A., *Socrate,* Bari, 1954, 5ª ed.; ZUCCANTE, E., *Socrate,* Turim, 1909; MAIER, E., *Socrate,* Florença, 1970, 2ª ed.; TAYLOR, A.E., *Socrate,* Florença, 1969, 2ª ed. (síntese vigorosa de um grande estudioso inglês); RITTER, C., Sokrates, Tubinga, 1931; FESTUGIERE, A.J., *Socrate,* Paris, 1966, 2ª ed.; KUHN, H., *Sokrates. Versuch uber den Ursprung der Metaphysik,* Munique, 1959, 2ª ed.; ADORNO, F., *Introduzione a Socrate,* Bari, 1970 (uma síntese muito útil).

Sobre as escolas socráticas:

HUMBERT, J., *Socrate et les petits socratiques,* Paris, 1965 (talvez a melhor obra aparecida nestes últimos anos); SAYRE, F., *The Greek Cynics,* Baltimore, 1948; COLOSIO, G.B.L., *Aristippo di Cirene, filosofo socrático,* Turim, 1925; SCHUHL, P.M., *Le dominateur et les possibles,* Paris, 1961 (exame da doutrina da escola megárica).

---

[16] Id., *ibid.,* II, 106.
[17] Id., *ibid.,* II, 107.

X
PLATÃO

Platão é uma das maiores figuras da filosofia de todos os tempos. A sua grandeza destaca-se mais do que a de outros filósofos por ser a primeira no tempo. A extraordinária envergadura do gênio filosófico de Platão está em ter tirado a especulação filosófica das incertezas e da ingenuidade dos inícios e em tê-la levado a profundidade, maturidade e amplitude assombrosas.

Dedicamos a Platão estudo bastante extenso, começando pelo quadro biobibliográfico e continuando com uma síntese de seus principais ensinamentos.

1. A vida

Platão nasceu em Atenas, em 427 a.C. Seus pais foram Aristão e Perizona, ambos descendentes das mais nobres famílias da Grécia. Foram seus irmãos: Adimanto e Glauco, e sua irmã: Potona. Seu tio Cármides e seu primo Críscio militavam na facção aristocrática e foram envolvidos na queda dos trinta tiranos. Depois de ter recebido educação esmerada, seu primeiro contato com a cultura deu-se no terreno da pintura e da poesia. Mas bem depressa começou o estudo da filosofia, frequentando a escola de Crátilo, longínquo discípulo de Heráclito.

É costume dividir a vida de Platão, depois da infância, em quatro períodos.

DISCÍPULO DE SÓCRATES (407-399 a.C.)

Enquanto ainda ouvia as lições de Crátilo, Platão já começara a frequentar a escola de Sócrates. A convivência foi tão fecunda que se pode afirmar com segurança que o encontro com Sócrates foi o fato que exerceu maior influência na formação da personalidade de Platão. Ele chegou a pensar, a certa altura, em dedicar-se à carreira política, mas, desgostoso com as injustiças praticadas pelos representantes do partido aristocrático (os trinta tiranos) e estarrecido com a condenação de Sócrates à morte sob a absurda acusação de impiedade e corrupção da juventude, abandonou suas aspirações a qualquer cargo público.[1]

Pela *Apologia de Sócrates*, sabemos que Platão foi um dos amigos que aconselharam Sócrates a aumentar a multa de uma para trinta minas, garantindo pessoalmente o pagamento da soma. Mas Sócrates não aceitou o conselho e foi condenado.

Pelo *Fédon*, sabemos que, na hora da morte do mestre, Platão estava ausente por motivo de saúde. Depois do fim trágico de Sócrates, seus amigos e protetores, inclusive Platão, temendo que o facciosismo se voltasse também contra eles, deixaram Atenas com destino a Mégara.

VIAJANTE (398-387 a.C.)

Depois de breve permanência em Mégara, Platão iniciou uma série de viagens, visitando várias cidades da Grécia e da Itália. Permaneceu por longo período em Siracusa, na corte de Dionísio, o Velho, onde conquistou a estima e a admiração de Dion, genro de Dionísio. Segundo alguns autores, em uma de suas viagens, Platão teria chegado até o Egito.

FUNDADOR E REITOR DA ACADEMIA (387-367 a.C.)

Voltando para Atenas em 387, fundou a Academia. A fundação desta instituição é o fato mais importante da vida de Platão e um dos mais importantes acontecimentos da história da ciência. A Academia é, com efeito, a primeira universidade, sendo a estrutura de seu programa constituída pela matemática e pela geometria. É isto que distingue a instituição de Platão de outras mais antigas como a de Pitágoras, que tinha caráter religioso e humanista, ou a de Sócrates, puramente humanista. A Academia não tardou a dar ótimos resultados: forneceu à Grécia uma

---

[1] Cf. Epístola VII, 324ss.

série de grandes matemáticos e espíritos organizadores e imprimiu à matemática e à geometria enorme desenvolvimento.

Durante séculos, a Academia foi centro de atração para todos os estudiosos. O grande matemático Eudóxio de Cnido transferiu-se para ela com todos os seus alunos. Muitos jovens estudantes, que antes, para a sua educação, estavam à mercê dos sofistas, encontraram na universidade de Platão toda a instrução que desejavam. Na Academia, Platão desempenhava mais as funções de reitor do que as de professor, com exceção para os cursos de filosofia. Infelizmente todas as anotações de suas lições se perderam.

PRECEPTOR (367-360 a.C.)

Morto Dionísio, o Velho, Platão foi convidado por Díon para ser o preceptor de Dionísio, o Jovem, de Siracusa, o qual, sem ter recebido nenhuma instrução e com a idade de trinta anos, devia agora suceder ao pai no trono. No começo o jovem monarca seguia as lições de Platão com entusiasmo, mas depois começou a aborrecer-se e a não querer mais estudar e acabou mandando o cunhado para o exílio e Platão, de volta para Atenas.

Alguns anos mais tarde, Dionísio convidou Platão a ir novamente a Siracusa para redigir uma nova constituição para a cidade. O ilustre filósofo aceitou o convite, mas também desta vez não foi bem sucedido porque a constituição que redigiu não agradou ao tirano, que mandou pô-lo na prisão.

Foi somente pela intervenção de Arquitas, seu amigo, que Platão conseguiu recobrar a liberdade e voltar para Atenas. O filósofo passou os últimos anos de sua vida na Academia, levando a termo alguns diálogos e uma obra monumental de filosofia política e moral: as Leis. Morreu em Atenas, em 347 a.C.

2. As obras

Platão escreveu muitíssimas obras, das quais algumas se perderam. Quanto às que se conservaram, é bastante difícil atribuir-lhes data precisa. Segundo Taylor, Platão escreveu suas obras em dois períodos, umas na juventude, outras na velhice;[2] em geral, porém, são divididas

---

[2] Cf. TAYLOR, A.E., *Platone, l'uomo e la sua opera*, Florença, 1968.

em quatro grupos. Quanto ao tempo de composição, corresponderiam aos quatro períodos da vida do filósofo, que indicamos acima.

OS DIÁLOGOS SOCRÁTICOS

Platão expõe neles a doutrina de Sócrates. Os principais são: *Apologia de Sócrates*: autodefesa de Sócrates durante o processo; *Críton*: obrigação de obedecer às leis; *Íon*: sobre a inspiração poética; *Lísias*: sobre a amizade; *Eutífron*: sobre a santidade.

OS DIÁLOGOS POLÊMICOS

Neles Platão combate os sofistas. Os principais são: *Protágoras*: virtude e conhecimento são a mesma coisa; *Górgias*: sobre a retórica; *Crátilo*: sobre a linguagem; *Mênon*: sobre a virtude; *Hípias Maior*: sobre a beleza.

OS DIÁLOGOS DA MATURIDADE

Banquete: sobre o amor; *Fédon*: sobre a imortalidade da alma; *Fedro*: sobre a retórica; *República*: sobre o Estado ideal.

OS DIÁLOGOS DA VELHICE

Neles Platão faz a revisão crítica da doutrina das Ideias e do Estado. Os principais são: *Teeteto*: sobre o conhecimento; *Parmênides*: defesa da teoria das Ideias; *Sofista*: sobre a relação entre ser e não ser e outras ideias; *Política*: o verdadeiro estadista é o filósofo; *Filebo*: relação entre o prazer e o bem; *Timeu*: cosmologia, o Demiurgo; *Leis*: a legislação do Estado ideal.

Em seu conjunto, as obras de Platão são 37 (36 diálogos e 13 cartas). As cartas (com exceção da segunda e da terceira) e alguns diálogos, quase insignificantes, são considerados não autênticos. Há, por outro lado, diálogos importantes que são de autenticidade duvidosa (por exemplo, *Íon*, *Menexeno*, *Hípias Maior*, *Epinômides*); os grandes diálogos são todos autênticos.

3. A teoria das ideias

Na exposição da filosofia de Platão pode-se dar preferência a aspectos diferentes, como o metafísico, o ético, o epistemológico. São posições legítimas, porque tais aspectos são fundamentais para Platão. Parece-nos, todavia, que o enfoque metafísico seja o mais condizente com o seu pensamento. Antes de tudo porque está mais de acordo com a concepção clássica da filosofia, que tinha como objetivo principal o estudo da "causa primeira". Em seguida porque, com a teoria das Ideias, Platão parece ter-se considerado em condições de resolver todos os problemas filosóficos.[3]

No Fédon, Platão narra que no primeiro tempo seguiu as teorias dos pré-socráticos, mas que depois as abandonou para aderir à escola de Anaxágoras. Desiludiu-se depressa também das doutrinas de Anaxágoras, abandonou a filosofia dos naturalistas e pôs-se à procura da verdadeira causa. Para encontrá-la julgou que devia refugiar-se nas ideias e "considerar nelas a realidade das coisas existentes". "Parece-me, com efeito, que se existe alguma coisa bela fora do belo em si, ela é bela unicamente porque participa deste belo em si. O mesmo digo naturalmente de todas as outras coisas (...). E se alguém me diz que alguma coisa é bela por causa de sua cor brilhante ou por causa de sua aparência ou por alguma outra propriedade do mesmo gênero, eu deixarei de lado todas estas causas porque elas me confundem; e mantenho firmemente a minha, embora possa parecer simples e grosseira e até tola: isto é, o que faz que aquela coisa seja bela é somente a presença (*parousia*) nela ou a comunhão (*koinonia*) com ela deste belo em si, ou algum outro modo pelo qual este belo se una a ela. Porque eu não insisto de forma alguma neste modo; digo apenas que todas as coisas belas são belas pelo belo".[4]

Eis, pois, a intuição fundamental de Platão: uma coisa é bela porque participa da beleza, é verdadeira porque participa da verdade, é boa porque participa da bondade, é humana porque participa da humanidade, é esférica porque participa da esfericidade. Esta é a causa do mundo sensível: a sua participação no mundo intelectual. Isto significa que, existindo o mundo sensível, deve existir também o mundo inteligível. Existem bancos porque existe "à parte", "separado", subsistente, o Banco; existem cães porque existe o Cão; existem homens porque existe o Homem; existem coisas belas, verdadeiras, iguais..., porque existe a Beleza, a Bondade, a Verdade, a Igualdade etc.

---

[3] Cf. *Fédon*, 48ss.
[4] *Ibid.*, 49.

Que a doutrina das Ideias seja a intuição fundamental de Platão torna-se evidente pelo fato de que dela derivam todos os seus outros ensinamentos, tanto em epistemologia como em psicologia, tanto na ética como na estética.

Vê-se assim que, segundo Platão, existem dois mundos, o inteligível e o sensível, e que o primeiro é causa do segundo.

O MUNDO DAS IDEIAS

Para demonstrar a existência do mundo inteligível, isto é, do mundo das Ideias, Platão aduz três argumentos: a) argumento da reminiscência: temos a Ideia de verdade, de bondade, de igualdade, a Ideia universal de homem etc. Ora, estas Ideias nós não as tiramos da experiência; logo, o conhecimento atual é recordação de uma intuição que se deu em outra vida; b) argumento do verdadeiro conhecimento: não existe ciência a não ser do verdadeiro; ora, a verdade exige correspondência entre o conhecimento e a realidade; mas o único conhecimento humano que merece o nome de ciência é o que diz respeito aos conceitos universais. Logo, deve existir um mundo inteligível, universal; c) argumento da contingência: deve existir a Ideia necessária e estática para que se explique o nascer e o perecer das coisas: uma coisa bela é bela não por certa combinação de cores, mas porque é aparição terrena do Belo em si; o dois é dois não pela adição de duas unidades, mas pela participação na Dualidade.

Mas, qual é a natureza das Ideias? A respeito desse ponto o pensamento de Platão é muito flutuante. Nos primeiros diálogos (*Eutífron*, *Lísias*, *Mênon*), as Ideias das quais prova a existência são todas de natureza ética (bondade, beleza, justiça, santidade etc.). Já nos diálogos mais maduros (*Sofista*, *Parmênides*, *Teeteto*), Platão fala mais de Ideias de natureza metafísica (unidade, diferença, movimento, repouso, ser, não-ser etc.). Finalmente, nos últimos diálogos (*Filebo*, *Timeu*) trata especialmente de Ideias matemáticas: as Ideias são números.

Parece, contudo, que essas mudanças não devem ser interpretadas como retificações das posições precedentes, mas como desenvolvimentos, como adaptações da doutrina das Ideias aos campos de estudo para os quais Platão dirige sucessivamente a sua atenção. No começo a preocupação maior era com os problemas éticos e, logicamente, para resolvê-los, postula a existência de conceitos éticos absolutos, necessários, válidos para todos. Depois seu interesse desloca-se para os problemas metafísicos e então, para dar consistência ontológica às coisas, postula a existência de Ideias metafísicas e matemáticas, como já o fizeram Pitágoras e Parmênides, sem nunca chegar a fazer escolha definitiva entre os dois.

Uniforme e constante é, porém, o ensinamento de Platão acerca das propriedades das Ideias. Elas são sempre descritas como realidades simples, incorpóreas, imateriais, não sensíveis, incorruptíveis, eternas, divinas, imutáveis, autossuficientes, transcendentes. Podem ser aplicadas a todas as Ideias as propriedades que no Banquete são atribuídas à Beleza: "Ela existe sempre; não vem a ser, não perece; não aumenta, não diminui. Não é bela em um sentido e feia em outro. Além disso, a Beleza não pode ser pensada como dotada de rosto e mãos: não tem nada do que pertence ao corpo. Não é feita de palavras nem de pensamentos. Existe, mas não em outra coisa, não nos seres vivos; não na Terra, nem no céu nem em nenhum outro elemento. Esta Beleza é de si, em si e por si, em sua pura objetividade, em um só aspecto pela eternidade. As outras coisas belas, ao contrário, participam, todas elas, de modo misterioso, desta Beleza misteriosa. Mas as coisas belas nascem e perecem; a Beleza, porém, não passa por nenhuma vicissitude; ela não se torna, de modo algum, maior ou menor".[5]

Mas, embora tendo, em última análise, as mesmas qualidades, nem todas as Ideias têm o mesmo valor ontológico: algumas (como a Bondade, a Unidade, o Ser, a Beleza) têm prioridade sobre as outras. Existe, pois, entre as Ideias certa hierarquia. Mas Platão não chegou a doutrina definitiva sobre este ponto. Ele dá o primeiro lugar ora às Ideias éticas, ora às metafísicas, ora às matemáticas. No *Fedro* e no *Banquete*, o primeiro lugar é da Beleza; no *Filebo*, da Unidade; no *Sofista*, do Ser; na *República*, da Bondade. O primado desta última é assim descrito: "Aquele que administra a verdade aos objetos conhecidos e atribui a faculdade ao cognoscente, tu dizes ser a Ideia do Bem, que é ainda causa da ciência e da verdade, enquanto esta é conhecida mediante o intelecto. Ora, sendo tão belas estas duas coisas, a saber, o conhecimento e a verdade, far-te-ás correta opinião do Bem considerando-o diferente e ainda mais belo do que elas".[6] Mais esplêndida é ainda a descrição do primado da Beleza

---

[5] *Banquete*, 210 e 211.
[6] *República*, 504ss.

no *Banquete*.⁷ A parte central deste texto estupendo foi citada pouco atrás, a propósito das propriedades das Ideias.

Já em decorrência da ordem hierárquica, existem relações entre as ideias: a questão de suas relações é de certa complexidade, e Platão a enfrenta explicitamente no *Sofista*. Aqui afirma que é erro sustentar que nenhuma Ideia pode ser associada com as outras, ou que todas as Ideias podem ser associadas entre si. Por exemplo, as Ideias contrárias (movimento-repouso, ser X não-ser, identidade-diferença, bondade--malícia) não podem jamais unir-se. A doutrina certa é que "as Ideias não podem combinar-se todas umas com as outras, mas umas sim e outras não".

No mesmo diálogo, Platão trata do número das Ideias. Ele está cônscio de que, sendo as Ideias modelos das coisas, por si deveriam existir tantas Ideias quantos são os gêneros das coisas. Não lhe parece, todavia, que haja Ideias para coisas como cabelos, unhas, espirros e semelhantes.

Uma questão de difícil solução, sobre a qual os estudiosos ainda não estão de acordo, é a do lugar de Deus no mundo inteligível de Platão. Ele acredita, além da existência dos deuses, também na de um Ser supremo (que chama ora Demiurgo, ora Fiturgo), "criador e pai do universo", "artífice de toda sorte de objetos; a terra, o céu, os deuses e todos os astros do firmamento e tudo o que está debaixo da terra ele produz com o seu trabalho".⁸ Nas Leis, Platão condena severamente os que põem em dúvida a sua existência e afirma que isso deve proceder de estado mental provisório, influenciado por alguma desordem moral, uma vez que são muito evidentes os indícios da existência de Deus. Basta olhar em torno: "Terra e Sol; estrelas e universo, tudo fala dele! E, o ritmo perfeito e ordenado das estações, como se desenvolve distribuído segundo os anos e os meses! Além disso, todos, gregos e estrangeiros, afirmam que os deuses existem".⁹

Mas qual é o lugar ocupado por Deus no universo metafísico de Platão? É inegável que ele faz parte do mundo inteligível, dotado como é de propriedades como eternidade, incorruptibilidade, simplicidade,

---

⁷ Cf. *Banquete*, 210-211.
⁸ *República*, 596.
⁹ *Leis*, 886.

perfeição absoluta, que se encontram somente em tal mundo. Mas Deus é uma Ideia ou outra coisa?

Existem razões para afirmar que, para Platão, Deus é uma das Ideias soberanas (Bondade, Beleza, Unidade, Ser). De fato, o que ele diz destas Ideias — arquétipo quadra perfeitamente com o conceito religioso de Deus. Mas há motivos também para excluir esta identificação. Antes de tudo, o fato de que o próprio Platão jamais a afirmou. Em segundo lugar, Deus é apresentado com vitalidade e concretude tais que nunca se encontram no conceito platônico das Ideias.[10]

Uma coisa é certa, porém: para Platão Deus constitui um grande mistério. No *Timeu* ele confessa: "É difícil encontrar o Autor e Pai do universo, e, uma vez encontrado, é muito difícil falar dele."

O MUNDO SENSÍVEL

A origem do mundo sensível é descrita amplamente no *Timeu* (e acenada no *Filebo*, na *República* e em outras obras). Platão afirma que no princípio existiam, além das Ideias (os modelos a reproduzir), o Caos (uma matéria informe a plasmar) e o Demiurgo (o artífice soberano).

O Demiurgo, contemplando as Ideias (tomando-as como modelo), plasma a matéria informe e assim produz o mundo material. Terminada a formação do mundo, o Demiurgo infunde nele alma universal, a qual tem como função conservar a vida do mundo, sem necessidade de intervenção contínua do Demiurgo.[11]

Em vários diálogos Platão examina acuradamente a questão das relações entre o mundo sensível e o mundo inteligível. A relação é entendida por ele ora como imitação (*mímesis*), ora como uma participação (*méthekis*) do sensível no ideal.

As duas concepções são criticadas no Parmênides. A relação não pode ser entendida como imitação, porque a Ideia é exigida para explicar a semelhança entre as realidades materiais; mas como explicar a semelhança entre as Ideias e as realidades materiais?

A relação não pode ser entendida sequer como participação porque ou as coisas participam da Ideia toda (e então é necessário que haja muitas Ideias do mesmo tipo) ou participam apenas de parte dela (e então

---

[10] Cf. Ross, D., *Plato's Theory of Ideas*, Oxford, 1951, 43 e 44.
[11] Cf. *Timeu*, 5ss.

a Ideia deve ser divisível). Diante destas dificuldades aparentemente insuperáveis, Platão parece decidido a abandonar a teoria das Ideias.

4. O conhecimento

Em Platão, o problema do conhecimento é acompanhado de exigências ontológicas do mesmo modo que em Parmênides e Heráclito. Vimos que Parmênides, levado pelas exigências do ser, negara qualquer valor ao conhecimento sensível. Heráclito, ao contrário, premido pelas exigências do devir, deu pleno crédito a este conhecimento. Isto significa que, tanto em Parmênides como em Heráclito, a epistemologia é dirigida pela metafísica: à metafísica que reduz a realidade ao que é estático, corresponde a epistemologia que reconhece como válido somente o conhecimento intelectivo; e à metafísica que reduz a realidade ao que é dinâmico, corresponde uma epistemologia que reconhece como válido somente o conhecimento sensitivo.

Na metafísica de Platão há lugar, como vimos, não só para o ser estático de Parmênides, mas também para o mundo em devir de Heráclito. De fato, a realidade, segundo Platão, é constituída de dois estratos, um estático e o outro dinâmico. Consequentemente, na epistemologia, dá valor tanto ao conhecimento intelectivo quanto ao sensitivo: ao intelectivo, para o mundo das Ideias, ao sensitivo para o mundo sensível.

Segundo Platão, à distinção radical existente no mundo da realidade entre as coisas e as Ideias corresponde, no mundo do conhecimento, distinção igualmente radical entre sensação e intelecção.

Em primeiro lugar, porque os sentidos e o intelecto têm objeto próprio: objeto dos sentidos é o mundo sensível; do intelecto, o mundo ideal.

Em segundo lugar, porque os sentidos podem, no máximo, chegar a formar opinião (*dóxa*) sobre seu objeto; ao passo que o intelecto produz verdadeiro conhecimento (*episteme*), conhecimento universal.

Entre conhecimento sensitivo e conhecimento intelectivo existe distinção, ou melhor, separação profunda, tão profunda que não pode haver sequer comunicação entre eles. Por isso, as Ideias, os conceitos universais do conhecimento intelectivo, não se podem derivar por abstração do conhecimento sensitivo.[12] Depois de tê-las apreendido no

---

[12] Cf. *Fédon*, 10.

Hiperurânio, lembramo-nos delas quando entramos em contato com as coisas materiais.[13]

Platão distingue dois graus no conhecimento sensitivo (*eikasia* e *pístis*) e dois no conhecimento intelectivo (*diánoia* e *nóesis*). Como ilustração dos graus do conhecimento, emprega a analogia da linha partida: divide-se uma linha em dois segmentos; em seguida, divide-se cada um dos segmentos (o do mundo sensível e o do mundo ideal) em duas partes iguais.

Assim, o mundo sensível e o mundo ideal podem ser divididos em duas seções: no mundo sensível podemos apreender, de um lado, as coisas reais (plantas, animais etc.), do outro, as imagens delas (as imagens refletidas na água, as sombras etc.).[14]

Também o mundo das Ideias pode ser dividido em duas seções: de um lado, as ideias éticas (bem em si, belo em si etc.) e metafísicas (o um em si, o ser em si etc.), do outro, as ideias matemáticas.

Existem, pois, na escala dos seres, quatro graus, a saber, dois no mundo sensível: as coisas sensíveis e as imagens, e dois no mundo ideal: as ideias éticas e metafísicas e as entidades matemáticas.

Também no conhecimento existem quatro graus:
— a apreensão das imagens (*eikasia*);
— a percepção das coisas sensíveis, acompanhada da confiança na realidade dos objetos apreendidos pelos sentidos (*pístis*).
— o conhecimento das entidades matemáticas mediante processo raciocinativo (*diánoia*);
— o conhecimento direto e intuitivo da Ideia pura (*nóesis*).

Para ilustrar a passagem dos graus inferiores de conhecimento aos superiores, Platão recorre ao célebre "mito da caverna". O mito mostra que a passagem de um grau para o outro se dá muito lentamente e com grande esforço e que exige conversão, total mudança de mentalidade.

A filosofia procura conduzir os homens à conversão, de um grau ao outro, até ao grau supremo, único no qual é possível o verdadeiro conhecimento da realidade.

Neste mundo, a maioria dos homens está no estado de eikasia, vítima dos preconceitos do ambiente e da educação. Um ou outro se

---

[13] Cf. *ibid.*, 21: a reminiscência.
[14] Cf. *República*, VI, 509-511.

liberta das cadeias dos preconceitos e vê primeiro as coisas da caverna à luz do fogo (*pístis*). Se, depois disso, sai da caverna, vê todas as coisas à luz do sol (*diánoia*). Finalmente poderá dirigir seus olhos para o sol e ver o próprio sol (*nóesis*).

O mito da caverna é tão célebre que não resistimos à tentação de reproduzi-lo textualmente. Ei-lo:

Sócrates — Agora compara com a seguinte situação o estado de nossa alma relativamente à educação ou à falta desta. Imagina uma caverna subterrânea provida de vasta entrada aberta para a luz e que se estende ao largo de toda a caverna, e uns homens que lá dentro se acham desde meninos, amarrados pelas pernas e pelo pescoço de tal maneira que tenham de permanecer imóveis e olhar só para a frente, pois as ligaduras não lhes permitem voltar a cabeça; atrás deles e em plano superior, arde fogo a certa distância, e entre o fogo e os encadeados há caminho elevado, ao largo do qual faze de conta que tenha sido construído um pequeno muro semelhante a esses tabiques que os titeriteiros colocam entre si e o público para exibir por cima deles as suas maravilhas.

Glauco — Vejo.

Sócrates — E não vês também homens que passam ao longo desse pequeno muro, carregando toda espécie de objetos, cuja altura ultrapassa a da parede, e estátuas e figuras de animais feitas de pedra, de madeira e outros materiais? Alguns desses carregadores conversam entre si, outros marcham em silêncio.

Glauco — Tu me apresentas uma imagem estranha e estranhos prisioneiros!

Sócrates — Semelhantes a nós. Não te parece que os prisioneiros só tenham podido ver, deles mesmos e daqueles que os rodeiam, as sombras projetadas pelo fogo sobre a parede fronteira da caverna?

Glauco — Como não, se são obrigados a manter imóveis as cabeças durante toda a vida?

Sócrates — E dos objetos transportados, não veriam apenas igualmente as sombras?

Glauco — Sim.

Sócrates — Ora, se pudessem falar uns com os outros, não julgariam estar referindo-se às coisas que veem como se fossem idênticas às coisas que passam?

Glauco — É lógico.

Sócrates — E se o cárcere tivesse ressonâncias, quando algum dos passantes falasse, não pensas que eles julgariam que o que falava era a sombra?

Glauco — Por Júpiter, certamente.

Sócrates — Para eles, pois, a verdade, literalmente, nada mais seria do que as sombras dos objetos fabricados.

Glauco — Sem dúvida!

Sócrates — Torna a olhar agora e examina o que naturalmente sucederia se os prisioneiros fossem libertados das suas cadeias e curados da sua ignorância. A princípio, se alguém fosse libertado e obrigado a caminhar imediatamente, a mover a cabeça, a caminhar e a dirigir os olhos para a luz, e sentisse dor por causa de tudo isso, e, por causa do brilho fulgurante, não conseguisse olhar para aqueles objetos dos quais até então via as sombras, que pensas que ele diria se alguém falasse com ele? Que antes via coisas de nada e que agora está mais perto da realidade e voltado para aquele que tem mais realidade, vê coisas mais claras? E assim ainda mostrando-lhe cada um dos objetos que passam, o obrigasse a responder que coisa é, não pensas que hesitaria e julgaria as coisas vistas antes mais verdadeiras do que as que lhe são mostradas agora?

Glauco — Certamente.

Sócrates — E se fosse obrigado a olhar para a própria luz, seus olhos se ressentiriam e a evitaria, virando-se para trás, para aqueles objetos que pode olhar, e julgaria a estes muito mais claros do que aqueles que lhe são mostrados?

Glauco — Isto mesmo.

Sócrates — E se o levassem dali pelas asperezas e pela subida íngreme, e não o deixassem livre antes de tê-lo conduzido à luz do sol, não lhe faria mal e não se lamentaria enquanto é conduzido fora e quando chega à luz ou, com os olhos cheios de esplendor, poderia talvez ver algum daqueles objetos que agora são chamados verdadeiros?

Glauco — Certamente não, pelo menos no primeiro momento.

Sócrates — Penso que normalmente seria necessário ver os objetos que estão em cima e depois disso, as imagens dos homens e das coisas nas águas, depois os homens e as coisas mesmas. Depois destes poderá com menor dificuldade observar durante a noite os corpos celestes; assim será mais fácil contemplar de noite a luz dos astros e da lua do que de dia o sol e o seu brilho.

Glauco — Como não?

Sócrates — E por último, penso estaria em condições de ver o sol — nas suas imagens refletidas na água ou em qualquer outro lugar que não seja o seu, mas o próprio sol em seu domínio e tal qual é em si mesmo;

Glauco — Evidentemente.[15]

A DOUTRINA DA REMINISCÊNCIA

Uma das coisas mais extraordinárias da filosofia platônica é a doutrina da reminiscência. Segundo ela o nosso conhecer é recordar. Ocasião para isso é o encontro com as coisas deste mundo, as quais são cópias das Ideias.

O seu encontro desperta na alma a recordação das Ideias. Por exemplo, a vista das coisas belas faz despertar em nós a Ideia de Beleza; a vista de coisas justas faz despertar em nós a Ideia de Justiça etc.

Na economia geral do sistema de Platão, a doutrina da reminiscência exerce três funções muito importantes: fornece prova da preexistência, da espiritualidade e da imortalidade da alma; estabelece ponte entre a vida antecedente e a vida presente; dá valor ao conhecimento sensitivo, reconhecendo-lhe o mérito de despertar a recordação das Ideias.

5. A psicologia

A ruptura introduzida por Platão entre conhecimento intelectivo e conhecimento sensitivo reflete-se na natureza mesma do homem, entre alma e corpo. Para Platão o homem não é unidade substancial, mas acidental: essencialmente diversos, a alma e o corpo encontram-se juntos apenas provisoriamente, durante a vida presente. Na origem e essencialmente o homem era somente alma e existia no mundo das Ideias.

No *Timeu* Platão narra que, depois da criação do mundo, o Demiurgo criou nele os astros a partir do fogo, os pássaros a partir do ar,

---

[15] *República*, VII, 514-516b. Cf. *Fédon*, 58 e 59.

os peixes a partir da água, os animais e os homens a partir da terra. Mas somente os astros foram feitos completamente por ele. Dos outros seres o Demiurgo produziu só o elemento espiritual, delegando aos deuses menores a criação do corpo. Também nos homens ele criou somente as almas. Depois semeou-as: umas na Terra, outras na Lua e outras nos astros.

"Confiou depois aos deuses jovens o que seguia depois da semeadura, isto é, que plasmassem corpos mortais e que completassem o que faltava à alma humana (isto é, a alma irascível e a alma concupiscível) e todas as outras coisas que se seguiam; e que dominassem e governassem o mais belamente e o melhor possível a alma mortal, a não ser que o próprio homem se tornasse causa de seus males."

"Ordenadas todas estas coisas, ele permaneceu, como era conveniente, no seu estado (de imutabilidade) e, enquanto assim permanecia, os filhos (os deuses menores) compreenderam a ordem do Pai e lhe obedeceram."

"E tomando o princípio imortal do animal mortal, imitando o seu artífice, tiraram emprestadas do mundo partículas de fogo, de terra, de água e de ar; que mais tarde deviam ser restituídas (com a morte) e uniram-nas, não com os vínculos indissolúveis, com os quais elas estavam ligadas, mas, fixando-as com numerosos cravos, invisíveis pela sua pequenez, e formando com todas elas cada um dos corpos, ataram os círculos da alma imortal nestes corpos, que são sujeitos a influxos e efluxos".[16]

Segundo Platão, o homem não tem somente uma alma, mas três: a alma racional, a alma irascível e a alma concupiscível. Elas se encontram, respectivamente, na cabeça, no peito e no ventre. A alma racional é como o cocheiro, as outras são os dois cavalos que puxam o coche, guiado pelo cocheiro. Ora, um dos cavalos é bom e belo (a alma irascível), o outro é mau e feio (a alma concupiscível); o cavalo bom é obediente ao cocheiro, o outro é rebelde e dá muito trabalho ao companheiro de jugo e ao cocheiro.

"O cavalo bom tem o corpo direito e flexível, cabeça alta, nariz curvo, pelo branco, olhos negros; ama a honra, o pudor, a temperança e a opinião verdadeira; não é necessário incitá-lo, porque ele é dócil às ordens da razão. O outro é encurvado e pouco desenvolvido, tem o

---

[16] *Timeu*, 42 e 43b.

pescoço torto, o nariz chato, o pelo escuro..., é atrevido, lascivo e surdo e dificilmente cede aos castigos".[17]

A alma, simples, invisível, espiritual, no início habitava, como dissemos, junto com as Ideias no Hiperurânio. A sua felicidade consistia na contemplação das Ideias. Mas a certa altura a alma não foi mais capaz de manter o esforço necessário para a contemplação e, não conseguindo mais ver as ideias, "por uma obscura eventualidade se tornou pesada, cheia de esquecimento e perversidade e caiu sobre a Terra".[18]

Mas, apesar da queda, a alma não perdeu a sua imortalidade. Disto Platão tem certeza. Todo o *Fédon* é dedicado à demonstração incontestável desta convicção.

Das numerosas provas aduzidas no *Fédon* destacam-se três como as mais importantes: a que parte do parentesco entre a alma e as Ideias, parentesco que não se desfez com a queda, porque neste mundo a alma continua em contato com as Ideias, mediante o conhecimento intelectivo; a que procede da superioridade da alma em relação ao corpo; finalmente a que procede da relação especial entre a alma e a vida: a alma participa essencialmente da Ideia da vida.

Platão estendeu-se bastante na elaboração desses três argumentos, levando em consideração as dificuldades e objeções que se podem levantar contra eles. Apresentamos a seguir um resumo dos três.

O *primeiro argumento* parte da doutrina da reminiscência, cuja realidade parece provada pelo fato de que temos em nós Ideias como Bondade, Beleza, Identidade, Ser, que ao que parece, não podemos tirar da experiência. Isso significa que devemos tê-las adquirido numa vida anterior e que agora elas voltam à nossa memória: "Antes de nascer e logo depois de nascidos já conhecíamos não só o igual em si e consequentemente o maior e o menor, mas também todas as outras Ideias; porque raciocinamos não só sobre o agora igual, mas também sobre o belo em si, o bem em si, o santo em si...".[19] Mas se a alma existiu antes no mundo das Ideias, isto significa que é da mesma natureza que elas, semelhante a elas. E sendo as Ideias constantes, invariáveis, invisíveis, incorruptíveis, também a alma deve ser incorruptível e imortal.[20]

---

[17] *Fedro*, 34.
[18] *Ibid*, 248 c.
[19] *Fédon*, 20.
[20] Cf. *ibid.*, 25.

O *segundo argumento:* no começo do diálogo Platão já havia mostrado a superioridade da alma sobre o corpo, usando para isso uma série de razões (os prazeres do corpo são muito transitórios, ao passo que os da alma são mais duradouros; o corpo, com suas necessidades e suas paixões, impede a alma de adquirir a sabedoria: "A alma raciocina em sua maior pureza quando não é perturbada por nenhuma sensação";[21] as Ideias de Justiça, de Bondade, de Ser não podem ser apreendidas pelo corpo, mas somente pela alma etc.). Dessas premissas ele tira a conclusão de que a alma, sendo superior ao corpo, é também senhora dele, não estando por isso sujeita às suas vicissitudes e à sua corrupção: é divina e imortal.[22]

O *terceiro argumento:* a participação essencial da alma na Ideia da vida implica a sua imortalidade. A este argumento Platão dá muita importância, dedicando a ele vários capítulos do *Fédon*. O ponto de partida é a distinção entre participação essencial e participação acidental: no primeiro caso, o participante tem a mesma sorte do participado, no segundo, não. Por exemplo, o calçado participa do calor acidentalmente; por isso, mesmo depois que o calor cessa, ele continua no ser; a neve, ao contrário, participa do frio essencialmente e por isso, quando o frio cessa, a neve se derrete e cessa de existir. Ora, segundo Platão, a alma participa essencialmente da Ideia da vida e por isso não poderá nunca separar-se dela; e, já que a Ideia da vida, sendo o contrário da morte, é imortal, segue-se que também a alma é imortal. "Logo, se a morte se abate sobre o homem, a parte dele que, como parece, é mortal, morre, ao passo que a parte que é imortal parte, salva e incorrupta, escapando à morte".[23]

Embora cônscio do valor relativo e discutível desses argumentos, Platão não tem a menor dúvida de que a alma seja imortal, certamente porque de outro modo, isto é, de se admitir que a alma não seja incorruptível, dificilmente se poderá afirmar a incorruptibilidade de qualquer outra coisa.[24]

No *Fedro* Platão prova a imortalidade da alma partindo da capacidade que ela tem de mover a si mesma. Eis o argumento: "O que se

---

[21] *Ibid.*, 9.
[22] Cf. *ibid.*, 28.
[23] *Ibid.*, 56.
[24] Cf. *ibid.*, 106 d.

move por si mesmo é princípio de movimento e não pode perecer nem ter origem. Do contrário, todo o universo, tomado em seu conjunto, estaria imóvel e não poderia dar início novamente ao processo de geração. É imortal, portanto, o que é causa de seu próprio movimento. Ora, tal é, por definição, a essência da alma. Na realidade, nenhum corpo cujo movimento vem de fora tem alma. Mas aquilo que tem movimento por energia interior é dotado de alma. Tal é justamente a natureza da alma. E se somente a alma é o que é movido por si mesmo, segue-se, como consequência inelutável, que a alma não pode ter origem por geração e que é imortal".[25]

A imortalidade da alma evidencia-se também pela aspiração de todos os homens pela sobrevivência. A aspiração, o amor (*eros*) à sobrevivência, assume três formas: a procriação dos filhos, a glória e a filosofia. Primeiramente a geração "porque a geração, para a mortal criatura, é perenidade e imortalidade (…). Também a criatura *mortal* procura, na medida do possível, perpetuar-se e tornar-se imortal. E pode consegui-lo somente de um modo: pela geração. Por este modo se deixa nova vida, jovem, no lugar da antiga".[26] Em segundo lugar, a glória. "Observa como é vivo e ardente o desejo dos homens se tornarem famosos e conseguirem para si glória imortal. Não vês a quantos perigos se expõem sem nenhuma hesitação? Isto fazem todos os homens, e bem mais do que pelos filhos. Gastam dinheiro, enfrentam fadigas de todo gênero e estão prontos a sacrificar-se e morrer por alguém. Oh! Crês tu que Alceste teria morrido por Admeto? Que Aquiles teria querido que a sua morte seguisse a de Pátroclo? E o nosso Codro, teria arrostado a morte prematura para deixar o reino ao seus filhos, se não tivessem acreditado, todos, que a sua memória imortal seria conservada para sempre? Precisamente a memória que nós conservamos".[27]

Finalmente o amor à sobrevivência toma a forma de filosofia. E é somente mediante esta forma mais perfeita que se alcança, efetivamente, a imortalidade. Mas para chegar a este amor filosófico é necessário muito esforço. "A recordação das coisas de lá de cima não surge facilmente em todas as almas quando elas entram em contato com a visão sensível; não

---

[25] *Fedro*, 245 d, e.
[26] *Banquete*, 207 a, d.
[27] *Ibid.*, 208 c, d.

surge para as almas que viram fugazmente seres eternos (...). Ao homem que participou das iniciações celestes em tempos remotíssimos, ou ao homem corrupto, não é facilmente concedido transportar-se daqui para lá, para a Beleza objetiva pura, no momento em que são contempladas as coisas belas que daquelas recebem o nome. Ele olha, mas a sua alma não está impregnada de ímpeto generoso de veneração".[28]

Mas depois que o filósofo conseguiu livrar-se dos estorvos deste mundo sensível e chegou ao sumo vértice da ciência do amor, "contemplando em ordem sucessiva com método adequado todas as coisas belas, chega finalmente à consumação da ciência amorosa. E então, numa visão súbita, contemplará alguma coisa divinamente bela na sua natureza objetiva: a Beleza, razão primeira e meta de todos os fatigantes exercícios precedentes. Ela é sempre; não vem ao ser nem perece; não cresce nem diminui. Não é bela em um sentido e feia em outro, parecendo bela a uns e feia a outros. Além disso, não se pode pensar esta beleza como dotada de rosto e de mãos: ela não tem nada do que pertence ao corpo. Não é feita de palavras nem de pensamentos. Não está em nenhuma outra coisa; não está nos seres vivos; não está na Terra, nem no céu, nem em nenhum outro elemento. Esta Beleza é de si, em si e por si, em sua pura objetividade, de modo único, eternamente. As outras coisas belas, ao contrário, participam todas, de modo misterioso, daquela beleza única. Mas, as coisas belas nascem e morrem; a Beleza, porém, nada sofre, por nada se torna maior ou menor".

"Quando, das belezas participadas e terrenas (...), procedendo por via ascendente, se começa a divisar daquela Beleza suprema, atinge-se o momento culminante."

"Afinal, o método apropriado para proceder a iniciação amorosa, seja por si mesmo, seja fazendo-se guiar por outrem, é justamente este. Começar, sim, pelas coisas belas daqui da Terra; mas, em todo instante, ter por meta suprema a Beleza absoluta e subir. E isso se fará como por degraus de uma escada. Isto é, da figura de um às figuras de dois; e das figuras de dois a todas as figuras corpóreas que têm a forma da beleza; depois, das figuras corpóreas à beleza de ações e de costumes; e da beleza de ações e de costumes à beleza dos conhecimentos. Dos conhecimentos chegar, finalmente, como a termo, ao conhecimento supremo; não

---

[28] *Fedro*, 250 a, e.

mais conhecimento estranho de outra coisa, mas conhecimento daquela beleza. Eis que agora o homem chega ao termo: conhece o belo em sua objetividade pura; o belo que é realidade subsistente".[29]

O retorno das almas ao Hiperurânio, na maior parte dos casos, não se dá depois da primeira encarnação, mas somente depois de repetidas encarnações. Isto porque dificilmente a alma consegue purificar-se em uma só vida.

A doutrina da reencarnação das almas, designada com o termo técnico de *metempsicose*, Platão a expos em diversos diálogos, especialmente no *Fédon*, no *Fedro*, no *Górgias* e na *República*. Eis o célebre texto do *Fédon*:

"Se a alma parte pura do corpo, não levando consigo nada do próprio corpo, como quem, durante a vida, na medida do que lhe foi possível, não quis ter nada em comum com ele, antes, fez tudo para evitá-lo e permanecer recolhido em si mesmo; (...) ela tornará ao que lhe é semelhante, isto é, ao invisível, ao imortal, ao divino, ao inteligente, onde poderá ser realmente feliz, livre enfim de sonhos, de estultícias, do medo, de paixões desordenadas, em suma, de todos os males humanos. E, como se diz dos iniciados, poderá verdadeiramente passar o tempo remanescente em companhia dos deuses (...). Mas, se parte do corpo contaminada e impura como quem esteve sempre com o corpo, serviu-o, amou-o e se deixou fascinar por ele, isto é, pelas suas paixões e pelos seus prazeres (...), então, uma alma em tal estado partirá do corpo toda impregnada do que é corpóreo (...) e, por isso, será trazida de novo para baixo, para a região visível (...) até que a insaciabilidade do elemento corpóreo que sempre a acompanha não a faça encarnar-se novamente em um corpo."

"As almas (que se reencarnam) prendem-se a corpos que são conformes aos hábitos que lhes foram caros na vida (...). Os, que por exemplo, se entregaram a comezainas, a violências carnais e a excessos no beber, e que não se guardaram dessas paixões, é verossímil que tomem corpos em forma de asnos ou de animais semelhantes (...). E os que praticaram injustiças, opressões e roubos, é verossímil que tomem corpos em forma de lobos, de falcões e de gaviões. De fato, de que outro modo podem terminar as almas destas pessoas?".[30]

---

[29] *Banquete*, 210 e, 221 a-c.
[30] *Fédon*, 29-31.

Como se pode ver, há muito de mitológico nos ensinamentos de Platão em torno da alma, mas a forma literária não deve ofuscar seu significado: com alegorias e mitos, Platão deu realmente expressão às intuições mais profundas alcançadas pela filosofia neste campo.

6. A ética

Toda a filosofia de Platão tem uma orientação ética: ela ensina o homem a desprezar os prazeres, as riquezas e as honras, a renunciar aos bens do corpo e deste mundo e a praticar a virtude. Essas doutrinas são a consequência lógica de sua visão metafísica. A filosofia platônica da natureza e do homem provou de fato a existência de uma esfera inteligível e imaterial, a única pela qual vale a pena viver: no mundo sensível, a alma, prisioneira do corpo, é peregrina à procura de bem superior que perdeu. O homem está na Terra como de passagem, e a vida terrena é como prova. A vida verdadeira é no além, no Hades (o invisível). E no Hades a alma é julgada segundo os critérios da justiça e da injustiça, da temperança e da intemperança, da virtude e do vício. A sentença do juízo pode ser tríplice: se tiver vivido em plena justiça, a alma receberá um prêmio (irá para lugares maravilhosos nas ilhas felizes); se tiver vivido em plena injustiça ao ponto de ter-se tornado incurável, receberá um castigo eterno (será precipitada no Tártaro para sempre). Se tiver cometido somente injustiças curáveis, isto é, se tiver vivido em parte justamente e em parte injustamente, se se arrepender de suas injustiças, será castigada apenas *temporariamente* (depois de expiadas as suas culpas, receberá a recompensa que merece).

Coerente com esta teoria ética, Platão demonstra no *Górgias* que mais compaixão merece quem comete a injustiça do que quem a sofre. Existem, com efeito, três tipos de males: os referentes às coisas possuídas, ao corpo e à alma. Obviamente os piores males são os que atingem a alma. Ora, a injustiça é justamente um desses males. Por isso, quem pratica a injustiça faz a si mesmo mal maior do que o mal que inflige ao que a suporta, uma vez que este último, normalmente, é atingido apenas por um dos dois primeiros males.

Com a mesma argumentação Platão demonstra, na *República*, que é mais feliz o justo no meio dos sofrimentos do que o injusto num mar de delícias.

Finalmente, no *Fédon,* Platão ensina que para conseguir a felicidade é necessário renunciar aos prazeres e às riquezas e dedicar-se à prática da virtude. Esta, para ele como para seu mestre Sócrates, consiste essencialmente no conhecimento, ao passo que o mal consiste na ignorância. Ora, sendo o conhecimento verdadeiro um só, segue que também a virtude é uma só: a conquista da verdade. Mas ela pode exercer várias funções e assumir vários nomes. A virtude que dirige a alma racional tem o nome de *sabedoria,* a que dirige a alma irascível chama-se *fortaleza,* a que dirige a alma concupiscível, *temperança,* e a que controla as relações entre as três almas chama-se *justiça.*

Este ensinamento moral de Platão não podia deixar de causar impressão profunda entre seus contemporâneos, uma vez que subvertia radicalmente os valores tradicionais, herdados de Homero e codificados na religião pública. De fato, na moral tradicional, os valores supremos eram a saúde física, a beleza do corpo, a riqueza honesta e a juventude desfrutada com os amigos, ao passo que na concepção ética de Platão, todos esses valores são condenados como ilusórios e irreais. Como pôde Platão chegar a esta negação tão radical?

Tendo-se presente a sua perspectiva filosófica, não é difícil compreendê-lo, uma vez que, como dissemos, o seu ensinamento moral é consequência lógica desta perspectiva. Ora, o fundamental na concepção platônica da realidade é a distinção clara entre mundo sensível e mundo suprassensível, entre mundo material e mundo ideal, distinção que divide em duas partes não somente o universo em geral, mas também o microcosmo que se chama homem. Mas, uma vez descoberto que o homem tem duas dimensões, a sensível (corpórea) e a suprassensível (espiritual), e uma vez estabelecido que o verdadeiro eu é o suprassensível, isto é, a alma, está automaticamente determinado o fim verdadeiro e autêntico da vida moral. O homem deverá pôr de lado o corpo e os "valores" do corpo, e "cuidar da alma" e dos valores da alma. E como se "cuida" da alma? Procurando "purificá-la", isto é, libertá-la dos laços que a prendem ao corpo e ao mundo material, a fim de habituá-la a viver só consigo mesma e só para si mesma. Esta purificação e libertação realiza-se de fato quando a alma, deixando os sentidos e a esfera dos conhecimentos e das afeições sensitivas, adere ao puro mundo inteligível e espiritual, unindo-se a ele como ao que lhe é semelhante e conatural. Aqui a purificação, bem diferente das cerimônias iniciáticas e propiciatórias dos órficos, coincide com o processo de elevação ao conhecimento supremo do inteligível, ou seja, a contemplação das Ideias.

Do que acabamos de expor resulta que para Platão há perfeita coincidência entre o itinerário gnosiológico e o ético: as etapas do primeiro correspondem às do segundo, assim como a meta final do primeiro é também a meta última do segundo.

Esta teoria platônica segundo a qual a virtude se identifica com o conhecimento, e o bem, com a verdade, exercerá grande influência na filosofia grega posterior, especialmente em Aristóteles, nos estoicos e nos neoplatônicos, e encontrará consensos também entre os autores cristãos, principalmente entre os gnósticos.

7. A política

Descendente de família nobre, Platão sentia forte atração pela política e, já em idade avançada, empenhou-se diretamente nas atividades políticas, ao contrário de Sócrates, que nutria verdadeira aversão por esta atividade, mantendo-se, por isso, sempre afastado dos assuntos referentes ao governo de Atenas.

O interesse pela política não ficou na periferia da atividade filosófica de Platão, mas penetrou nela profundamente a ponto de levá-lo a desenvolver uma filosofia política profunda e original.

Aproveitando os ensinamentos éticos de Sócrates, Platão chegou a nova concepção da política. Enquanto a velha política e o velho Estado tinham seu instrumento mais poderoso na "retórica" (no sentido em que era entendida pelos sofistas), a nova, a verdadeira política e o novo Estado devem ter a filosofia como seu instrumento, porque (como sabemos) ela representa para Platão a única via segura de acesso aos valores de justiça e de bem, os quais são a verdadeira base da política autêntica e, portanto, do Estado autêntico.

Os ensinamentos políticos de Platão encontram-se disseminados em muitos escritos, mas estão desenvolvidos de modo mais extenso e sistemático em três obras que trazem títulos por si mesmos eloquentes: *República, Política, Leis*. Limitar-nos-emos a recordar aqui algumas fórmulas célebres da *República* relativas à origem do Estado, às classes sociais, ao comunismo e ao filósofo-rei.

Para Platão o Estado tem sua origem no fato de que o indivíduo não basta a si mesmo. Ninguém pode, com efeito, ser ao mesmo tempo alfaiate, sapateiro, professor, advogado, dentista, camponês, artesão etc. Para satisfazer a todas as suas necessidades o homem deve, por isso, associar-se a outros homens e dividir com eles as várias ocupações. Dividindo os encargos e o trabalho, poderá satisfazer a todas as suas necessidades do melhor modo possível, porque cada um se torna especialista no seu campo.

Três são as classes ideais no Estado ideal: *trabalhadores, guerreiros* e *magistrados*.

De importância suprema para a manutenção e a defesa do Estado são os guerreiros e os magistrados. Por isso, grande parte da *República* é dedicada à educação dessas duas classes. A virtude própria do guerreiro é a coragem ou fortaleza (*andreia*). A virtude própria do magistrado é a sabedoria (*sophia*). A união das classes sociais mantêm-na outras duas virtudes cardeais: a justiça e a temperança. A justiça (*dikaiosyne*) induz os cidadãos a desempenharem perfeitamente suas funções, sem invadirem o campo das outras classes. A temperança (*sophrosyne*) assegura a subordinação dos governados aos governantes.[31]

Para garantir ao Estado cidadãos perfeitos, Platão recomenda a intervenção estatal no plano da procriação e da educação dos filhos. Segundo os princípios platônicos da eugenia, os matrimônios devem ser regulados de tal modo que somente aos homens e às mulheres que se distingam pela saúde, pela inteligência e pela beleza seja permitido ter filhos.

Passada a infância, as crianças devem ser afastadas das famílias para serem formadas em atmosfera exemplar, isentas de fraquezas, indulgências e costumes que possam debilitar, ao nascer, o caráter e a personalidade. À educação compete também descobrir as qualidades e as limitações individuais e distribuir as novas levas pelas várias classes sociais, segundo as aptidões naturais de cada um, temperadas e desenvolvidas pela educação. Os menos dotados intelectualmente devem ser enquadrados na classe dos trabalhadores. À classe dos guerreiros são destinados os que se revelam espiritual e fisicamente mais dotados para a ginástica, a música, a aritmética, a geometria e a astronomia.

---

[31] Cf. *República*, IV.

O regime ideal, segundo Platão, é o do filósofo-rei. Ele governa não segundo leis preestabelecidas, mas segundo as soluções que a sua sabedoria lhe sugere em cada caso. Platão sabe, porém, que é difícil realizar esta fórmula de governo, sendo bastante raros os verdadeiros filósofos e mais raros os que entendem do governo do Estado. Admite, por isso, que, na prática, o melhor regime possa ser o do rei que governa segundo leis escritas.

O que caracteriza o bom governo é que ele tem como finalidade *o bem do homem*. Aqui devemos recordar que não se trata de bem qualquer, nem do bem tão caro aos gregos e que tem o nome de "glória", mas de bem que corresponde à concepção platônica para a qual o homem é constituído essencialmente pela alma. Obviamente nesta concepção, o verdadeiro bem do homem é o seu bem espiritual. "Assim fica assinalado o divisor de águas que separa a verdadeira da falsa política: a verdadeira tem por finalidade 'cuidar da alma' (do homem), ao passo que a falsa política cuida do corpo, do prazer do corpo e de tudo o que é relativo à dimensão inautêntica do homem. E como não existe outro modo de 'cuidar da alma' senão por meio da filosofia, temos a identificação da filosofia com a política e a identificação — tida como paradoxal, mas, no contexto platônico, muito natural, do filósofo com o político".[32]

Para Platão, o Estado ideal é o que quer viver no bem, na justiça, na verdade. Em última análise pouco importa se nesta Terra existe semelhante Estado ideal, uma vez que, em qualquer lugar e em qualquer momento, qualquer pode começar a viver segundo a "política" desta *pólis* ideal. Sendo assim, as palavras com as quais Platão encerra o livro IX da *República* são as mais esclarecedoras do aspecto de "idealidade", que constitui a quinta-essência de toda a construção platônica:

"E então, se estes são os seus pensamentos (isto é, os pensamentos do que quer pôr em prática a 'verdadeira' política), não quererá saber de cuidar das coisas políticas (isto é, da falsa política)."

" 'Oh! pelos céus', repliquei, 'na sua cidade interior ele se dedicará, sem nenhuma dúvida, a esta meta; não, todavia, na cidade que é sua pátria terrena, a não ser que intervenha algum caso particular pelo querer de Deus'."

---

[32] REALE, G., *I problemi dei pensiero antico*, Milão, 1971, 425.

"'Compreendo', respondeu. 'Queres referir-te à Cidade que acabamos de fundar; àquela para a qual a palavra forneceu a base. Oh!, creio, esta Cidade não existe em nenhum lugar da Terra!'"

"'Mas', exclamei, 'para a alma que pode divisá-lo, talvez o exemplar se encontre no céu. Vendo-o, a alma vai edificando a si mesma à maneira de cidade perfeita. E não há nenhuma diferença se esta cidade existe em algum lugar ou se existirá um dia. O homem vive em relação com esta Cidade e não quer viver em relação com nenhuma outra'."[33]

Às duas formas de bom governo (a do filósofo-rei e a do rei que governa segundo a lei) Platão opõe quatro tipos de mau governo: a *timocracia*, que é o governo dos ambiciosos; a *oligarquia*, que é o governo dos ricos, ávidos de poder e de dinheiro; a *democracia*, que é o governo turbulento das massas populares; e a *tirania*, que é o governo de déspota, corrompido pelas paixões.

8. A estética

Platão foi o primeiro a enfrentar e resolver, do ponto de vista filosófico, os problemas da natureza e do fim da obra de arte e os problemas da relação entre arte e moral e entre arte e metafísica.

Ponto fundamental na concepção platônica é que a arte não é autônoma, mas estreitamente ligada à metafísica e à moral. De fato, ao determinar a essência, a função e o valor da arte, Platão preocupa-se somente com estabelecer seu valor de verdade, isto é, se ela aproxima o homem da verdade, se o torna melhor, se socialmente tem valor pedagógico e formativo ou não. E a sua resposta, como é sabido, é totalmente negativa: a arte não revela, mas esconde a verdade; não melhora o homem, mas o corrompe, porque é mentirosa; não educa, mas deseduca.

Já nos primeiros escritos Platão assume posição resolutamente negativa em relação à poesia, considerando-a inferior à filosofia. O poeta não compõe guiado pelo conhecimento, mas por intuição irracional. Quando escreve, ele é inspirado, está "fora de si", "arrebatado" e, por isso, inconsciente: não sabe explicar nem ensinar aos outros o que faz.

No *Fedro*, Platão define a arte como "entusiasmo divino" e diz que ela é fruto do amor que impele a alma para a imortalidade; para

---
[33] PLATÃO, *República*, 592 a-b.

alcançá-la, a alma procura gerar e procriar o belo. Neste sentido a arte tem o valor de antecipação da vida feliz. No Hiperurânio a alma vive feliz mediante a contemplação da Beleza subsistente. Na vida presente ela alcança a felicidade, criando para si imitações da Beleza.

Na *República* a arte não é considerada como eros, mas como *mímesis* (imitação) e não é estudada por si mesma, mas por causa de suas relações com a moral. Subordina-se à moral. Por isso, deve ser favorecida só a arte que é útil à educação. A arte que favorece a corrupção deve ser condenada e excluída.

Platão acredita que a tragédia e a comédia servem mais para corromper do que para educar. São, de fato, formas da arte imitativa que afastam da verdade (das Ideias) em vez de aproximarem dela. Na *República* condena a tragédia, a comédia e a arte imitativa em geral, por três motivos:

a) porque representam os deuses e os heróis sujeitos a baixezas e paixões próprias da natureza humana, corroendo assim o senso religioso e fazendo que se perca o respeito aos deuses;

b) porque a arte imitativa não exprime a ideia original das coisas, a verdadeira realidade, mas reproduz as coisas que são apenas aparição vaga da Ideia: trata-se, portanto, de imitação, distante três graus da verdade;

c) porque não se funda na razão, mas no sentimento e na fantasia; e, em vez de ser auxílio para a razão, agita as paixões, provocando o prazer e a dor. Há só uma arte que merece ser cultivada: a música. Ela educa para o belo e forma a alma para a harmonia interior.

CONCLUSÃO

Com Platão a especulação filosófica atingiu inesperadamente uma de suas expressões mais altas não só porque — pode-se dizer — enfrentou todos os problemas fundamentais da filosofia, mas também e sobretudo porque soube dar-lhes soluções tais que nunca deixarão de encontrar defensores. No plano histórico ela representa um esforço de síntese entre Heráclito (*devir da realidade sensível*) e Parmênides (*ser do mundo ideal*), a serviço da vida moral e cívica do homem (Sócrates). Muitas vezes, porém, não vai além do esforço; por isso, a característica dominante do seu pensamento é o dualismo: ser em si e coisas que participam do ser, inteligível e sensível, alma e corpo etc.

Platão soube aproveitar genialmente este dualismo, usando-o para dar a todas as atividades humanas sentido transcendente, movimento vertical, valor perene. E, ainda que a sua construção metafísica permaneça discutível, o seu poderoso apelo para ideais ultraterrenos é uma das mensagens mais nobres jamais comunicadas à humanidade.

BIBLIOGRAFIA

Traduções:

Em italiano existem duas traduções completas das obras de Platão: a de LATEEZZA, Bari, feita para a coleção "Filosofi antichi e medioevali", e a de Rizzoli, Milão, feita por E. TUROLLA.

Estudos gerais:

FERRO, A., *La filosofia di Platone,* Roma, 1932-1938, 2 v.; STEFANINI, L., Platone, Pádua, 1949, 2ªed., 2 v.; GOMPERZ, T., *Pensatori Greci,* 3 v.: *Platone,* Florença, 1944; JAEGER, W., *Paideia,* Florença, 1954, 3 v.; TAYLOR, A.E., *Platone, l'uomo e la sua opera,* Florença, 1968.

Metafísica:

GRASSI, E., *Il problema della metafísica platonica,* Bari, 1932; RAVEN, J.E., *Plato's Thought in the Making,* Londres, 1965; SCIACCA, M.F., *La metafísica di Platone,* Roma, 1938; LEVI, A., *Il conceito di tempo nei suoi rapporti con i problemi del divenire e dell'essere nella filosofia di Platone,* Turim, 1920; MANNO, A., *Il teísmo di Platone,* Nápoles, 1955; ROSS, D., *Plato's Theory of Ideas,* Oxford, 1951.

Psicologia e ética:

BUCCELLATO, M., *La retórica sofistica negli scritti di Platone,* Milão, 1953; STENZEL, J., *Platone educatore,* Bari, 1936; WILD, J., *Plato's Theory of Man,* Cambridge, Mass., 1946; GUGLIELMINO, F., *Il problema dei libero arbítrio nel sistema platónico,* Catânia, 1936.

Política:

GENTILE, M., *La política di Platone,* Pádua, 1940.

Estética:

STEFANINI, L., *Il problema estético in Platone,* Turim, 1926; DE MARCHI, S., *L'estetica di Platone,* Bolzano, 1960.

XI
ARISTÓTELES

1. A vida

A vida de Aristóteles (nascido em 384 a.C., em Estagira, na Trácia, e por isso chamado o Estagirita) pode ser dividida em três fases principais: a primeira compreende o período em que foi discípulo de Platão; a segunda, o período em que foi preceptor de soberanos; a terceira, o período em que fundou e dirigiu a sua escola.

DISCÍPULO DE PLATÃO

Aristóteles entrou na Academia aos dezessete anos e nela permaneceu por mais vinte, até a morte de Platão. Enquanto frequentava a Academia, e ainda depois, aceitava a filosofia de Platão, isto é, a teoria das Ideias. Nas primeiras obras (no *Diálogo da Filosofia,* por exemplo), considera-se platônico e manifesta grande respeito e admiração pelo mestre. Depreende-se disso que descobriu seu sistema aos poucos, enquanto desenvolvia sua crítica à doutrina das Ideias, crítica já iniciada, aliás, pelo próprio Platão.

PRECEPTOR DE SOBERANOS (347-336 a.C.)

Depois da morte de Platão, Aristóteles deixou a Academia e se tornou primeiramente conselheiro de governante, na Ásia Menor, e mais tarde, em 343, preceptor de Alexandre Magno. Neste período desenvolveu seu sistema e escreveu uma parte da *Metafísica.*

Com a subida de Alexandre Magno ao trono, em 336, Aristóteles deixou Tebas e, depois de breve permanência em Estagira, voltou a Atenas.

Aristóteles

FUNDADOR DA ESCOLA PERIPATÉTICA (335-322 a.C.)

Em Atenas abriu, por conta própria, uma escola que recebeu o nome de "peripatética" porque ele dava suas preleções num corredor (*perípatos*) do Liceu. A sua escola era universidade como a de Platão, mas, à diferença desta, dedicava-se preferencialmente ao estudo das ciências naturais. Morreu em 322 a.C., pouco depois de seu grande discípulo, Alexandre Magno.

2. As obras

Aristóteles escreveu sobre muitos assuntos e deixou em todos os campos a marca indelével do seu gênio. Nas ciências, as suas classificações das plantas e dos animais se impuseram por vinte séculos, até Lineu.

Na lógica construiu um sistema de leis ao qual se acreditava, até meio século atrás, que não se poderia acrescentar mais nada. Seus escritos neste campo foram reunidos em uma obra denominada *Órganon* (Instrumento) e dividida em: *Categoriae* (Categorias), *De interpretatione* (Da interpretação), *Priora analytica* (Primeiros analíticos), *Analytica posteriora* (Segundos analíticos); *Tópica* (Tópicos).

Aristóteles tornou-se célebre especialmente por suas obras filosóficas. Como mais importantes podemos citar a *Metafísica* (14 livros), a *Física* (8 livros), a *Ética a Nicômaco* (10 livros), a *Política* (8 livros), o *Da Alma* (3 livros), o *Da geração e da corrupção* (2 livros), a *Poética* (1 livro, incompleto).

3. A forma literária: o tratado filosófico

Platão dera às suas brilhantes intuições a forma de diálogo porque lhe parecia que se prestava melhor para exprimir o processo laborioso da conquista da verdade e para comunicar o gosto pela pesquisa. Mas muitas vezes, no diálogo, a vivacidade da discussão prejudica a clareza, o método, a precisão.

Aristóteles, depois de algumas tentativas de conduzir a indagação filosófica na forma de diálogo, preferiu o tratado, porque permite conduzir a pesquisa com mais ordem, clareza e objetividade. Seus tratados filosóficos são, de fato, modelos de precisão, sistematicidade, profundidade e clareza.

Os problemas são por ele tratados ordenadamente em seus mínimos pormenores. Ele é o filósofo por antonomásia, não só porque elaborou um sistema que oferece explicação completa do mundo que nos cerca, como também porque nos deixou, em seus tratados, modelo incomparável da técnica de filosofar.

4. A lógica

Aristóteles foi o primeiro a fazer estudo sistemático dos conceitos (isto é, das ideias), procurando descobrir as propriedades que eles têm enquanto produzidos pela nossa mente, como podem ser unidos e separados, divididos e definidos, e como é possível tirar conceitos novos de conceitos conhecidos anteriormente. Os resultados dessas pesquisas se encontram no *Órganon*, obra que se divide, como vimos, em cinco livros. Este nome não foi dado pelo autor, mas pelos estudiosos bizantinos que procuraram reunir todas as obras lógicas de Aristóteles em um só volume. *Órganon* significa "instrumento"; a lógica é, de fato, o instrumento do pensamento.

Para Aristóteles todas as ideias podem ser reduzidas a dez grandes grupos, chamados *predicamentos* ou *categorias*. As dez categorias são: substância, qualidade, quantidade, ação, paixão, relação, tempo, lugar, posição, hábito.

Todas as ideias têm *compreensão* (abrangem certas características, perfeições ou qualidades), *extensão* (isto é, são aplicáveis a certo número de coisas) e *predicabilidade*. Na predicabilidade, Aristóteles distingue quatro modos (chamados os quatro *predicáveis*) de atribuir uma ideia a um sujeito: a ideia exprime elemento essencial, mas não determinante do sujeito (gênero), ou elemento essencial determinante (*diferença específica*), ou elemento acidental próprio (*acidente próprio*), ou elemento puramente acidental (*simples acidente*).

Porfírio, comentador de Aristóteles, acrescentou mais tarde um quinto predicável, a *espécie*, que se verifica quando o predicado diz toda a essência do sujeito.

Para deduzir conceitos novos de conceitos conhecidos anteriormente, Aristóteles elaborou uma técnica simplicíssima e, em certo sentido, perfeita: o silogismo. Consiste em um grupo de três proposições encadeadas de tal forma que as duas primeiras impliquem necessariamente a terceira. O silogismo pode ter várias formas, umas perfeitas, outras imperfeitas; as formas imperfeitas podem ser reduzidas às perfeitas mediante a conversão ou a transposição das premissas.

Aristóteles fala também de outra forma de raciocínio, a saber, a *indução*. À diferença do silogismo (que parte de proposições mais universais para chegar a proposições menos universais), a indução parte de casos particulares ou de proposições menos universais para chegar a uma proposição mais universal. O estudo dedicado por Aristóteles a este tema é elementar e muito imperfeito. Algumas de suas alusões à indução como processo para a formação dos conceitos são, todavia, muito importantes.

Apesar de algumas imperfeições (recordemos, além do que acabamos de dizer sobre a indução, a falta de estudo mais pormenorizado dos silogismos hipotéticos), a lógica de Aristóteles foi considerada por todos tão perfeita que ainda no século passado Kant escrevia que bem pouco ou nada se poderia acrescentar-lhe. Hoje não se pensa mais assim. Embora não pondo em dúvida a validade do ensinamento de Aristóteles, os lógicos atuais estão convencidos de que no domínio da lógica ainda há muita coisa por dizer, tanto do ponto de vista da técnica logística quanto do ponto de vista da dedução universal. De fato, nestes dois campos verificaram-se ultimamente grandes progressos.

5. A metafísica

HISTÓRIA DO TEXTO

Ao morrer, Aristóteles deixou sua biblioteca para seu discípulo Teofrasto. Ela compreendia, além das obras públicas dos outros filósofos e de Aristóteles, também os escritos privados do mestre — entre eles a *Metafísica* — reservados ao círculo estreito de seus discípulos.

Teofrasto, por sua vez, deixou a sua biblioteca e a de Aristóteles para Neleu, discípulo de ambos. Este a levou para Scepsi, em Trôade, sua pátria. Aí, seus herdeiros, para evitarem que ela caísse em poder dos soberanos de Pérgamo e de Alexandria, que queriam enriquecer suas coleções, esconderam-na em um subterrâneo onde ficou abandonada e quase ignorada até cerca do ano 100 a.C., quado foi descoberta pelo bibliófilo Apelicon, que a adquiriu e levou a Atenas. Quando Silas conquistou a cidade, em 86 a.C., mandou levar os preciosos manuscritos para

Roma, onde foram confiados a Andrônico de Rodes para que preparasse sua edição completa. Ele os dividiu em obras lógicas, físicas, metafísicas, morais e poéticas. Depois de organizar as obras sobre a física, viu-se diante de um grupo de livros sem nome; chamou-os "os livros que vêm depois da física" (*meta tá physiká*).

O nome, de origem tão casual, correspondia, de fato, ao conteúdo: esses livros tratam de perfeições que não se restringem ao mundo físico, mas vão além, isto é, são "metafísicos".

DEFINIÇÃO DA METAFÍSICA

A *Metafísica* abre-se com acurada definição da natureza, dos deveres e das propriedades do saber filosófico ou, mais exatamente, metafísico. Observemos logo, porém, que Aristóteles se interessa pela definição da filosofia, além de no livro primeiro (*A*),também no livro sexto (*E*), e que, nos dois casos, chega a resultados aparentemente diferentes.

a) *Primeira definição de metafísica*

A *Metafísica* começa com a conhecidíssima frase: "Todos os homens têm naturalmente o desejo de conhecer". Aristóteles distingue vários tipos de conhecimento: sensações isoladas, experiência (quando se acumulam várias recordações a respeito do mesmo objeto) e ciência (que nasce quando, de muitas observações empíricas, se forma uma noção universal a respeito de coisas semelhantes).

Em seguida demonstra que a ciência é superior à experiência: "Nós julgamos que há mais saber e conhecimento na arte (ciência) do que na experiência (...). Isto porque uns conhecem a causa e outros não. Com efeito, os empíricos sabem o quê, mas não o porquê; ao passo que os outros sabem o quê e a causa".[1]

Também a metafísica, como verdadeira ciência, é conhecimento das causas; por isso, "com o nome de sabedoria (metafísica), todos entendem o conhecimento que diz respeito às causas primeiras e aos princípios".[2]

---

[1] *Metafísica*, 981 a, 28 e 29 in *Os pensadores*, Abril Cultural, São Paulo, 1973, IV, 212.
[2] *Metafísica*, 981 b, 28 e 29.

As causas fundamentais das quais se ocupa a metafísica são quatro: material, formal, eficiente e final. "Causa se diz em quatro sentidos. No primeiro sentido, causa é a substância e a essência (*ousía, to ti esti einai*); em outro sentido é a matéria ou substrato (*yle; ypokeímenon*); em terceiro lugar, é a causa eficiente (*arché tes kinéseos*), isto é, aquela da qual tem início o movimento; finalmente, contraposta à eficiente, a causa pela qual e graças à qual (*to uo éneka*) se realiza o movimento (o bem é o fim de toda mudança e de toda transformação)".[3]

Em seguida, Aristóteles passa a considerar as características da metafísica. Uma vez que se ocupa das causas últimas, ela é maximamente iluminadora e, sendo afastada das coisas concretas e sensíveis, é a ciência mais desinteressada. O seu objetivo consiste somente em procurar a verdade. A metafísica não é ciência prática, mas teorética.

Finalmente, ela é ciência divina; melhor, só a metafísica pode ser chamada divina, e isso por dois motivos. De fato, uma ciência é divina ou porque a sua plena posse compete só a Deus ou porque diz respeito a coisas divinas. Ora, esta nossa ciência tem esses dois caracteres. Ninguém duvida, com efeito, de que Deus seja causa e princípio de todas as coisas; e que, por outro lado, deva possuir esta ciência ou exclusivamente ou em sumo grau. Disto Aristóteles conclui: "As outras ciências podem ser mais necessárias do que esta, mas nenhuma é mais excelente".[4]

b) Segunda definição da metafísica

No livro E Aristóteles oferece definição mais adequada da metafísica. Enunciara-a já no livro IV, ao afirmar que "há uma ciência que estuda o ser e as propriedades do ser enquanto tal. Não se identifica com nenhuma das ciências particulares, porque nenhuma delas se ocupa do ser enquanto tal, mas de alguma parte determinada do ser, da qual estuda aspectos particulares como fazem as matemáticas".[5]

No livro E Aristóteles retoma esta definição da metafísica e usa-a para mostrar que a metafísica se distingue da física e da matemática. O ponto de partida é a divisão do ser em móvel e imóvel (isto é, sujeito ou não sujeito à mudança e à corrupção). Além disso, o ser imóvel

---

[3] *Ibid.*, 983 a, 26 e 32.
[4] *Ibid.*, 982 b.
[5] *Ibid.*, 1003 a, 21-26.

subdivide-se em material e imaterial. Ora, com base nesta divisão clara do ser, pode-se estabelecer que a *física* estuda o ser móvel (isto é, sujeito à mudança); que a *matemática* estuda o ser imóvel, mas de ordem material; ao passo que a *metafísica* estuda o ser imóvel de ordem imaterial.

Pelo fato de estudar o ser imaterial, imóvel e, portanto, divino, a metafísica pode denominar-se também "teologia". Mas ela é principalmente estudo do ser enquanto ser — independentemente de qualquer distinção que o reduza a este ou àquele tipo de ser — e das propriedades que pertencem a ele enquanto tal. Sob este aspecto, isto é, enquanto estudo do ser considerado em si mesmo, a metafísica chama-se "filosofia primeira".[6]

O PRINCÍPIO DE NÃO-CONTRADIÇÃO

Mas, pergunta-se, é possível conhecimento tão árduo e sublime como este, ao qual aspira a metafísica? Terá a mente humana a capacidade de atingir o ser enquanto tal e as razões e causas últimas de todas as coisas? Por acaso não mostram a filosofia pré-socrática e a sofística a inaptidão profunda da mente humana no que se refere às questões últimas?

Aristóteles tem consciência de que a sua tentativa de estudar a natureza e as razões últimas do ser não terá nenhum resultado se ele não solucionar antes essas questões. Primeiramente é necessário mostrar que o conhecimento humano tem valor objetivo e certo, pelo menos em relação a algumas verdades fundamentais. Ora, entre todas as verdades há uma que goza de prioridade absoluta em relação às outras por ser a garantia do valor delas; esta verdade é o *princípio de não-contradição*.

Assim, após definir a natureza e a competência da metafísica, Aristóteles passa ao estudo do valor do princípio de não-contradição. A sua definição deste princípio é clássica: "É impossível que a mesma propriedade, considerada do mesmo ponto de vista, possa pertencer e não pertencer à mesma coisa". Este princípio, segundo o Estagirita, tem as seguintes propriedades: é conhecidíssimo, infalível, absoluto, indemonstrável.

"O mais firme de todos os princípios é tal que o erro a respeito dele é impossível. Ele é, por necessidade, o mais conhecido de todos; e

---

[6]Cf. *ibid.*, 1025 b e 1026 a

o erro tem lugar somente em relação ao que não se conhece. Não tem nada de hipotético, já que não pode ser hipotético o que está implicado necessariamente na inteligibilidade de qualquer coisa. E é também tal que, seja qual for a coisa que alguém aprenda, este princípio não poderá aprender, porque já o conhece; de modo que, quem vai à escola, já o sabe. Tal princípio é, portanto, o mais claro de todos".[7]

Por causa desta propriedade de ser pressuposto a qualquer outro conhecimento, o princípio de não-contradição é indemonstrável: "Pretender que ele deva ser demonstrado é consequência da ignorância: porque não é senão ignorância não saber discernir de quais coisas se deva procurar a demonstração e de quais não. Evidentemente é impossível que tudo deva ser demonstrado. Seria proceder ao infinito, o que não demonstraria nada. Se, pois, algumas coisas não são objeto de demonstração, que princípio, a não ser este, poderiam elas pôr à sua frente?".[8]

Pode-se defender o princípio de não-contradição mostrando que a sua negação torna impossível a vida do pensamento e a vida prática.

"De certo modo pode-se, todavia, demonstrá-lo indiretamente, mostrando que é impossível negá-lo, mas isto com a condição de que aquele que o nega dê um significado ao que diz: porque, se o que ele diz não significa nada, seria ridículo pedir-lhe razões, uma vez que, não raciocinando, não pode dar razão de nada...".[9] Em outro lugar, Aristóteles afirma que quem negasse o princípio de não-contradição deveria tornar-se como um tronco de árvore que não diz nem pensa nada, e deveria imitar Crátilo, que pensava que não se devia dizer nada e que se contentava com mover o dedo.

Os que negam o princípio de não-contradição são levados a isso ou por uma doutrina "sensualista" do conhecimento (Protágoras) ou por uma doutrina "dinâmica" da realidade (Heráclito).

O sensualismo leva à negação do princípio de não-contradição, uma vez que, se todo conhecimento se reduz, em última análise, à sensação, e sendo esta, nos vários indivíduos, diferente e contrária a respeito de uma e mesma realidade, não é possível dizer como é esta realidade, ou, melhor, pode-se dizer dela uma coisa e ao mesmo tempo outra contrária.

---
[7]*Ibid.*, 1005 b, 11ss.
[8]*Ibid.*, 1006 a, 5ss.

O devir, interpretado de acordo com Heráclito, leva à negação do princípio de não-contradição porque impõe a negação do ser; com isso torna-se impossível dizer se uma coisa é isso ou aquilo.

Na defesa do princípio de não-contradição, Aristóteles demonstra que as doutrinas de Protágoras e Heráclito são falsas. Contra Protágoras afirma que "a sensação nunca diz, no mesmo momento em relação ao mesmo objeto, que ao mesmo tempo é assim e não é assim. E, em tempos diferentes, a dúvida não recai nunca sobre a qualidade sensível como tal, mas, talvez, sobre o objeto ao qual pertence tal qualidade. Quero dizer, em outras palavras, que o mesmo vinho pode parecer doce agora e amargo depois; isto porque houve alteração nele ou em nossa disposição; mas o doce, enquanto doce, quando existe, não muda nunca: é sempre verdadeiro de si mesmo; o doce será sempre doce de tal modo".[10]

"A doutrina que ensina que o que aparece aos sentidos é necessariamente verdadeiro depende, em última análise, de pensar que o intelecto se reduz no sentido e o sentido, a uma alteração orgânica".[11]

Contra Heráclito e seus seguidores escreve ele: "Estes, observando que toda a natureza está em movimento, pensavam que, como não se pode dizer nada de determinado do que se está mudando, do mesmo modo não se pode afirmar nada deste mundo que apresente o aspecto de universal e de mudança ininterrupta. (...) Mas é necessário precisar: o objeto que, com a mudança, perde alguma coisa, conserva também alguma coisa daquilo que perde e já é necessariamente alguma coisa daquilo que se está tornando. E, simplesmente, se existe corrupção, existe algum ser; e se existe geração, existe necessariamente algum ser que gera e do qual se gera (...)".[12]

Em conclusão: "Não se pode sustentar que todas as afirmações sejam verdadeiras, nem que todas sejam falsas. E isto seja pelas muitas incongruências que se seguiriam de semelhante tese, seja porque, se todas as afirmações fossem falsas, estaria em erro também aquele que assim fala; e se todas as afirmações são verdadeiras, estará na verdade também aquele que diz que todas são falsas".[13]

---

[9] *Ibid.*, 1006 a, 12ss.
[10] *Ibid.*, 1010 b, 18ss.
[11] *Ibid.*, 1009 b.
[12] *Ibid.*, 1010 a, 18ss.
[13] *Ibid.*, 1063 b.

CRÍTICA DA DOUTRINA PLATÔNICA DAS IDEIAS

Estabelecido, com o princípio de não-contradição, o fundamento último de todo o saber e de toda realidade, Aristóteles passa a considerar a essência das coisas. É ela constituída por algo transcendente, como pensava Platão, ao propor a teoria das Ideias, ou imanente, como ensinaram os filósofos precedentes?

Por vários motivos Aristóteles não julga plausível a teoria de seu grande mestre Platão. Em sua opinião, ela não explica nada do que deveria explicar: nem o ser das coisas, nem o seu vir-a-ser, nem a sua relação com as Ideias, nem como pode o homem conhecê-las. As Ideias, segundo Aristóteles, são uma réplica inútil do mundo sensível, e a teoria concernente a elas implica retroceder ao infinito.

Antes de tudo, a teoria das Ideias não explica o ser das coisas. De fato, segundo a teoria de Platão, as Ideias constituem o ser ou a "substância" das coisas. Ora, "como é possível que as Ideias, sendo a substância das coisas, existam fora das coisas?".[14] Para explicarem o ser das coisas, as Ideias devem existir nas coisas e não fora delas. Além disso, a doutrina das Ideias não explica o conhecimento das coisas. De fato, se a ideia é o conceito universal que torna possível o conhecimento das coisas, como pode estar fora das coisas?[15]

A doutrina das Ideias não explica também o vir-a-ser das coisas. Isto porque, se o mundo das Ideias é, em si mesmo, eterno, imóvel e perfeito, de que coisas são participações o movimento e o devir, que são o aspecto típico do mundo daqui debaixo? As Ideias não podem explicar o devir, "já que a espécie (isto é, a Ideia), por si, não significa senão 'um qual', certa qualidade ou natureza; ela não é 'um isto', um indivíduo. Ora, na produção (isto é, no devir), o 'qual' é tirado do 'este', e o resultado é 'este qual', como este homem (Cálias, Sócrates) ou esta esfera (de bronze, que está aqui) (...)".

"É claro, pois, que tais espécies (Ideias) separadas das coisas singulares, como dizem alguns filósofos, não seriam de nenhuma utilidade para a explicação da geração das substâncias".[16]

---

[14] Ibid., 967 b.
[15] Cf. ibid., 1031 a.
[16] Ibid., 1033 b, 21ss.

É evidente, portanto, que Platão não explica a relação entre Ideias e coisas, a não ser usando palavras metafóricas como "participação", "imitação".[17]

Finalmente, as Ideias são uma réplica inútil: "Os que propuseram as Ideias como causas, na verdade, duplicaram o número de coisas a explicar, como um homem que, querendo contar poucas coisas, julgasse não poder fazê-lo sem duplicar o número daquelas coisas".[18] Esta duplicação é tanto mais perigosa enquanto ameaça levar a regresso ao infinito. "Suponhamos, por exemplo, que uma coisa seja a essência do bem e outra o bem, que uma coisa seja a essência animal e outra o animal (como dizem os platônicos, os quais consideram suas Ideias como essências anteriores e separadas); suponhamos enfim que a essência de uma coisa seja diferente da própria coisa. (...) Seguir-se-ia que seria necessário admitir outras substâncias, outras naturezas, outras Ideias, anteriores àquelas deles (...); poder-se-ia ver o absurdo desta consequência dando um nome a cada uma das essências, cada uma das quais exigiria outra anterior a ela: por exemplo, se a equinidade é a essência do cavalo, seria necessário encontrar a essência da equinidade, diversa da primeira, e assim por diante. (...) Além disso, se as essências e as coisas são separadas uma das outras, segue-se que as essências não têm realidade e que não há ciência das coisas, uma vez que ter ciência de uma coisa é conhecer a sua essência".[19]

A SUBSTÂNCIA MATERIAL E OS SEUS PRINCÍPIOS CONSTITUTIVOS

A explicação da realidade não pode ser procurada fora da realidade, como o fizera Platão, com a teoria das Ideias, mas na realidade mesma. Segundo Aristóteles, a realidade é constituída de substância e acidentes. No fim do livro *E*, estuda, brevemente, a natureza e a causa do acidente, e nos livros seguintes analisa a natureza da substância. Antes de tudo, determina-a em relação ao acidente e mostra que ela o precede de quatro modos: *lógico, epistemológico, histórico* e *ontológico*.

Entre todos os seres, a substância é "primeira", tanto no que se refere ao conceito como no que se refere ao conhecimento e ao tempo.

---

[17] Cf. *ibid.*, 991 a, 21ss.
[18] *Ibid.*, 990 b, 1ss.
[19] *Ibid.*, 1031 a.

Quanto ao conceito: ela é anterior porque o conceito de substância está implicado no conceito das outras categorias (que são todas acidentes).

Quanto ao conhecimento: julgamos que, conhecendo de uma coisa — por exemplo, do homem ou do fogo — o que ela é, conhecemo-la melhor do que se conhecêssemos dela somente a qualidade, ou a quantidade, ou o lugar. Isto é tão verdadeiro que também essas determinações nós chegamos a conhecê-las somente quando afirmamos o sujeito (isto é, a substância) que as possui.

Quanto ao tempo: tanto no passado como agora o problema em torno do qual se pesquisa trabalhosamente, a saber, que coisa é o ser?, não significa, por acaso, que coisa é a substância?

Quanto ao ser, enfim, porque o ser dos acidentes depende do ser da substância.

Estabelecida assim a importância do estudo da substância, Aristóteles enumera seus tipos fundamentais que são três: *substâncias materiais corruptíveis, substâncias materiais incorruptíveis* e *substâncias imateriais.*[20]

No livro Z ele faz aguda análise dos elementos constitutivos da substância material corruptível: a matéria e a forma. É claro, com efeito, que a substância corruptível não é simples porque, se o fosse, não se compreenderia como poderia estar sujeita à corrupção, uma vez que a corrupção implica desagregação.

A substância material é corruptível porque é síntese *(sínolo)* de dois elementos separáveis, a matéria e a forma. Vejamos primeiro o que Aristóteles diz da matéria, depois o que diz da forma e, finalmente, o que diz do sínolo.

Chega-se ao conceito de matéria pela análise do fenômeno da transformação substancial. Nota-se, de fato, que "em todas as mudanças que se efetuam entre dois termos opostos deve haver um sujeito que permaneça ele mesmo através da mudança, como, por exemplo, nas mudanças de lugar, alguma coisa que esteja primeiro aqui e depois ali; e nas mudanças quantitativas, alguma coisa que seja primeiro de certa grandeza e depois de grandeza maior ou menor; e nas mudanças qualitativas, alguma coisa que seja, por exemplo, agora sã e depois doente. Também nas mudanças

---

[20] Cf. *ibid.*, 1025, 1069 a.

substanciais é necessário admitir alguma coisa que esteja presente tanto no processo de geração como no de corrupção".[21]

"De modo que se pode afirmar que o vir-a-ser não é possível se daquilo que vem a ser não preexiste nada: isto é, é evidente que alguma coisa daquilo que vem a ser já existia antes, e esta alguma coisa é a matéria, que, enquanto parte do que vem a ser, é o sujeito da mudança".[22]

Eis, pois, a definição de matéria: "Chamo matéria àquilo que por si mesmo não é nem qualidade, nem quantidade, nem nenhuma outra das categorias (...). Ou: o termo último ao qual se chega é algo que não tem qualidade, nem quantidade, nem, em suma, nada de determinado".[23]

Quanto à *forma*, adquire-se o seu conceito pela análise do que diferencia uma coisa de outra. "Já que em qualquer caso se pressupõem conhecidos o fato e a sua existência, é claro que a questão é saber por que motivo a matéria é isto e não aquilo: como, por exemplo, por que certo material é casa? E por que isto é homem ou tal corpo? (...) Em conclusão, o que se procura é a razão pela qual a matéria se torna coisa bem determinada, isto é, substância".[24] A razão, segundo Aristóteles, é a forma, a qual ele define assim: "Chamo forma à essência de todas as coisas e à substância primeira" (isto é, à razão primeira do ser de alguma coisa); em outro lugar: "Chamo forma ao ato primeiro de um corpo".

A matéria e a forma não existem, nem podem existir, separadas uma da outra, mas somente juntas. A isto Aristóteles chama "sínolo". Na constituição do sínolo ou substância particular, a forma confere os caracteres *específicos*. Por exemplo, Cálias pertence à espécie humana, isto é, é homem, por causa da forma. Por isso se diz que a forma é o *principium specificationis* (princípio da especificação).

A matéria, por seu lado, é fonte das características individuais. Assim, que Cálias seja baixo, corcunda e moreno deve-se à matéria. Por isso se diz que a matéria é o *principium individuationis* (princípio da individuação). A sua função é, pois, a de explicar a distinção numérica.

Este argumento é discutido, além de no livro Z, também no livro *I*, no qual lemos este trecho muito significativo:

---

[21] *Ibid.*, 1042 a, 30ss.
[22] *Ibid.*, 1032 b.
[23] *Ibid.*, 1029 a, 20.
[24] *Ibid.*, 1041 b, 4ss.

"Já que em uma coisa existe, de um lado, a forma, o conceito, e de outro, a matéria, podemos dizer que as qualidades que dizem respeito à forma em si, ao conceito, constituem diferença de espécie; e que as que dizem respeito ao sínolo da matéria com a forma, à coisa concreta, não constituem diferenças de espécie".[25]

Interessantes são algumas considerações de Aristóteles sobre a geração do sínolo. Propriamente falando, a matéria e a forma não são geradas nem se corrompem. O que é gerado e se corrompe é a substância, o sínolo.

Quanto à matéria, é fácil ver que não pode ser gerada: sendo ela aquilo de que as coisas são feitas, deve preexistir a elas.

Quanto à forma propriamente dita, ela também não é produzida, mas tirada da matéria na qual preexiste não em ato, mas em potência.

Portanto, só o sínolo é produzido e gerado. "Produzir alguma coisa consiste em fazê-la de um substrato indeterminado. Por exemplo, produzir uma esfera de bronze não é produzir a rotundidade ou esfericidade, mas algo diferente; é precisamente determinar certa forma em outra coisa. Quem faz alguma coisa deve tirá-la de alguma outra coisa que é pressuposta. Assim, no caso da esfera de bronze; disto, que é bronze, faz-se aquilo que é esfera brônzea".[26]

ATO E POTÊNCIA

Aprofundando no fenômeno do vir-a-ser, de cujo exame já tirara os princípios de matéria e forma, Aristóteles chega à descoberta dos princípios de ato e potência, que são a aplicação das noções de matéria e forma em escala mais ampla.

Potência é qualquer realidade que, como a matéria, tem como propriedades ser indeterminada, ser passiva e ser capaz de assumir várias determinações.

Ato é toda realidade que, como a forma, tem como características ser determinado, finito, perfeito, completo.

As noções de ato e potência constituem a maior descoberta, a mais profunda intuição metafísica de Aristóteles. Mas, como todas as grandes intuições filosóficas, também as noções de ato e potência têm base em-

---
[25] *Ibid.*, 1057 a.
[26] *Ibid.*, 1033 a, 30ss.

pírica muito simples como se vê dos exemplos usados por Aristóteles (as relações entre mestre e discípulo, entre Sócrates assentado e em pé).

Mas estas exemplificações modestas são de alcance universal: são a imagem palpável de todo o universo.

Aristóteles dedica ao estudo dos princípios de ato e potência todo o livro IX: capítulos 1-6: da potência; capítulos 6 e 7: do ato; capítulos 7-10: das relações entre ato e potência.

A potência, como primeiro princípio, é indefinível. No máximo pode-se esclarecer seu conceito com alguma descrição e exemplificação: "Chama-se potência o que não encontra impossibilidade para tornar-se ato quando sobrevêm o ato";[27] em outro lugar: "Existe ainda a potência de sofrer e esta é, no paciente, o princípio de mudança passiva provocada por outro ou por si enquanto outro".[28]

Obtém-se o conceito de potência mediante a análise do vir-a-ser, o que só é possível se se admitir a potência.

"É impossível uma coisa que não tenha a potência de ser. Ora, segundo a tese destes (dos megáricos), o que não vem a ser de fato não tem a potência de vir a ser, o que seria impossível, e do impossível não se pode dizer que é ou que será um dia."

"Mas, com tais raciocínios, anula-se todo movimento e todo vir-a--ser: o que está imóvel permanecerá sempre imóvel, e quem está assentado ficará sempre assentado; e se está assentado, não se levantará nunca, uma vez que é absurdo que se levante quem não pode levantar-se".[29] Em poucas palavras: o vir-a-ser só é possível se se admitir a potência.

Também o ato como tal não pode ser definido. Mas não há motivo para admiração, porque "não se pode exigir a definição de tudo. Algumas definições devem ser conseguidas mediante analogias. (…) O ato é, para a potência, aquilo que o edifício é para o saber edificar, o estar desperto para o dormir, o ver para o não-ver, mesmo tendo a vista, o objeto feito de matéria e bem trabalhado para a matéria bruta. Ao primeiro membro destes binômios aplica-se o conceito de ato; ao segundo, o de potência".

"Logo, o ato é a presença de alguma coisa não em potência, isto é, não como ao dizermos que a estátua de Mercúrio está presente na

---

[27] *Ibid.*, 1047 a, 24ss.
[28] *Ibid.*, 1046 a, 11 e 12.
[29] *Ibid.*, 1047 a.

madeira, ou que numa coisa inteira está a metade que se pode separar dela; ou como quando dizemos que alguém é sábio, embora não esteja especulando, contanto que possa fazê-lo. Chama-se ato, ao contrário, o modo oposto de existir, incluído em todos os exemplos referidos".[30]

Há dois tipos principais de ato: a ação *(enérgeia)* e o resultado *(entelécheia)*.[31] "Além dessas duas espécies fundamentais, existem outras; de fato, quando se diz que as coisas estão em ato, não se diz isto no mesmo sentido de todas elas, mas segundo certa proporção, do mesmo modo que quando dizemos que esta coisa está naquela ou para aquela como aquela outra coisa está naquela outra ou para aquela outra".

"Analogamente, de algumas coisas dizemos que estão em ato porque são como o movimento em relação à capacidade de mover-se; de outras, porque são como uma substância determinada em relação à matéria informe".[32]

Já que existe, todavia, certa proporção (certa semelhança) entre os vários modos de estar em ato, a predicação do conceito de ato é analógica e não equívoca.

Como a forma em relação à matéria (a forma, na verdade, não é senão uma espécie de ato, isto é, o ato que determina a matéria), assim, falando de modo absoluto, também o ato, em relação à matéria, tem tríplice prioridade: prioridade *lógica:* é definido antes; prioridade *gnosiológica:* é conhecido antes; prioridade *ontológica:* existe antes.

O VIR-A-SER

O vir-a-ser é potência que se está atuando (não pura potência, nem potência já atuada). Por isso, é definido por Aristóteles como o "ato de um ser em potência enquanto tal",[33] isto é, enquanto ainda está em potência. Ele justifica esta definição do modo seguinte: "O movimento não pode ser reduzido simplesmente à potência ou ao ato; isto porque pode muito bem acontecer que certa quantidade de uma coisa esteja em potência sem estar, por isso, em movimento; e pode também estar em ato aquela mesma quantidade, sem que, por isso, a coisa esteja em movimento".

---

[30] *Ibid.*, 1048 a, 30ss.
[31] *Entelécheia, de tò entelès échon* (que tem perfeição).
[32] *Metafísica*, cit., 1048 b, 6ss.
[33] *Ibid.*, 1069 b.

"O movimento apresenta-se, contudo, como uma espécie de ato: de ato imperfeito, já que ainda não levado a termo. Daí a dificuldade de definir a natureza do movimento, uma vez que para defini-lo é necessário reduzi-lo à privação ou à potência ou simplesmente ato; mas ele não pode ser posto em nenhuma dessas classificações."

"Resta, portanto, que ele seja o que se disse: ato e, contudo, não ato no sentido pleno: difícil, sem dúvida, de ser pensado, mas, nem por isso, menos real".[34]

Quanto ao sujeito do movimento, Aristóteles observa agudamente que não pertence só ao movido, nem só ao motor: é ato dos dois. De fato, "o ato do motor não é diferente do ato do movido, sendo um só o ato de ambos (...), de modo que o ato do motor coincide com o do movido: de modo semelhante, o intervalo de um a dois é o mesmo que de dois a um, e o caminho em subida é o mesmo que em descida, embora a subida não seja descida. O mesmo vale para o motor e o movido".[35]

Do vir-a-ser, segundo Aristóteles, há quatro espécies principais: "Algumas mudanças dizem respeito à substância mesma, outras à qualidade, outras à quantidade, outras ao lugar. A mudança substancial chama-se simplesmente geração ou corrupção; a mudança qualitativa, alteração; a mudança quantitativa, aumento ou diminuição; e a mudança local, translação".[36]

Quanto à *possibilidade do vir-a-ser*, contestada por Parmênides com o famoso dilema: "Nenhuma coisa pode vir a ser porque já é ou não é; se já é, não pode vir a ser porque já é; se ainda não é, não pode vir a ser porque do nada não vem nada", Aristóteles responde, enfrentando diretamente o dilema. Tanto o ser como o não-ser se dizem de dois modos: ser em ato e ser em potência; não-ser absoluto e não-ser relativo (relativo é o não-ser da potência). Ora, impossibilidade de vir a ser existe para o ser em ato e para o não-ser absoluto, não para o ser em potência ou, o que dá no mesmo, para o não-ser relativo. Por exemplo, o banco, sendo já banco, não pode mais tornar-se banco; mas pode tornar-se banco o pedaço de madeira, o qual, em relação à forma de banco, ainda está em estado de não-ser (evidentemente de um não-ser relativo porque, como madeira, já tem uma realidade).

---

[34] *Ibid.*, 1066 a, 17ss.
[35] *Ibid.*, 1066 a, 29ss.
[36] *Ibid.*, 1069 b.

EXISTÊNCIA E NATUREZA DE DEUS

A *Metafísica* encerra-se, logicamente, com o tratado sobre Deus. No universo aristotélico é ele que mantém de pé todo o edifício.

Até aqui Aristóteles falou das substâncias em devir, examinou seus elementos constitutivos, materiais e formais, mas não deu nenhuma explicação sobre a *origem* do seu devir. É necessário, porém, dar-lhe explicação. Para isso, o Estagirita enfrenta o estudo do Motor imóvel, Deus.

Em outra obra, isto é, na *Física,* Aristóteles já tratara amplamente da existência de Deus. Na *Metafísica* retoma, de modo sintético, as teses da obra precedente. Os elementos fundamentais da prova são os seguintes: o fato do devir (a experiência mostra-nos que as coisas estão sujeitas a incessantes mudanças) e os dois princípios: *a)* tudo que se move é movido por outro (ou por si mesmo enquanto outro); *b)* na série dos que movem (isto é, dos motores) não se pode retroceder infinitamente.

Admitindo-se o fato e os dois princípios, segue-se inelutavelmente a conclusão: existe um Motor imóvel. Esta é a célebre prova aristotélica da existência de Deus pela existência do movimento (mudança). Não é a única prova que usa; nas obras juvenis usou também as provas baseadas nos graus de perfeição e na ordem das coisas.[37]

Sendo imóvel, Deus é ato puro, único, inextenso, eterno, inteligente etc.

Segundo Aristóteles, Deus move o mundo somente como objeto conhecido e desejado, não como causa agente. De fato, Deus move o mundo sem ser movido. Ora, somente o inteligível e o apetecível movem sem serem implicados no movimento: imóveis, determinam os movimentos da intelecção e da apetição, seguidos dos outros movimentos: local, quantitativo etc.

Logo, Deus move o mundo como primeiro inteligível e como primeiro apetecível; em outras palavras, move o mundo como causa final e não como causa eficiente.

A operação própria de Deus é o pensamento, pensamento sempre em ato (de outro modo Deus seria como alguém que estivesse dormindo), que tem por objeto a si mesmo (de outro modo dependeria do objeto externo e assim seria inferior a ele).

---

[37] Cf. *Diálogo sobre a Filosofia.*

O pensamento divino é ato simplicíssimo e único, dado que toda composição implica mutabilidade e mudança. Por isso, Deus não conhece o mundo nem as coisas que existem no mundo.

Em conclusão, Aristóteles tem concepção altíssima de Deus, mas julga necessário, para salvar a sua transcendência, privá-lo de três operações importantíssimas: criação, providência e conhecimento do mundo.

O Deus de Aristóteles não cria o mundo, não cuida dele e não o conhece.

É espírito puríssimo, que não pode ter nenhum contato com a matéria: Deus não toca na matéria, não a conhece, não a cria. Deus não se importa com o mundo; pode-se até dizer que está de costas voltadas para ele. Mas o mundo sente o fascínio de Deus e, em estado de grande arrebatamento, se move na direção dele como para a sua meta final.

Estudiosos de todos os tempos (Padres da Igreja, escolásticos e autores contemporâneos) se pronunciaram sobre o valor do pensamento religioso de Aristóteles. A muitos ele pareceu frio, abstrato, racionalista e até fisicista enquanto estreitamente vinculado a certa concepção do mundo, e por isso não o consideraram em condições de satisfazer às exigências espirituais da alma humana.

Quanto a nós, somos de parecer que, se julgarmos o pensamento religioso de Aristóteles não segundo os parâmetros da revelação bíblica, mas segundo os parâmetros da história das religiões e da filosofia, devemos dizer que, não obstante algumas graves lacunas, a concepção aristotélica de Deus representa a mais alta conquista do pensamento religioso grego: superando as grosserias da mitologia e da religião pública, que tinham humanizado os deuses ao ponto de os reduzirem a simples homens, Aristóteles liberta a face de Deus de todo antropomorfismo e lhe confere uma expressão sublime.

6. A física

Como já o sugere o próprio título da obra, a *Física é o* estudo da natureza *(physis)*.

A característica principal das coisas naturais, segundo Aristóteles, é o movimento, o vir-a-ser; em consequência disso, a *Física é*, essencialmente, estudo do vir-a-ser. Nos quatro primeiros livros, examina a natureza das coisas materiais (antecipando a doutrina do vir-a-ser que já encontramos na *Metafísica);* nos quatro últimos livros, estuda seus tipos principais e suas causas últimas.

Aristóteles parte da constatação de que "os seres da natureza, todos ou parte deles, são movidos, como resulta da indução" (ou seja, da experiência). O fato de serem *movidos* significa que vêm ao ser, que mudam, que estão sujeitos à geração e à corrupção. Logo, conclui o Estagirita, o termo "natureza" designa coisas "que têm em si mesmas um princípio de movimento e de parada; umas em relação ao lugar; outras em relação ao crescimento e à diminuição, e outras ainda em relação à alteração".

Como já vimos na *Metafísica,* Aristóteles não acha aceitáveis as teorias de seus predecessores a respeito do vir-a-ser (nem a de Parmênides, que rejeita o vir-a-ser, nem a de Heráclito, que quer reduzir tudo a vir-a-ser perpétuo). Para ele, explicação plausível deste fenômeno só é possível se se admitirem dois princípios: a matéria e a forma. O vir-a-ser consiste justamente na passagem da matéria de uma forma para outra.

O movimento dá-se sempre no espaço e no tempo. Mas, para Aristóteles, nem um nem outro são realidades autônomas, mas acidentes da substância que vem a ser: o espaço é a distância entre os corpos; o tempo "é a medida do movimento segundo antes e depois".

As formas principais do devir são quatro: movimento quantitativo (crescimento e diminuição), movimento qualitativo (alteração), movimento local (translação) e movimento pelo qual uma coisa começa a existir (geração) ou deixa de existir (corrupção).

Princípio fundamental do devir é que "tudo o que se move é movido por outro". Aplicando rigorosamente este princípio, Aristóteles prova (um tanto laboriosamente na *Física*, mais expeditamente na *Metafísica*) a existência de um primeiro Motor imóvel.

7. A psicologia

Aristóteles é considerado com justiça o fundador da psicologia, tanto sob o aspecto científico quanto sob o filosófico. Ele foi o primeiro a tratar de modo sistemático dos problemas mais especificamente filosóficos referentes à constituição da natureza humana, às suas disposições e inclinações, às suas faculdades e operações, ao mecanismo do conhecimento e dos apetites; e dos problemas estritamente científicos relativos à sensação, à memória, ao sono etc.

Dos problemas psicológicos, ocupou-se mais particularmente nas grandes obras, a saber, na *História dos Animais* e no *Da Alma*.

Segundo Aristóteles, o homem, como todos os seres que têm matéria, é constituído de matéria e forma. No caso do homem, a matéria chama-se corpo e a forma, alma. Com esta teoria, dada a profunda união entre a matéria e a forma, Aristóteles consegue superar de um salto o dualismo antropológico de Platão. Por causa de sua união íntima com o corpo, a alma humana não pode preexistir ao corpo como ensinava Platão, mas constitui com o corpo a "pessoa" humana em sua unidade substancial. Ela não pode nem mesmo identificar-se com os elementos dos quais é composta a matéria orgânica ou inorgânica, porque é irredutível e inconfundível com eles e com a sua soma. A alma não é o produto das condições fisiológicas, mas a forma do corpo, o qual recebe dela o ser e o operar.

O homem distingue-se dos outros seres vivos e não vivos pela alma racional. Pelo simples fato de ter alma, distingue-se, como as plantas e os animais, dos seres inorgânicos. Os seres inorgânicos são incapazes de se moverem por si mesmos porque não têm princípio intrínseco de atividade. Os seres orgânicos, ao contrário, movem-se por si mesmos porque têm em si princípio de atividade.

Este princípio intrínseco de atividade dos seres orgânicos chama-se alma, definida como "ato primeiro de corpo físico orgânico" *(entelécheia e próte sómatos physikoũ organikoũ)*.[38]

E por ser racional a sua alma, o homem distingue-se das plantas e dos animais, uma vez que nem plantas nem animais podem pensar.

A alma do homem, embora sendo uma só, exerce três funções: vegetativa, sensitiva e intelectiva.

A *função vegetativa* tem como finalidade a nutrição e a conservação do corpo e da espécie.

A *função sensitiva* é exercida de dois modos: pelo conhecimento (cinco sentidos externos e três internos: sentido comum, memória e fantasia) e pelo apetite (irascível e concupiscível).

---

[38] Cf. *Da Alma*, 412 a, 27 b, 4.

A *função intelectiva* é exercida de três modos: pela abstração, pelo juízo e pela argumentação.

Segundo Aristóteles, a primeira fonte do conhecimento humano é a experiência sensitiva. A alma é, originariamente, como um quadro-negro *(tabula rasa)*, no qual a experiência vai gravando aos poucos os seus dados. A experiência tem, portanto, para Aristóteles, função bem mais importante do que a que tinha para Platão, para o qual ela servia apenas para despertar a recordação das Ideias.

Segundo o Estagirita, antes da vida presente, a alma não preexistiu em outro lugar, não podendo, por isso, nascer com ideias inatas, ainda que esquecidas. A alma, no início da vida presente, é completamente destituída de conhecimento. Seu primeiro conhecimento lhe é fornecido pelos sentidos, os quais são, por isso, a primeira fonte de conhecimento. Mas a sua função não termina aqui. Além de fonte imediata do conhecimento sensitivo, os sentidos fornecem à inteligência o material do qual tira as ideias universais.

A origem das ideias universais explica-a Aristóteles por meio da abstração, que é o processo pelo qual o intelecto, considerando as imagens sensíveis das coisas particulares, forma os conceitos universais. Por exemplo, considerando a imagem de Pedro, não enquanto imagem de Pedro, mas enquanto imagem de homem, o intelecto forma o conceito de homem; considerando a imagem de pinheiro, não enquanto imagem de um pinheiro em particular (isto é, deixando de lado os dados que pertencem a este pinheiro em particular), o intelecto forma o conceito de pinheiro.

Para o processo de abstração são necessários dois intelectos: o agente (ou ativo) e o paciente (ou passivo).

Compete ao intelecto agente a função de iluminar os dados sensíveis, produzindo assim a ideia; o intelecto passivo tem a função de recolhê-la e conservá-la.

Aristóteles ensina inegavelmente a imortalidade da alma. Mas, para ele, a alma é imortal não enquanto exerce as funções vegetativas e sensitivas, nem mesmo enquanto exerce a função de intelecto passivo, mas somente enquanto exerce a função de intelecto agente. Só o intelecto agente é divino e, por isso, imortal.[39]

---

[39] Cf. *Da Alma*, 430 a, 17ss.

A alma imortal é pessoal ou impessoal? Esta é *vexatissima quaestio* (questão controvertidíssima). Muitos estudiosos sustentam que Aristóteles ensina só a imortalidade do intelecto agente (isto é, imortalidade impessoal). Outros sustentam que ensina também a imortalidade do intelecto passivo e, como este varia de pessoa para pessoa, segue daí que ensinaria também a imortalidade pessoal.

8. A ética

A felicidade consiste na plena realização das próprias capacidades. Partindo deste princípio, Aristóteles demonstra que a felicidade do homem não pode consistir nas riquezas, nem nas honrarias, nem nos prazeres, porque nenhuma dessas coisas representa a plena realização das capacidades humanas.

O homem é ser racional. Consequentemente o seu bem ou a sua felicidade *(eudaimonia)* deve consistir na atuação da razão. Segundo Aristóteles, a perfeita atuação da razão verifica-se na contemplação. Logo, a felicidade do homem consiste na contemplação.

Mas, não só na contemplação, porque o homem não é pura razão, nem puro espírito, mas também carne e sentidos. Para que o homem seja realmente feliz é necessário que sejam satisfeitas todas as suas faculdades, também as dos sentidos. A satisfação dos sentidos chama-se prazer. Logo, a verdadeira felicidade constitui-a o prazer junto com a contemplação, em harmonia com a contemplação e a seu serviço.

As riquezas não são indispensáveis para a felicidade, embora certa quantidade de bens seja necessária para que seja possível ao homem entregar-se à contemplação sem ser perturbado por outras preocupações.

Como se vê, o ideal aristotélico de felicidade é semelhante ao ideal descrito por Platão no *Filebo:* é mistura dosada de prazer e de razão. É ideal bem menos ascético do que o descrito por Platão na *República* e do que o seguido por Sócrates.

Aristóteles não crê que o justo seja propriamente feliz no meio dos sofrimentos.

O meio para conseguir a felicidade é a virtude. Por virtude Aristóteles entende "o hábito de escolher o justo meio". Quem o estabelece é o sábio. A definição completa soa assim: "A virtude é uma disposição para escolher; ela consiste na escolha do justo meio relativo à nossa natureza, efetuada segundo princípio racional e fixado pelo homem prudente".[40]

Em outras palavras, a virtude é o hábito de praticar ações que estejam no meio entre dois excessos. Daí o dito conhecido: *"In medio stat virtus"* (a virtude está no meio).

"As ações estão sujeitas a se tornarem imperfeitas por defeito ou por excesso; por exemplo, tanto os exercícios excessivos quanto os escassos prejudicam o vigor; o beber e o comer superabundantes ou insuficientes arruinam a saúde. O mesmo se dá com a moderação, a coragem e as outras virtudes; de fato, quem foge ou teme todas as coisas e não enfrenta nada, torna-se tímido; quem, ao contrário, não teme nada, enfrenta qualquer coisa e se torna temerário; quem goza toda sorte de prazeres e não se abstém de nenhum, torna-se intemperante; mas quem evita todos os prazeres, torna-se insensível. De modo que também a moderação e a coragem arruinam-se tanto pelo excesso como pela deficiência, mas preservam-se pela via do meio".[41]

Como se vê, Aristóteles não identifica a virtude com o saber, como fizera Platão, mas dá importância também à escolha, a qual depende mais da vontade do que da razão.

Em seguida Aristóteles divide a virtude em dois grupos principais: virtudes do intelecto ou *dianoéticas* e virtudes morais.

As virtudes *dianoéticas* são as que concorrem para o desenvolvimento e o funcionamento das faculdades intelectivas. Para ele, as virtudes *dianoéticas* são cinco: ciência intuitiva *(nous)*, ciência intelectiva *(epistéme)*, sabedoria *(sophia)*, arte *(téchne)* e ciência prática *(phrónesis)*.

A sabedoria é síntese de ciência intuitiva e intelectiva. O seu objeto é o fim, ao passo que o objeto da ciência prática são os meios.

As *virtudes morais* são as que presidem ao controle das paixões e à escolha dos meios aptos para a consecução do fim. As virtudes morais mais importantes são as quatro virtudes chamadas cardeais. A prudência corrige o intelecto, isto é, torna-o capaz de avaliar com exatidão a bondade ou a malícia, em outras palavras, o caráter moral de uma ação. A temperança corrige o apetite concupiscível, e a fortaleza, o apetite

---
[40] *Ética a Nicômaco*, 1106 b, 37 e 38.
[41] *Ibid.*, 1107 a-b.

irascível. A justiça rege o comportamento do homem em relação aos outros homens.

Existem duas espécies principais de justiça: *distributiva* e *corretiva*. A primeira diz respeito à reta distribuição, ou seja, à distribuição, pelo Estado, das honras, dos cargos e dos bens materiais aos cidadãos, segundo os méritos. A segunda diz respeito à imposição das penas aos transgressores da lei e à restituição aos legítimos donos daquilo de que foram privados.

Entre as virtudes que Aristóteles examina, ocupa lugar de relevo a amizade. Segundo ele, a amizade é tão importante que sem ela não pode haver felicidade. Esta última consiste primariamente no exercício das virtudes especulativas e secundariamente no exercício das virtudes morais. Quem se contenta com o exercício das virtudes morais é feliz *(eudáimon)*, quem se dedica especialmente ao exercício das virtudes especulativas é felicíssimo *(eudaimonéstatos)*. De modo geral, Aristóteles considera o exercício das virtudes morais como meio que facilita o exercício das virtudes especulativas. A essência da felicidade consiste na contemplação.

9. A política

Segundo Aristóteles, a origem do Estado é natural e não convencional, como afirmavam os sofistas e, em parte, também Platão. Os homens unem-se para formar a sociedade não em virtude de pacto, mas instintivamente, porque de outro modo não poderiam satisfazer a todas as suas necessidades físicas e intelectuais.

"É evidente", diz Aristóteles, "que o Estado é criação da natureza e que o homem é por natureza animal político. Se alguém, por natureza e não só acidentalmente, vive fora do Estado, é superior ou inferior ao homem". "Quem é incapaz de viver em sociedade, ou não precisa dela por ser autossuficiente, deve ser um animal ou um Deus".[42]

O Estado surge pelo seguinte motivo: tornar possível não só a vida *(toũ zen éneka,* por causa da vida), mas também a vida feliz *(toũ eũ zẽn,* por causa "do viver feliz"). O escopo da vida humana é a felicidade; o escopo do Estado é facilitar a consecução da felicidade. Só o Estado torna possível a completa realização de todas as capacidades humanas.

---

[42] *Política*, 1253 a, 1-4; 27-29.

Partindo do princípio segundo o qual a finalidade do Estado é facilitar a consecução do bem comum, em outras palavras, de que a finalidade do Estado é o bem comum, Aristóteles divide as constituições possíveis em justas e injustas. Há três formas de constituição justa e três de injusta.

Constituições justas são as que servem ao bem comum e não só ao bem dos governantes. Tais são: a *monarquia* ou o governo de um só que cuida do bem de todos; a *aristocracia* ou o governo dos virtuosos, dos melhores, que cuidam do bem de todos, sem atribuir-se nenhum privilégio; a *república* ou a *politía*, isto é, o governo popular que cuida do bem de toda a cidade.

Constituições injustas são as que servem ao bem dos governantes e não ao bem comum. São elas: a *tirania* ou o governo de um só que procura o interesse próprio; a *oligarquia* ou o governo dos ricos que procuram o bem econômico pessoal; a *democracia* ou o comando da massa popular que quer suprimir toda diferença social em nome da igualdade.

Como todos os outros pensadores da antiguidade, também Aristóteles justifica a escravidão: "É evidente", diz ele, "que alguns homens são por natureza livres e outros escravos".[43]

10. A estética

Aristóteles expôs seu pensamento sobre a estética em duas obras celebérrimas: a *Retórica* e a *Poética*. Encontra-se nelas a primeira análise sistemática da atividade estética. Muitíssimos ensinamentos mereceriam ser recordados, mas somos obrigados a nos limitarmos aos fundamentais, ou seja, à definição, à natureza e à divisão da arte.

A arte não se ocupa nem da natureza, nem da história, mas da beleza, isto é, de um tipo ideal de realidade que na natureza é sempre imperfeito. Aristóteles define o belo como "um bem que agrada",[44] bem que se distingue tanto da bondade quanto do prazer, porque enquanto estes pertencem à esfera das faculdades afetivas, o belo pertence à esfera das faculdades cognitivas: ele é prazer proporcionado pelas faculdades

---

[43] *Ibid.*, 1254 a, 23 e 24.
[44] *Retórica*, 1366 a, 33.

cognitivas. As espécies fundamentais do belo são a ordem, a simetria e a determinação.

Para ele há dois tipos de arte *(téchne):* artes mecânicas (que se ocupam da produção dos instrumentos de trabalho) e artes imitativas da natureza.

As belas artes são artes imitativas. A imitação não tem, todavia, o sentido pejorativo que tinha para Platão; também porque a imitação não é compreendida como simples reprodução, mas como emulação da natureza considerada como mestra.

A função da arte, segundo Aristóteles, é dupla: pedagógica e catártica. Platão condenara a tragédia e a comédia porque ensinam o mal em vez de curá-lo; Aristóteles, dentro de certos limites, aprova-as porque têm função catártica, isto é, de purificação.

Através das obras teatrais vivem-se, na ficção, as paixões que, de outro modo, tenderiam a ocorrer na realidade; elas proporcionam descarga da passionalidade que se veio acumulando na vida quotidiana. Sofrer, na ficção artística, liberta do sofrimento real: a paixão se desabafa na terceira pessoa, indireta, mas realmente, e a alma readquire a serenidade.

CONCLUSÃO

Tivemos, mais de uma vez, a oportunidade de apreciar a grandeza do gênio filosófico de Aristóteles. Agora desejamos destacar um pouco melhor os aspectos positivos e negativos de sua grandiosa construção filosófica, na qual nem tudo foi examinado. Trata-se, de fato, de construção colossal e, sob muitos aspectos, maravilhosa. Mas aqui e ali se podem ver partes incompletas e até fendas ameaçadoras.

Os elementos válidos da construção aristotélica são os seguintes:

— A elaboração de método de pesquisa (a *lógica*) e de forma de exposição (o *tratado*), por assim dizer, perfeitos.

— A análise aguda dos elementos constitutivos supremos da realidade material: *ato* e *potência*, *matéria* e *forma*, *substância* e *acidente*, elementos estes que explicam não só a finitude, mas também a contingência e o vir-a-ser das coisas materiais.

— A visão realista do mundo e do homem. Do *mundo* enquanto, opondo-se ao idealismo platônico, faz das ideias formas da matéria. Do *homem* enquanto faz o conhecimento intelectivo proceder da experiência e enquanto afirma que as ideias universais, em seu significado, têm certa correspondência com a realidade externa.

— A convicção profunda da *transcendência* de Deus, de cuja existência encontra sinais evidentes no mundo da experiência.

Os elementos negativos e caducos da construção aristotélica são os seguintes: embora perfeita, a análise da natureza ainda é *inadequada*. De fato, Aristóteles indaga as causas intrínsecas da natureza, mas não as extrínsecas. Mais precisamente, a sua análise vai até a causa final, mas não até a causa eficiente. À omissão da análise da causa eficiente do mundo podem ser atribuídos seus dois erros mais graves: o da eternidade da matéria e o da concepção de Deus como Motor imóvel, totalmente desinteressado das vicissitudes deste mundo. Assim, não obstante o esforço para superar o dualismo platônico de mundo inteligível, Aristóteles permanece fechado em dualismo ainda mais radical: o do *Motor imóvel e da matéria eterna*. Com a exclusão prática de Deus do mundo, a tendência é reduzir a metafísica à cosmologia, isto é, reduzir a procura da causa última de toda a realidade à procura das causas últimas da natureza. Isto permite a acusação de naturalismo, frequentemente movida a Aristóteles e não de todo injustificada.

BIBLIOGRAFIA

Estudos gerais:

JAEGER, W., *Aristotele. Prime linee ai una storía delia sua evoluzione spiriluale*, Florença, 1935; BIGNONE, E., *L'Aristotele perduto e la formazione filosófica di Epicuro*, Florença, 1934, 2 volumes; Ross, W. D., *Aristotele*, Bari, 1946; LUGARINI, L., *Aristotele e l'idea della filosofia*, Milão, 1961; BERTI, E., *La filosofia dei primo Aristotele*, Pádua, 1962.

Lógica:

CALOGERO, G., *I fondamenti delia lógica aristotelica*, Florença, 1927; LUKASIE-WICZ, J., *Aristotle's Syllogistics*, Oxford, 1951; VIANO, C., *La lógica di Aristotele*, Turim, 1955.

Metafísica:

OGGIONI, T., *La "Filosofia prima" di Aristotele. Saggio di ricostruzione e di interpretazione*, Milão, 1939; OWENS, J., *The Doctrine of Being in the Aristotelian Metaphysics*, Toronto, 1957; MANNO, A., *Il problema di Dio in Aristotele e nei suoi maggiori interpreti*, Nápoles, 1962; GIACON, C., *Il divenire in Aristotele*, Pádua, 1947; NOBILE, E., *Il quarto libro della Metafísica aristotelica e le sue conseguenze morali*, Nápoles, 1950; REALE, G., *Il concetto di Filosofia prima e l'unità della Metafísica di Aristotele*, Milão, 1961; 2ª ed., 1965.

Psicologia:

SOLERI, G., *L'immortalità dell'anima in Aristotele,* Turim, 1952; SIWECK, P., *La physique humaine d'après Aristote,* Paris, 1930.

Ética e Política:

ZUCCANTE, G., *Aristotele e la morale,* Florença, 1926; LIBRIZZI, G., *La morale di Aristotele,* Pádua, 1960; VATTINO, G., *Il conceito di fare in Aristotele,* Turim, 1961.

Estética:

VALGIMIGLI, M., *Introduzione alla poética di Aristotele,* Bari, 1916; ROSTAGNI, A., *La poética di Aristotele,* Turim, 1927; BIGNAMI, E., *La poética di Aristotele e il concetto di arte pressa gli antichi,* Florença, 1932; DE FRANCESCO, G. A., *Poética di Aristotele e poetiche classiciste,* Milão, 1961.

XII
A FILOSOFIA HELENÍSTICA

1. Caracteres gerais da reflexão filosófica durante o período helenístico

CONDIÇÕES POLÍTICAS

As condições políticas nas quais se desenvolve a reflexão filosófica depois de Platão e Aristóteles estão profundamente mudadas. Durante a segunda metade do século IV a.C. Atenas perde a sua independência e cai sob o jugo de Tebas e depois sob o domínio dos macedônios. Todas as tentativas de sacudir este jugo, tanto sob Filipe como sob Alexandre, foram sufocadas no sangue. O esfacelamento do grande império macedônio, rápido como a sua formação, não restitui aos gregos a independência: as aspirações nacionalistas, às vezes despertadas, não duravam muito. A Grécia só conseguirá subtrair-se ao jugo macedônio para cair sob o domínio de Roma.

Mas, politicamente subjugada, a Hélade conquista o mundo com a sua cultura, que encontra abertos à sua frente novos horizontes e novas vias para estender-se mais e, ao mesmo tempo, para enriquecer-se mais pela assimilação de novas ideias. É o fenômeno do *helenismo*, isto é, da universalização da língua e da cultura gregas, de sua expansão pelos países orientais (Ásia Menor, Egito, Pérsia), que os exércitos de Alexandre tinham aberto à influência espiritual da Grécia. E Atenas já não é o único centro deste mundo intelectual; formaram-se outros focos de cultura: Pérgamo, Antioquia e, principalmente, Alexandria, no Egito.

Acontece, porém, que o que se ganha em extensão se perde em profundidade. Por outro lado, depois do esforço especulativo que o pensamento grego sustentou durante três séculos para resolver o mistério do universo, especialmente depois das grandiosas construções de Platão e Aristóteles, é compreensível que o vigor propriamente especulativo se tenha atenuado e estancado por cansaço e exaustão. Há sensação difusa de que todas as hipóteses possíveis em torno dos problemas maiores já foram excogitadas. Trata-se agora talvez de escolher uma entre elas à qual dar a própria adesão e em torno da qual exercer a própria virtuosidade de crítico e intérprete. O período helenístico caracteriza-se como período de erudição, de crítica penetrante e de sábia reelaboração das conquistas do passado, não só no campo filosófico, mas também no literário (da épica, da lírica, da oratória). Compreende-se que nesta atmosfera se desenvolvam vigorosamente as ciências particulares, da matemática à geometria, da astronomia à geografia, das ciências naturais e médicas às filológicas e históricas. Separadas agora do velho tronco da filosofia e valendo-se de princípios e métodos cujo conhecimento fora difundido pela sistematização aristotélica, as ciências particulares conseguem resultados que permanecerão por séculos como elementos essenciais do patrimônio da cultura humana.

SENTIDO ÉTICO DA FILOSOFIA HELENÍSTICA

Mas, também neste clima pouco propício à profundeza e à originalidade, a filosofia continua com função importante a desempenhar. A ela se pedem sobretudo uma norma de vida, o segredo da felicidade, um princípio de conduta que assegure a paz da alma. Para a consecução de tudo isso podia-se contar amplamente, nos tempos de Sócrates, Platão e Aristóteles, com o Estado, com a *pólis*, que, com suas instituições livres, garantia ao cidadão a mais completa autorrealização. Agora, porém, que a *pólis* está arruinada e o homem se vê perdido em um imenso universo político, não pode atingir a felicidade senão apoiando-se em suas próprias forças e recolhendo-se em si mesmo. Estranho na nova realidade política, o grego dos últimos três séculos antes de Cristo sente com sempre maior insatisfação o peso esmagador de tal situação. Envolvido no turbilhão das paixões e das forças que forjam a nova história, ele procura por todos os modos uma via de salvação. E refugia-se em si mesmo, em sua solidão interior. Pergunta à razão em que consiste a tão desejada felicidade, qual é o seu bem supremo; pede à filosofia orientação para conseguir aquela tranquilidade serena, aquela independência das vicissitudes deste mundo, aquele domínio de si mesmo que constituem o ideal do sábio. Por isso, a pesquisa filosófica do período helenístico tem sentido eminentemente ético, razão pela qual é usualmente denominado *período ético*.

Mas o problema moral não é o único a interessar os filósofos depois de Platão e Aristóteles. Eles se ocupam também, apaixonadamente, dos problemas teoréticos da constituição e do significado do mundo material *(problema físico)* e do critério ou *cânon* da distinção entre o verdadeiro e o falso *(problema lógico)*.

Do modo diferente de resolver os problemas relativos ao Sumo Bem e à verdade nasceram os quatro grandes movimentos filosóficos do período helenístico: estoico, epicurista, cético e eclético.

Quanto ao Sumo Bem, os *estoicos* fazem-no consistir na *apatia* (ou eliminação das paixões); os *epicuristas* colocam-no na *ataraxia* (ausência de preocupações e perturbações) e no prazer. Mas muitos espíritos não se sentem satisfeitos com nenhuma destas soluções, e em suas mentes ganha terreno um sentimento de desconfiança em relação a qualquer solução filosófica não só do problema do Sumo Bem, mas também do da verdade: esta é a solução dos *céticos*. Outros pensadores, ao contrário, julgam que para problemas tão árduos, que nenhuma inteligência humana pode resolver sozinha, seja mais recomendável reunir o que há de bom nos diversos sistemas filosóficos: é a solução dos *ecléticos*.

Em ordem de tempo e de importância, o primeiro movimento filosófico do período helenístico é o dos estoicos. Examinaremos, por isso, em primeiro lugar, o seu pensamento.

2. Os estoicos

OS GRANDES EXPOENTES DO ESTOICISMO

O estoicismo é o movimento filosófico mais original do período helenístico e também o que teve a duração mais longa: fundado nos fins do século IV a.C., continuou a florescer até depois do século III d.C. Isto sem dizer que muitos autores cristãos da Antiguidade e da alta Idade Média se consideravam herdeiros e continuadores da escola estoica.

Os grandes expoentes do estoicismo são:

— Zenão (336-274 a.C.), o fundador da escola, chamada "estoica" porque ele ensinava sob os pórticos *(stoá)* de Atenas;

— Crisipo (281-208 a.C.), o principal sistematizador do pensamento do mestre;

— Epicteto (50-138 d.C.), talvez o mais célebre representante da escola. Suas obras principais são o *Manual* e os *Discursos;*

— Sêneca (4 a.C.-65 d.C.), o maior representante do estoicismo no mundo latino. Seu pensamento filosófico encontra-se no *De Constantia Sapientis* (Da Constância do Sábio) e nas *Epistolae Morales ad Lucilium* (Cartas Morais a Lucílio);

— Marco Aurélio (121-180 d.C.), um dos últimos epígonos da escola. Recolheu suas reflexões filosóficas numa obra célebre chamada *Recordações.*

PRINCIPAIS ENSINAMENTOS DO ESTOICISMO

O estoicismo é doutrina essencialmente moral. Mas contém também algumas doutrinas importantes sobre o conhecimento humano e sobre a estrutura do cosmo.

Em relação ao conhecimento humano, mais precisamente, em relação ao modo de conceber a verdade, os estoicos afastam-se tanto de Platão quanto de Aristóteles. Enquanto para Platão e Aristóteles a verdade consiste essencialmente na correspondência perfeita entre a representação mental e a situação real das coisas, para Zenão e seus discípulos ela consiste na "compreensão" total ou catalepsia *(katálepsis)* do objeto pela qual a mente é obrigada ao assentimento. Os estoicos deram também uma contribuição significativa ao desenvolvimento da lógica com o estudo dos silogismos hipotéticos, descurados por Aristóteles, que dera importância exclusivamente aos silogismos categóricos.

Quanto à estrutura do cosmo, ela resulta, segundo os estoicos, de dois elementos, a matéria e o Logos. A primeira, indefinida e inerte, representa o princípio passivo; o segundo, animado e cheio de energia, representa o princípio ativo.

Como se vê, esta concepção dualista do cosmo não tem grande originalidade, uma vez que, em substância, repete teses caras aos últimos pré-socráticos e mesmo a Platão e a Aristóteles. Mas há algo de novo nos argumentos aduzidos pelos estoicos, como prova da existência do logos, e também no modo de concebê-lo.

O motivo que os levou a admitir a razão (Logos) como elemento primordial do cosmo é o fato de que o homem é dotado de razão. Ora, o homem é manifestação do cosmo, e como o todo não pode ser menos perfeito do que as suas partes, não se pode aceitar que o cosmo seja destituído de *razão*.

O Logos não é de natureza espiritual, mas material, porque, segundo os estoicos, o que não tem corpo não pode agir. Ora, o Logos é a fonte de toda a atividade. É necessário, por isso, que seja corpóreo. Ele é constituído de matéria especial, sutilíssima, agílima, que pode penetrar em qualquer coisa.

Alguns estoicos identificaram a matéria sutilíssima da qual é formado o Logos com o fogo, outros com o éter.

O Logos irradia a sua força sobre a matéria à maneira de sementes; desenvolvendo-se, os germes dão origem aos indivíduos. As sementes irradiadas do Logos na matéria são fragmentos do próprio Logos e, por isso, são chamadas sementes do Logos ou razões seminais *(lógoi spermatikói)*. No indivíduo, a razão seminal exerce a função atribuída à forma na concepção aristotélica.

Na ação que exerce sobre a matéria, o Logos tem por finalidade a perfeição do cosmo. A perfeição consegue-se lentamente, mediante um processo de evolução. Seguindo leis bem determinadas, o Logos leva o mundo a um grau de perfeição cada vez maior. Uma vez alcançado o máximo grau de perfeição, o Logos põe fogo em tudo *(ekopýrosis)*. Depois de tudo destruído, começa a refazer a perfeição do mundo.

Na restauração *(apokatástasis)* do mundo, o Logos segue sempre a mesma ordem. Repetem-se assim os mesmos acontecimentos do ciclo precedente, sem nenhuma modificação. Aparecerão de novo Sócrates, Platão e os mesmos homens com os mesmos amigos e concidadãos, as mesmas crenças, as mesmas esperanças, as mesmas ilusões. Este ciclo se repete eternamente.

O homem, como todos os seres, é constituído de um fragmento do Logos (alma) e de uma parte de matéria (corpo).

Quando o fragmento do Logos se separa do corpo, o homem morre. O indivíduo constituído pela união deste fragmento do Logos com esta parte de matéria é mortal; mas o fragmento do Logos não será jamais destruído.

O homem pode ser imortal somente se procurar identificar-se com o Logos, isto é, se procurar superar a sua individualidade, separando-

-se da matéria. Deste modo, embora não podendo obter a imortalidade pessoal, ele pode gozar de uma espécie de eternidade.

Tudo o que acontece ao homem, acontece pela vontade do Logos, que age sempre segundo a razão e nunca arbitrariamente. O Logos exerce providência perfeita sobre o homem e sobre todas as criaturas, sem deixar possibilidade de escolha ao arbítrio humano. O homem é livre à medida que se conforma às leis do Logos. A liberdade consiste em fazer espontaneamente o que é necessário. "Até hoje não houve coisa alguma que me trouxesse impedimento ou coação. Por quê? Porque sempre dispus minha vontade segundo a vontade de Deus. Quer Deus que eu tenha febre? Também eu quero" (Epicteto).

Já que o Logos, em sua ação, tem sempre em vista a maior perfeição do cosmo, o mal é relativo, subjetivo, aparente. Por exemplo, a minha morte parece a mim mal, mas, de fato, é bem porque, para o progresso do mundo, é necessário que os homens se revezem na terra. Na verdade, o mal não existe: "Não se encontra no mundo a natureza do mal" (Epicteto).

Aristóteles distinguira a felicidade da virtude (a felicidade é o fim último do homem, a virtude o meio para consegui-la); os estoicos identificam-nas, fazendo de ambas uma coisa só.

A felicidade, para eles, consiste em viver segundo a razão (segundo o Logos) ou, o que dá no mesmo, em viver segundo a natureza (segundo a natureza racional do homem); por outro lado, viver segundo a razão equivale, para os estoicos, a ser virtuoso.

Mas, o que é a virtude? Ela é disposição interna pela qual a alma está em harmonia consigo mesma, isto é, com o próprio Logos. A virtude não consiste, como pensava Aristóteles, no justo meio entre dois vícios opostos, mas em um dos dois extremos: no extremo que é conforme à razão (o outro extremo é conforme às paixões). Entre virtude e vício não há meio-termo; ninguém é mais ou menos viciado ou virtuoso: é simplesmente virtuoso ou viciado. Como um pedaço de madeira é reto ou curvo, sem possibilidades intermédias, do mesmo modo o homem é ou justo ou injusto, não podendo ser justo ou injusto só parcialmente. De fato, aquele que vive segundo a razão, isto é, o *sábio*, faz tudo bem e virtuosamente, e o que é destituído de razão, o estulto, faz tudo mal e de modo vicioso. E como o contrário da razão é a loucura, o homem que não é sábio é louco.

A prática da virtude, segundo os estoicos, consiste na apatia *(apátheia)*, isto é, na anulação das paixões e na superação da própria personalidade. Somente superando a si mesmo é que o homem pode unir-se ao Logos. Para isso é necessário libertar-se das paixões, que são as cadeias que ligam a alma ao corpo e impedem-na de unir-se ao Logos. Para conseguir esta liberdade de espírito, o homem deve ser indiferente às contingências da vida cotidiana e a tudo o que não está em seu poder.

Para isso é da máxima importância saber distinguir o que é necessário do que não o é, porque muitas preocupações nascem da pretensão de poder mudar a ordem dos acontecimentos necessários. Segundo os estoicos, são "necessários" os acontecimentos que não dependem de nós, e "livres" os que dependem de nossa vontade. Dependem de nós os nossos estados de ânimo; não dependem de nós as condições do nosso corpo e as coisas externas. Com base nesta distinção, Epicteto dá ao homem o seguinte conselho: "Abstém-te, pois, da aversão a qualquer daquelas coisas que não estão em nosso poder, e procura usá-la (a aversão) em relação àquelas coisas que, compreendidas no número das que estão em teu poder, são contrárias à natureza. Abster-te-ás completamente de desejá-las agora porque, se desejares alguma daquelas coisas que não dependem de nós, não poderás evitar seres desventurado; e das coisas que estão em poder do homem, não te pertence por ora nenhuma daquelas que seriam dignas de ser desejadas".

Riquezas, honras, cargos etc. não estão em poder do homem e, por isso, não devem ser procurados. Mas se alguém é chamado para ocupar um cargo público, deve aceitá-lo.

O estoico não é solitário, ao contrário, ele tem sentimento muito vivo de solidariedade humana, porque concebe o indivíduo como parte do Logos. Todos os homens têm a mesma origem e a mesma missão, todos estão sujeitos à mesma lei, são cidadãos do mesmo Estado e membros do mesmo corpo. Todos, enquanto homens, têm direito à benevolência. Também os escravos e os bárbaros inimigos. Sêneca chamava os escravos de *humiles amici* (humildes amigos), condenando os jogos de gladiadores e as guerras, porque todo homem é sagrado para outro homem: *homo res sacra homini* (o homem é coisa sagrada para outro homem) e porque todos somos membros de um mesmo corpo: *membra sumus corporis magni* (somos membros de um grande corpo).

Em certos casos, o estoico admite a liceidade do suicídio. Quando circunstâncias independentes de nossa vontade, como sofrimentos muito grandes, doenças incuráveis etc., tornam impossível o controle das paixões e a vida segundo a razão, o homem faz bem em renunciar à própria vida. Esta renúncia é louvável porque não é feita por motivos hedonistas, mas para identificar-se com o Logos, que vive nas profundezas das coisas.

Como se pode ver facilmente, a moral estoica alcança pontos altíssimos e jamais será suficientemente apreciada a sua exaltação do caráter e da força de ânimo, da racionalidade da vida e da dignidade humana.

Mas a nobreza desta doutrina moral é obscurecida pelos seus pressupostos teóricos incertos ou errôneos, dos quais decorrem graves contradições. Se toda a realidade é corpórea, como dizem os estoicos, o materialismo estende-se também aos valores morais, à virtude e ao bem, e torna-se impossível qualquer escolha livre, pressuposto de todo ato moral.

Também a respeito do ensinamento moral, que exerceu tanta influência na moral cristã (com a qual a ética estoica tem uma relação semelhante à da metafísica aristotélica com a teologia), devemos fazer algumas reservas.

Antes de tudo, o rigorismo excessivo, que tem às vezes aspectos desumanos e visa o ideal de vida às vezes abstrato e quimérico, além de contaminado por traços de egoísmo.

Em segundo lugar, a indiferença "cósmica": o sábio estoico tende a isolar-se do mundo e a considerar as suas vicissitudes históricas com ânimo não só desapegado, mas também indiferente.

Finalmente, o enrijecimento da oposição entre vício e virtude a ponto de excluir tanto a possibilidade de progresso como as variações do mérito, da culpabilidade e da responsabilidade que inegavelmente ocorrem na vida moral.

3. Os epicuristas

O epicurismo, fundado por Epicuro de Samos (falecido por volta de 260 a.C.), é filosofia que, em muitos aspectos, se contrapõe ao estoicismo. Como filosofia, é essencialmente *materialista* (identifica os primeiros princípios das coisas com os átomos e com o vazio), *mecanicista* (todos os fenômenos se reduzem ao movimento e às suas leis), *sensista* (o único conhecimento verdadeiro é o dos sentidos) e *hedonista* (a felicidade consiste no prazer). Vejamos.

a) Em relação ao conhecimento, têm importância as doutrinas sobre respeitantes à sensação e o conceito. Para Epicuro, como para os sofistas, o conhecimento sensitivo é o fundamento de qualquer outro conhecimento; também a razão depende dos sentidos e, se os sentidos se enganam, a razão está condenada a errar. Logo, o critério (cânon) último da verdade é a sensação.

Epicuro rejeita, por isso, tanto a doutrina de Platão (para o qual o conceito era imagem das ideias) como a de Aristóteles (que considerava o conceito como representação da essência das coisas) sobre a natureza e o valor dos conceitos. Ele não podia aderir a nenhuma das duas soluções porque negava tanto a existência de um mundo diferente do mundo da experiência (contra Platão) como a possibilidade de conhecer a essência das coisas (contra Aristóteles).

Oferece, portanto, nova explicação do conceito. O conceito é *prolepse (prolépsis)*, "antecipação". Retendo só os elementos comuns de determinada categoria de seres (por exemplo, de Pedro, Paulo, João, Vicente, Francisco e outros), torna possível a antecipação de experiências futuras, isto é, permite prever as características de uma coisa pertencente a uma categoria que encontraremos no futuro.

b) Para Epicuro, os dois elementos primordiais do mundo são os átomos e o vazio.

Os átomos variam em peso, forma e tamanho;[1] movem-se no vazio e podem desviar-se da direção vertical. É este desvio espontâneo que dá origem às coisas. Sem o desvio *(clinamen)*, nenhum átomo poderia encontrar-se com outro e dar origem ao primeiro conglomerado: cada átomo cairia eternamente ao lado do vizinho.

A doutrina do *clinamen* serve a Epicuro não só para explicar a origem das coisas, mas também para superar o determinismo de Demócrito, o qual, sustentando que os átomos caem sempre em linha reta, chegara à conclusão de que tudo acontece segundo uma lei férrea e de que não pode acontecer nada de novo nem de imprevisto, sequer na esfera humana (determinismo absoluto).

---

[1] Cf. LUCRÉCIO, *De rerum natura*, I, 328-330; 431-434.

Com a doutrina do *clinamen*, Epicuro julga poder salvar a liberdade na natureza e no homem. De fato, podendo desviar-se da linha reta, quando caem, os átomos podem tomar várias direções, e assim não é possível calcular com exatidão e antecedência qual a direção que tomarão.

Entre os seres mais importantes produzidos pelo movimento dos átomos estão os homens e os deuses. Os deuses são constituídos de átomos sutis e redondos; habitam nos *Intermundia*, espaços vazios entre os corpos celestes; passam a vida felizes, sem se interessarem pelos homens, comendo e bebendo. O homem é feito de átomos pesados (o corpo) e de átomos leves (a alma). Ele morre quando os átomos leves se separam dos pesados.

c) A felicidade ou o bem supremo do homem, segundo Epicuro, consiste no prazer *(hedoné).* "Nós dizemos que o prazer é o princípio e o fim da vida feliz, porque reconhecemos que, entre todos os bens, o prazer é o primeiro e o mais conatural a nós".

É sempre pelo prazer que escolhemos fazer ou evitar alguma coisa. "Todos os prazeres são bons justamente em virtude de sua natureza. Mas nem por isso merecem ser escolhidos. (...) Por isso, quando dizemos que o prazer é o bem supremo, não queremos referir-nos aos prazeres do homem corrompido, que pensa só em comer, em beber e nas mulheres".

O prazer no qual, para Epicuro, consiste a felicidade é a vida pacífica, a paz da alma *(tranquillitas animi,* tranquilidade da alma), a ausência de qualquer preocupação: a "ataraxia" *(ataraksía).* O prazer é entendido, portanto, como ausência de dor e não como satisfação das paixões.

A virtude é o meio para conseguir o verdadeiro prazer. Virtuoso é quem aproveita todo deleite com moderação e medida e que limita o seu desejo aos prazeres que não perturbam a alma.

Para a consecução plena da paz da alma, da ataraxia, da felicidade, Epicuro recomenda libertar-se de três preocupações: dos deuses, da morte e da atividade política.

Não há razão para temer a ira dos deuses: não se preocupam com as coisas deste mundo.

Não há razão para temer a morte: quando vem, não existimos mais.

Não vale a pena dedicar-se à atividade política porque é cheia de preocupações.

Pode-se ver, pelo que acabamos de expor, que o epicurismo denota, mais claramente do que o estoicismo, a decadência da sociedade de Alexandria, facilmente disposta a sacrificar qualquer ideal à vida galante, às comodidades, à procura do prazer. Malgrado um sério esforço para elevar-se à concepção filosófica da vida humana, tudo vem viciado desde a origem pelo hedonismo egoísta. Se se fala em amizade e justiça, é com fins interesseiros; se se recomenda a virtude, é porque é considerada a fonte mais segura de prazeres; se se prega o ascetismo, é um ascetismo de voluptuosidade, não apoiado em sentimentos generosos, porque está ausente a noção da espiritualidade da alma e até de Deus. O indivíduo permanece sempre fechado em si mesmo, movido pelo egoísmo calculista que o faz procurar só o interesse pessoal. O epicurismo é, pois filosofia estéril, tanto para a sociedade, da qual ensina a desinteressar-se, quanto para o indivíduo, ao qual priva do estímulo interior sem o qual a vida se arrasta na *aurea mediocritas* (mediocridade dourada), cantada por Horácio.

Apesar disso, o epicurismo contou sempre com numerosos seguidores. A sua moderação atraía os espíritos mais cultos, enquanto o atrativo do prazer sensível e da felicidade conquistava as multidões. Será severamente criticado pelos pensadores cristãos do período patrístico e escolástico, mas conhecerá segundo florescimento na Renascença.

4. Os cépticos

O termo *cepticismo* vem do *sképsis,* que significa "investigação", "procura"; ele quer indicar mais precisamente que a sabedoria não consiste no conhecimento da verdade, mas na sua procura. De fato, o cepticismo sustenta que o homem não pode conhecer a verdade, mas somente procurá-la.

Conhecer a verdade compete a Deus; investigá-la, ao homem. Existem, pois, duas espécies de sabedoria: uma divina, que consiste na investigação da verdade.

Antes de Platão e Aristóteles, já se desenvolvera na Grécia a orientação filosófica essencialmente céptica, o famoso movimento dos sofistas. Revigorou-se e se difundiu largamente durante o período helenístico, principalmente depois que se tornou a doutrina oficial da escola de Platão, a Academia.

Os principais expoentes do cepticismo são Pírron, Carnéades e Sexto Empírico.

PÍRRON

Considerado geralmente como o fundador do movimento; viveu entre 360 e 270 a.C. Depois de participar, como cavaleiro, da campanha de Alexandre Magno no Oriente, voltou para Élis, sua pátria, onde fundou uma escola de filosofia. Ensinou uma forma de cepticismo radical.

Partindo do princípio de que as coisas são inatingíveis ao conhecimento humano, Pírron conclui que para o homem a única atitude cabível é a suspensão *(epoché)* total do juízo: não se pode afirmar de coisa alguma que seja verdadeira ou falsa, justa ou injusta, e assim por diante.

Esta suspensão do juízo leva a considerar todas as coisas como indiferentes ao homem e, consequentemente, a não dar preferência a uma coisa em relação à outra.

De modo que a suspensão do juízo já é, por si mesma, *ataraxia*, ausência de qualquer perturbação e paixão. A felicidade consiste, portanto, na suspensão do juízo.

As doutrinas de Pírron tiveram larga acolhida na Academia. Isto aconteceu quando os platônicos, persuadidos da validade das críticas de Aristóteles, abandonaram a teoria das Ideias. Tirada a base sobre a qual se apoiava a confiança de Platão no conhecimento humano, não restava aos platônicos outra saída senão refugiar-se no cepticismo.

Para distinguir a escola platônica que permaneceu fiel aos ensinamentos do mestre da que, abandonando a teoria das Ideias, aceitou a posição céptica, a primeira foi chamada *Velha Academia*, e a segunda, *Nova Academia*. Os principais expoentes desta última são Carnéades e Sexto Empírico.

CARNÉADES

Carnéades (214-129 a.C.) tempera o cepticismo radical de Pírron, admitindo para o homem a possibilidade de conhecer o que é provável, apesar de não lhe reconhecer o poder de atingir a verdade. Para ele, o sábio é quem, embora sabendo que a verdade é inatingível, não desiste de procurá-la assiduamente. Na vida prática, o sábio segue o que lhe parece mais próximo da verdade e do bem, o que tem a seu favor mais razões para ser considerado como válido, ainda que não se manifeste como absolutamente certo e indiscutível.

SEXTO EMPÍRICO

Sexto Empírico (século II d.C.) dá ao cepticismo a exposição mais sistemática e rigorosa. Por vários motivos julga que o único sistema filosófico possível é o cepticismo. Os principais são os dois seguintes:

a) o desacordo profundo entre os filósofos em relação a qualquer problema;

b) os enganos dos sentidos: o conhecimento varia segundo as condições do sujeito (circunstâncias, saúde), segundo as condições do objeto (distância, posição, ambiente, massas corpóreas) e segundo as relações (frequência dos acontecimentos).

Com Sexto Empírico o cepticismo fecha-se em posição fenomenística que faz mais do que anular a própria possibilidade do saber, porque limita o conhecimento aos fenômenos e às suas relações experimentáveis, eliminando toda indagação em torno das coisas transcendentes, inverificáveis. Toda indagação metafísica é considerada vã porque fundada no princípio de causalidade e no processo silogístico. Ora, Sexto Empírico contesta, ao princípio de causalidade, a necessidade e a universalidade da relação, que é reduzida a mera sucessão de fatos concomitantes ou consecutivos. Quanto ao silogismo, considera-o em exercício formalístico vazio, que encerra o pensamento num círculo-vicioso. Sexto Empírico não reconhece o valor da lógica apodítica de Aristóteles e se abandona à contingência dos acontecimentos.

5. Os ecléticos

Entende-se por *ecletismo* a atitude filosófica para a qual a procura da verdade não se esgota em apenas uma forma sistemática e dedica-se por isso a coordenar e harmonizar entre si elementos de verdade escolhidos em diversos sistemas.

O ecletismo desenvolve-se durante o período alexandrino como reação ao cepticismo.

Diante do desacordo cada vez mais grave e profundo entre os filósofos, os cépticos, como vimos, tinham perdido totalmente a confiança na capacidade da razão humana de atingir a verdade. Já os ecléticos, diante da mesma situação, não julgam correto perder o ânimo, porque, segundo eles, o desacordo é sinal de incapacidade da razão não para atingir a verdade, mas para abranger a verdade com um único olhar. Para eles, o desacordo dos filósofos deve-se ao fato de que, não podendo a mente humana fraca abarcar toda a verdade com um só olhar, este filósofo limita a sua investigação a um aspecto e aquele filósofo a outro aspecto. Assim, estudando aspectos diferentes da realidade, é natural que cheguem a conclusões diferentes. Por isso, para chegar a compreensão adequada das coisas, não se deve confiar em um só filósofo, mas é necessário reunir as conclusões das pesquisas dos melhores entre eles. É o que procuraram fazer os ecléticos do período helenístico: para organizarem sistema filosófico mais completo, reúnem os melhores aspectos das doutrinas de Platão, Aristóteles, Epicuro e Zenão.

CÍCERO

É o mais conhecido expoente da corrente eclética. Em suas obras filosóficas *(Academicae disputationes,* Debates acadêmicos, *Tusculanae disputationes,* Debates tusculanos, *De officiis,* Dos cargos, *De natura deorum,* Sobre a natureza dos deuses, *De finibus bonorum et malorum um,* Sobre o fim dos bons e dos maus, *De republica,* Sobre a república) Cícero mostra-se brilhante expositor de vários sistemas.

Em substância ele adere ao estoicismo e ao platonismo, e rejeita decisivamente o epicurismo. Para ele, a filosofia é a consoladora dos que sofrem, a reveladora do absoluto, a ponte que une ao divino. Contra os epicuristas, prova a existência de Deus, usando o argumento aristotélico do movimento, e a imortalidade da alma, seguindo o *Fédon*.

Boa dose do ecletismo encontra-se também nos Padres da Igreja. O critério do ecletismo cristão é assim formulado por Clemente de Alexandria:

"Quando digo filosofia, não entendo a dos estoicos, nem a de Platão, nem a de Epicuro, nem a de Aristóteles. Tudo o que de bom foi dito nessas escolas e que nos ensina a justiça, junto com a ciência piedosa, a isto em conjunto chamo filosofia".[2]

---

[2] *Stromata,* I, 37,6.

BIBLIOGRAFIA

Sobre os estoicos:

O estudo mais completo e mais aprofundado sobre os estoicos e sobre as suas doutrinas é o de POHLENZ, M., *Die Stoa*, Gotinga, 1954-1955, 2ª ed., 2 volumes. Além dele, serão úteis os seguintes: ROTTA, P., *Gli Stoici*, Bréscia, 1943; BREHIER, E., *Chrisippe et l'ancien stoicisme*, Paris, 1951, 2ª ed.; SAUNDERS, J. L., *Greek and Roman Philosophy after Aristotle*, Londres, 1966; MANCINI, G., *L'etica stoica da Zenone a Crísippo*, Pádua, 1940, 2ª ed.; BRIDOUX, A., *Le stoicisme et son influence*, Paris, 1966; MIGNUCCI, M., *Il significato della lógica stoica*, Bolonha, 1967.

Sobre os epicuristas:

TREZZA, G., *Epicuro e l'epicureismo*, Milão, 1885; BIGNONE, E., *L'Aristotele perduto e la formazione filosófica di Epicuro*, Florença, 1934, 2 volumes; CAPONE BRAGA, G., *Studi su Epicuro*, Milão, 1951; DE WITT, W., *Epicurus and his Philosophy*, Minneapolis, 1954; GUYAU, G. M., *La morale d'Épicure*, Paris, 1927, 7ª ed., PESCE, D., *Epicuro e Marco Aurélio*, Florença, 1969.

Sobre os céticos:

DAL PRA, M., *Lo scetticismo greco*, Milão, 1950; PATRIK, M.. M., *The Greek Skeptics*, Nova Iorque-Londres, 1929; ROBIN, L., *Pyrrhon et le scepticisme y te*, Paris, 1944; ROBIN L., *Les sceptiques grecs*, Paris, 1950.

Sobre os ecléticos:

MONDOLFO, R., *Il pensiero antico*, Roma, 1929; CAPELLE, W., *Die gríechiscbe Philosophie*, IV: *Von der Mten Stoa bis zum Eklektizismus*, Berlim, 1954.

XIII
OS PENSADORES DE ALEXANDRIA

1. Filosofia e religião

No início da era vulgar, tendo o cepticismo abalado em seus fundamentos a confiança na capacidade cognitiva do homem, era natural que os espíritos, ansiosos por encontrarem resposta para os angustiantes problemas da vida, abandonassem a filosofia e se voltassem para outras direções. E como se verificava naquele tempo extraordinário florescimento religioso, também no mundo greco-romano, em decorrência do aparecimento do cristianismo e da difusão rápida das religiões orientais, os espíritos cultos dirigiram-se à religião à espera de solução para as questões últimas relativas ao homem e ao universo.

Alguns espíritos mais atentos não tardaram, contudo, a notar a grande afinidade entre a visão de conjunto da religião e as de Platão, Aristóteles e dos estoicos, e preparam-se para fundi-las em síntese harmoniosa. Originaram-se assim três correntes filosóficas principais: a primeira realiza a síntese entre a filosofia grega (especialmente a platônica) e a religião hebraica; a segunda, entre a filosofia grega e a religião cristã; a terceira, entre a filosofia grega e as religiões pagãs. Surgiram assim os três movimentos filosófico-religiosos denominados *platonismo judaico, platonismo cristão* ou *patrística* e *platonismo pagão* ou *neoplatonismo.*

No capítulo presente, estudaremos brevemente alguns expoentes dos dois primeiros movimentos, todos do mesmo lugar, Alexandria, o centro mais florescente da cultura helenística. São: Fílon, Clemente e Orígenes, os dois últimos, cristãos.

2. Fílon

Os estudiosos de nosso século são unânimes em ver em Fílon (13 a.C.-40 d.C.) o fundador da filosofia religiosa.[1] Foi, com efeito, o primeiro a procurar efetuar uma síntese entre a Sagrada Escritura e a filosofia de Platão.

Segundo Fílon, a visão platônica da realidade é idêntica, em substância, à da Bíblia. Ele chegou a esta conclusão, que a muitos pode parecer paradoxal, mediante a *interpretação alegórica* da Escritura. Com tal interpretação (da qual se pode dizer que Fílon foi o inventor), ele, por um lado, conseguiu eliminar as aparentes oposições entre o que ensina Platão e o que diz o texto sagrado, e, por outro lado, descobriu na Bíblia doutrinas platônicas que, ao que parece, ela não contém.

Na síntese filoniana, o universo apresenta uma estrutura piramidal. O vértice da pirâmide é ocupado por Deus. Entre o vértice e a base estende-se uma série de seres tanto mais perfeitos e menos numerosos quanto mais próximos de Deus, e tanto menos perfeitos e mais numerosos quanto mais próximos da matéria. Deus e a matéria são eternos e incriados, ao passo que todos os seres intermédios são criados: imediatamente por Deus os espirituais; mediatamente, isto é, com o auxílio dos seres espirituais, os corpóreos.

A parte superior da pirâmide é ocupada pelos seres espirituais, na seguinte ordem: Deus, Logos, Potências, Ideias. O Logos e as Potências são os demiurgos, os cooperadores que ajudam Deus na criação e no governo do mundo. As Ideias são os modelos espirituais dos quais Deus e seus ministros se servem para criar as coisas materiais. Uma das Ideias que ocupam posição de relevo é a do homem.

A parte inferior da pirâmide é ocupada pelas coisas corpóreas. O homem encontra-se na zona limítrofe entre as duas partes. Mas esta sua posição não é definitiva; ele tem a possibilidade de separar-se do mundo corpóreo e de subir até Deus. É o que lhe compete fazer na vida presente; a isto Deus o chama e para isto lhe dá o seu auxílio. Praticando a ascese, desapegando-se dos sentidos e de tudo o que é corpóreo e o fascina, ajudado pela revelação divina, especialmente por aquela contida na Lei, o homem pode retornar à esfera das Ideias; pode mesmo subir mais

---

[1] Cf. WOLFSON, H., *Religious Philosophy,* Cambridge, 1961.

alto, até às Potências, ao Logos e ao próprio Deus. Na contemplação do mundo invisível e no êxtase divino ele realiza a sua plena felicidade.

3. Clemente de Alexandria

Clemente de Alexandria (150-215) teve o mérito de ter sido o primeiro pensador cristão a tentar em relação ao cristianismo o que Fílon fizera em relação ao judaísmo, isto é, uma síntese dos ensinamentos da revelação cristã com a filosofia grega.

Tinha ele as condições ideais para isto. Nascido numa rica família pagã, recebera, no tocante à filosofia e à literatura gregas, uma formação não comum. Convertido ao cristianismo, não renunciou à cultura clássica, mas levou-a consigo para a nova religião. Quem se der ao trabalho de ler um ou outro de seus livros verificará com quanta profusão ele cita os autores gregos, de Homero aos contemporâneos: os épicos, os trágicos, os líricos, os filósofos, os oradores, os historiadores. Pode-se dizer que não omite um só.

Mas na sua elaboração da "filosofia cristã", como a chama, Clemente atribui à filosofia grega papel diferente do que lhe atribuíra Fílon. Este, como vimos, não se limitando a tomar de Platão alguns conceitos-chave, fizera sua a visão platônica da realidade: as Ideias, o Logos, as Potências, o Demiurgo. Para Fílon, a filosofia não tem, pois, somente função metodológica e propedêutica, mas também constitutiva (enquanto faz parte material do seu universo religioso).

Quanto a Clemente, evita decididamente, na estrutura do seu universo religioso, qualquer sincretismo de elementos platônicos com elementos cristãos. O seu universo é todo e só o da revelação cristã. Na origem de todas as coisas está Deus (uno e trino), que é o criador do mundo, dos anjos e do homem. Tendo o homem caído em pecado, Deus Pai mandou o Filho para salvá-lo. Jesus, além de salvador, é também o grande pedagogo no qual o cristão deve inspirar-se em todos os momentos de sua vida.

A filosofia, para Clemente, exerce somente a função propedêutica à fé cristã. "O que foi a Lei para os judeus, foi-o a filosofia para os gentios, até a vinda de Cristo".[2] Ambas serviram para preparar os homens

---

[2] *Stromata*, VI, c. 17, n. 159.

para a fé cristã. "Deus deu a Lei aos judeus e a filosofia aos gentios para impedir que não acreditassem na vinda de Cristo. Por isso, quem não crê não tem atenuante. Porque, mediante dois processos diferentes de aperfeiçoamento, ele guia gregos e bárbaros para a perfeição da fé".[3] "A filosofia foi dada aos gregos como pacto especial reservado a eles, como degrau para subirem à filosofia que é conforme a Cristo".[4]

A filosofia não serviu só para predispor os gregos para a vinda de Cristo; a sua função propedêutica não se esgotou com o aparecimento da religião cristã. "Antes da vinda de Cristo, a filosofia era indispensável aos gregos para conduzi-los à justiça; agora é útil para conduzi-los ao culto de Deus. Exerce ação propedêutica para os espíritos que querem chegar à fé racionalmente".[5] "Creio que a filosofia grega não encerra a verdade em toda a sua extensão; creio também que é radicalmente incapaz de fazer praticar os mandamentos do Senhor. Apesar disso, é útil enquanto prepara o caminho para a doutrina régia por antonomásia; a seu modo torna o homem sábio, forma o seu caráter e o prepara para deixar-se compenetrar pela verdade, contanto que acolha a doutrina da Providência divina".[6]

Esta doutrina a respeito das relações entre a filosofia grega e a religião cristã assume significado histórico extraordinário quando se pensa que no tempo de Clemente, os cristãos, tanto do Oriente como do Ocidente, sentiam aversão à filosofia. Dois dos maiores apologistas, Taciano e Tertuliano, haviam sustentado energicamente a impossibilidade de qualquer acordo entre filosofia grega e cristianismo. Para eles, a única justificação da fé cristã era a tradição apostólica, a qual basta para a Igreja reivindicar doutrina mais antiga do que os desvios heréticos, uma posse da verdade que vem dos Apóstolos. Fora desta, não é possível nenhuma outra apologia. Não é possível convencer os filósofos pagãos, mostrando-lhes a racionalidade das doutrinas cristãs. Elas não têm nenhuma afinidade com as doutrinas dos filósofos e devem ser aceitas ainda que pareçam absurdas; antes, o seu aparente absurdo é garantia de sua verdade: *credo quia absurdum* (creio porque absurdo).

---

[3] *Ibid.*, VII, c. 2, nn. 10 e 11.
[4] *Ibid.*, VI, c. 8, n. 67.
[5] *Ibid.*, I, c. 5, n. 28.
[6] *Ibid.*, I, c. 17, fim.

Com a doutrina da função propedêutica da filosofia para a revelação, Clemente teve o mérito de ter superado a antinomia entre pensamento humano e verdade cristã e de ter dado assim o direito de cidadania, no seio do cristianismo, à filosofia grega e, com ela, a tudo o que pertence à razão e à natureza humana. Com Clemente, a Igreja deu um dos passos mais significativos de sua história: não se colocou contra, mas com a razão, não contra, mas com o homem. Com a solução de Clemente, a Revelação não foi interpretada como condenação da natureza humana, mas como reabilitação dela, da razão e da liberdade: como restabelecimento do homem e de suas faculdades dentro da ordem divina, subvertida pelo pecado original. O princípio segundo o qual a graça não destrói, mas eleva a natureza, princípio básico do cristianismo, encontrou em Clemente o primeiro grande teórico e um dos mais autorizados defensores de todos os tempos.

4. Orígenes

Orígenes (185-254) é um dos maiores engenhos do cristianismo, uma sumidade como teólogo e como exegeta. Notáveis são as suas interpretações alegóricas da Sagrada Escritura. No que se refere à filosofia, o aspecto mais importante e original de sua especulação é a tentativa de dar interpretação filosófica à doutrina cristã da origem e do fim das coisas, servindo-se para isso principalmente da filosofia dos estoicos e de Platão.

O mundo, segundo Orígenes, foi criado por Deus, mas é eterno. A criação *ab aeterno* (desde a eternidade) é exigida pela imutabilidade de Deus.

Para a criação do mundo Deus se serviu do Logos, que é filho de Deus e Deus, mas inferior ao Pai (como o Espírito Santo é inferior ao Filho).

O Logos cria, antes de tudo, o mundo dos espíritos *(rationabiles naturae*, naturezas racionais) ao qual pertencem também as almas dos homens. Os espíritos, sendo finitos, não são bons por natureza, isto é, por essência, como a divindade, mas por sua escolha. Ora, sendo eles *convertibiles* et *mutabiles* (conversíveis e mutáveis), todos, uns mais, outros menos, se afastaram de Deus.

A sua queda deu origem à criação do mundo sensível como lugar de expiação dos pecados. No mundo sensível há vários tipos de matéria, de proporções correspondentes aos pecados que os espíritos devem expiar.

A libertação do pecado é obra da encarnação do Logos, Jesus Cristo. Os frutos da redenção não se limitam ao gênero humano, mas estendem-se a todos os espíritos, inclusive ao demônio. Assim a Redenção efetua o retorno de todas as criaturas a Deus. Este retorno universal chama-se *apocatástasi* (restauração).

BIBLIOGRAFIA

MONDIN, B., *Filone e Clemente, Saggio sulle origini delia filosofia religiosa*, Turim, 1969; DE MADDALENA, A., *Filone Alessandrino*, Milão, 1970; WOLFSON, H., *Philo*, Cambridge, Mass., 1948, 2 volumes; LAZZATI, G., *Introduzione allo studio di Clemente*, Milão, 1939; OSBORN, E. F., *The Philosophy of Clement of Alexandria*, Cambridge, 1957; KERR, H. T., *The First Sistematic Theologian, Origen of Alexandria*, Princeton, 1958; CROUZEL, H., *Origène et la philosophie*, Paris, 1962.

XIV
PLOTINO

Plotino é o fundador e o principal expoente do neoplatonismo. Este sistema se desenvolveu em Alexandria depois do platonismo judaico (com Fílon) e do cristão (com Clemente e Orígenes) e fez sua a característica fundamental de ambos, ou seja, a realização de uma síntese do pensamento filosófico com o pensamento religioso. Desta vez, porém, a síntese não foi o resultado do encontro da filosofia de Platão com a religião revelada, mas com as religiões pagãs orientais.

A intenção do neoplatonismo é fornecer às classes cultas e aos espíritos elevados uma visão da vida que possa competir com a visão do judaísmo e do cristianismo, seja como expressão doutrinal, seja como impulso do espírito em direção aos mais elevados cumes da moral e da mística.

O neoplatonismo supera definitivamente a antiga religião mitológica. Para ele, as divindades do mundo grego são expressões poéticas de atributos divinos e criações fantasiosas do sentimento popular. Deus é único em si mesmo, totalmente distinto do mundo, e a sua natureza não pode ser expressa por ideias e conceitos humanos. A sua perfeição e transcendência são tais que tornam impossível qualquer contato direto entre Deus e as criaturas. As criaturas procedem de Deus sem que ele o saiba.

Plotino nasceu em Licópolis, no Egito, em 205. Estudou em Alexandria, na escola de Amónio Sacas, junto com Orígenes. Aos quarenta anos transferiu-se para Roma, onde fundou uma escola que teve enorme sucesso. Morreu em sua vila na Campanha em 270. Porfírio, um de seus discípulos mais inteligentes e devotados, recolheu seus escritos e os dividiu em seis grupos de nove livros cada um; a obra recebeu por isso a designação de *Enéadas*.

O empenho maior da reflexão filosófico-religiosa de Plotino é dirigido para o Absoluto e para as nossas relações com ele. Aristóteles pusera o primeiro Motor acima do mundo e das Inteligências motoras, mas não esclarecera satisfatoriamente suas relações conosco e com as coisas. Ainda mais obscura era a situação ontológica de Deus na visão filosófica de Platão.

Valendo-se de sugestões que lhe vinham do hebraísmo e do cristianismo, Plotino está em condições de superar os limites da especulação de Platão e Aristóteles, de desenvolver conceito mais profundo do Absoluto e de determinar com mais clareza suas relações conosco e com as coisas.

A existência do Absoluto pode ser conhecida imediatamente, sem necessidade de demonstração. Que o Absoluto existe, vemo-lo de tudo o que vem depois dele, de todo o universo, que dele procede e por ele existe. As dificuldades em torno da existência ou do porquê da existência do Absoluto surgem de certas imagens falsas pelas quais procuramos representar-nos a sua realidade. Imaginamos, por exemplo, um lugar semelhante ao caos dos poetas, supomos que o Abosluto chegou a ele de improviso e procuramos saber como ele chegou lá, partindo não se sabe de quais remotas regiões do universo. Ora, o Absoluto transcende qualquer determinação de lugar como também qualquer existência determinada: dele se pode dizer somente que é, sem pretender atribuir-lhe nenhuma coisa do exterior.[1]

As grandes pilastras da filosofia de Plotino em torno do Absoluto, que ele chama o Um, são os conceitos de simplicidade e de transcendência. Tais conceitos exigem que se exclua do Um qualquer qualidade positiva. Por este motivo, Plotino é considerado, com *razão, o* fundador da *teologia negativa.*

Ao Um não se pode atribuir nenhuma qualidade positiva porque isso importaria em reconhecer-lhe composição e, consequentemente, em rebaixá-lo ao nível das criaturas. Por isso, a ele não se pode atribuir nada: nem a vida, nem o ser, nem a virtude, nem o pensamento. "O Um", diz Plotino, "é destituído de forma, mesmo da forma inteligível, já que, sendo a sua natureza geradora de todas as coisas, não é nenhuma delas. Não é, portanto, nem substância, nem quantidade, nem pensamento,

---

[1] *Enéadas*, VI, 8, 11.

nem alma; não se move nem está em repouso, não está em um lugar, nem em um tempo, mas permanece uniforme em si mesmo, melhor, sem forma, transcendendo toda forma, o movimento e o repouso: de fato, estas qualidades dizem respeito ao ser e o tornam manifesto. Mas, se ele não se move, não poderíamos dizer que está em repouso? Não, porque, tratando-se do ser, é necessário que ele seja um ou outro dos dois opostos ou os dois simultaneamente".[2]

Este pensamento é repetido em muitíssimos outros textos. Entre os mais significativos, recordemos os seguintes.

"O Um", afirma Plotino, "não é alguma das coisas das quais é princípio, porque nada se pode predicar dele, nem o ser, nem a substância, nem a vida: está acima de todas estas coisas".[3] "Não é sequer pensamento porque nele não há alteridade, nem movimento, sendo anterior ao movimento e ao pensamento. De fato, que pensaria? A si mesmo? Ele seria então superior ao pensamento sem sabê-lo e teria necessidade de pensar para conhecer-se, ele, que é autossuficiente. Mas, se não conhece e nem pensa a si mesmo, nem por isso é ignorante em relação a si; isto porque a ignorância é sempre motivada pela alteridade, a saber, pelo fato de um ignorar o outro. Mas ele, o Só, não conhece coisa alguma e, ao mesmo tempo, não existe coisa alguma que ignore. Unidíssimo consigo mesmo, o Um não precisa da autoconsciência, uma vez que não se pode atribuir-lhe a unidade consigo mesmo como princípio de sua conservação. Devemos por isso negar-lhe o pensar, a consciência e o conhecimento de si e dos outros: porque devemos considerá-lo não segundo a forma do sujeito pensante, mas segundo o ato do pensamento. Com efeito, o pensamento não pensa, mas é causa do pensamento para os outros: ora, a causa não é a mesma coisa que o causado, e a causa de todos não é a totalidade. Não se pode, pois, chamá-lo o Bem pelo fato de produzir o bem; mas em outro sentido, é o Bem que está acima de todos os outros".[4] Por isso, "se o pensas como pensamento, é mais; se o consideras como unidade, ainda é mais; e assim sempre, ainda que, impelindo a inteligência ao máximo da simplicidade, o imagines como Deus, porque ele é em si e não é atingido por nenhum acontecimento".[5]

---

[2] *Ibid.*, VI, 9, 3.
[3] *Ibid.*, III, 8,10.
[4] *Ibid.*, VI, 9,6.
[5] *Ibid.*, 1. c.

Eis por que o Um "além disso, é inefável no verdadeiro sentido do termo. Porque qualquer palavra que pronuncies exprime sempre 'alguma coisa'. Apesar disso, a expressão 'além de tudo' e esta outra 'além do Espírito venerável ao máximo' são as únicas que correspondem à verdade, porque, em última análise, elas não são denominações que sejam diferentes do que ele é, pois não é uma coisa entre todas as outras; e é inominado, precisamente porque não sabemos dizer nada a seu respeito, mas apenas tentamos, do melhor modo que podemos, dar alguma indicação a respeito dele, somente para o nosso uso. (...) Sendo assim, o que é sobremaneira simples, acima de todas as coisas, não pode ter pensamento sobre si mesmo, já que, se o tivesse, haveria multiplicidade. Em conclusão, não pensa a si mesmo; e nós também não podemos pensá-lo. Por que então falamos dele? Na verdade, nós apenas balbuciamos alguma coisa a respeito dele, mas, com certeza, não exprimimos a ele mesmo, nem temos dele conhecimento ou pensamento. Por que então o nosso falar dele, se não temos a sua posse em nosso pensamento? Sim, na verdade, nós não o conhecemos em sua completude; não obstante, conhecemo-lo de algum modo, o que nos permite falar dele sem, contudo, exprimirmos propriamente a ele mesmo. Na verdade, dizemos o que não é; mas, o que é não sabemos dizê-lo. Concluindo, para falarmos dele, partimos das coisas posteriores; além disso, nada nos proíbe de termos a sua posse, embora possível apenas tacitamente. Antes, como os que o deus inspira e invade têm, por assim dizer, o vago sentimento de encerrarem no próprio peito algo maior do que eles — embora ignorem o que seja —, dos impulsos pelos quais são sacudidos e pelos quais falam, extraem também não sei qual advertência do que os sacode, se bem que os impulsos como tais sejam bem diferentes do deus que os agita; assim nós também nos comportamos como ele mais ou menos do mesmo modo — se o nosso espírito é puro — e vaticinamos a nós mesmos que ele é o Espírito íntimo, o que concede generosamente o ser e tudo o mais que faz parte desta ordem. Mas Deus é tal que, sem dúvida alguma, não se identifica com estes valores e não só é algo bem mais alto do que o que chamamos "ser", mas é ainda mais e tem mais valor do que todo o nosso falar, uma vez que; além do mais, ele transcende palavra, espírito e sensibilidade: essas coisas ele concede generosamente, sem ser nenhuma delas".[6]

[6] *Ibid.*, V, 3, 13 e 14.

O Um é a realidade suprema da qual se originam todas as outras. De que modo? Segundo Plotino, as coisas não podem proceder do Um por criação, porque a criação comportaria atividade da parte do Um; ora, qualquer atividade implica distinção entre agente e paciente, sendo, por isso, contra a natureza do Absoluto, que é de ser um.

As coisas procedem do Um de modo tal que deixam intacta a sua unidade. Segundo Plotino, isto se verifica pelo processo de emanação. Ela não é ação do Um, mas, antes, "furto das criaturas". A emanação deixa intacta a unidade do Absoluto, porque as coisas procedem dele sem que ele o saiba, sem subtraírem nada de sua perfeição.

Para descrever como as coisas procedem do Um, Plotino recorre a várias imagens, das quais as mais belas são as dos raios do sol, dos ramos da mesma planta e dos rios que procedem da mesma fonte. "O Um", afirma ele, "é a potência de todas as coisas; se ele não existisse, nada existiria: nem a inteligência, nem a vida primeira, nem a vida universal. O que é acima da vida é causa da vida; a atividade da vida, que é todas as coisas, não é anterior a ela, mas brota dela como de fonte. Imagine-se uma fonte que não tenha princípio e que se espalhe por todos os rios, sem que os rios a esgotem, e que permaneça sempre tranquila. Os rios que saem dela correm todos juntos antes de se separarem em direções diferentes, mas cada um já sabe para onde a correnteza o levará. Ou imagine-se a vida de uma árvore enorme que a percorre toda, enquanto seu princípio permanece imóvel, sem se dispersar por toda a árvore, porque reside na raiz. Ele dá à planta toda a sua multíplice vida, mas, não sendo múltiplo e, sim, o princípio da multiplicidade, permanece imóvel. E não é de admirar — ou seria mesmo o caso de maravilhar-se — que a multiplicidade de vidas proceda do que não é múltiplo e que não exista multiplicidade se antes dela não existir o que não é múltiplo. O princípio não se divide pelo universo; se ele se dividisse, o universo pereceria; e não renasceria mais se o seu princípio não permanecesse em si mesmo, diferente de tudo. Por isso, sempre se volta a uma Unidade. E para cada coisa existe uma unidade à qual é preciso voltar; e cada ser volta à unidade que existe antes dele, mas que ainda não é o Um absoluto, até chegar ao Um absoluto; este não remete a nenhum outro. Quando se aprende a unidade da planta — isto é, o seu princípio imóvel — ou a unidade do animal ou a do universo, aprende-se o que de mais poderoso e precioso existe em cada um deles. E quando conhecemos o Um que pertence aos seres realíssimos e que é o seu princípio, a sua fonte e a sua força, devemos, por acaso, desconfiar e pensar que não é nada? Sem dúvida, este princípio não é nenhuma das coisas das quais é princípio, uma vez que nenhuma delas se pode predicar dele, nem o ser, nem a substância, nem a vida: está acima de todas estas coisas. Se o alcançares, fazendo abstração do ser, ficarás admirado. Mas se te dirigires a ele e, atingindo-o, repousares nele, poderás concebê-lo melhor, penetrando-o com o teu olhar, e contemplarás a sua grandeza através dos seres que são depois dele e por ele".[7]

Procedendo as coisas do Um por emanação e não por criação, Plotino, logicamente, não faz todas elas provirem dele simultânea e imediatamente, mas em certa ordem: primeiro as mais perfeitas, depois as menos perfeitas. Antes de todas, a Inteligência ou *Nous,* a única realidade que tem origem imediata no Um. Da Inteligência procede a Vida; da Vida, a alma universal e da alma universal, a alma de cada homem. A última emanação que procede do Um é a matéria. Esta é a emanação mais pobre e imperfeita. Enquanto procede do Um, é boa; enquanto é o limite mais baixo e distante da emanação e oposta ao Um, é má. A matéria é má porque priva da perfeição do Um, e não porque seja princípio autônomo do mal, como queriam os maniqueus. A matéria, como última emanação, é um quase-nada; por isso, é fonte do mal, da caducidade, da ignorância e da morte. Mas não é o mal absoluto; é antes a negação do bem, como as trevas são a negação da luz.

Já na Inteligência e, de forma sempre mais acentuada, nas emanações sucessivas, desaparece a simplicidade do Um e insinua-se a multiplicidade. Pois "a Inteligência não contempla um único objeto, porque, mesmo quando contempla o Um, não o contempla como um; do contrário, a Inteligência não seria gerada. Começando como uma, não permanece como começou, mas torna-se múltipla inconscientemente, como se dormisse, e se desdobra no desejo de possuir tudo — melhor teria sido para ela não ter querido isto, porque, assim, ela se tornou o segundo princípio — como um ponto que, ao desdobrar-se, torna-se figura, circunferência, superfície, centro ou raios, um alto e um baixo; melhor é o lugar de onde partem os raios, pior é aquele para o qual todos tendem. De fato, o centro não equivale ao centro e à circunferência em

[7] *Ibid.,* III, 8,10.

conjunto, e o centro e a circunferência não equivalem ao centro sozinho. Em outras palavras, a Inteligência não é inteligência de uma coisa só, mas é inteligência universal e, por isso, também de todas as coisas. É necessário, pois, que ela seja todas as coisas e pense todas elas, e que cada uma de suas partes possua o universo e seja todas as coisas. De outro modo, a Inteligência teria uma parte que não seria inteligência e seria composta de partes que não seriam inteligência; ela seria, assim, um amontoado de coisas à espera de que todas aquelas partes se tornassem inteligência. Por isso, a Inteligência é infinita; e se alguma coisa emana dela, não há diminuição nem para a coisa emanada, porque também ela é todas as coisas, nem para a inteligência emanante, porque ela não é agregado de partes".[8]

Ponto de passagem obrigatório da emanação e seu centro nevrálgico é o homem. Ele é composto de alma e corpo. A alma é distinta do corpo e preexiste a ele, porque é uma emanação de grau superior. A união de alma com o corpo é explicada por Plotino não como punição por culpa precedente, mas como resultado da necessidade que governa a emanação que procede do Um.

A constituição heterogênea do homem (alma e corpo) gera nele um contraste de tendências: conversão (ou tendência da alma para o alto) e dispersão (ou tendência da alma para baixo).

Posta entre dois limites igualmente indefiníveis, entre o Uno, inesgotável e abissal fonte de vida, e a matéria, fundo irracional de fenômenos sensíveis, a alma individual é, ao mesmo tempo, compêndio de todo o universo e campo de batalha no qual é decidida a sorte deste último.

A missão própria da alma é restabelecer a unidade original das coisas, reconduzindo-as todas ao Um.

O retorno da alma ao Um é obra da liberdade; se a sua inclinação ao corpóreo é fatalidade que escapa à sua consciência, a ascensão aos planos superiores do ser só é possível graças ao empenho de toda a alma, exposta ao risco, à incerteza: viver passionalmente é fácil, porque instintivo, embora a alma acabe perdendo-se neste emaranhado; elevar-se ao Belo, ao Verdadeiro, ao Bem é difícil, porque exige o empenho da vontade: e, no entanto, é através desta fadiga que ela se reencontra e se instaura no Ser. O ritmo de sua vida situa-se aqui, neste oscilar entre

---

[8] *Ibid.*, III, 8, 8.

necessidades biológicas e liberdade espiritual, e entre instinto e vontade, entre inconsciência e difícil despertar.

Para a alma, caída aqui embaixo entre coisas efêmeras e vãs, o primeiro dado são as aparências fenomênicas: elas suscitam nela angústias, temores, sofrimentos e também prazeres e assombros. Na realidade, o mundo sensível, último produto da geração divina, é, sim, o cenário da caducidade, mas também anúncio do Invisível, complexo de ocasiões preciosas. E a alma só pode compreender o sentido desta mensagem e destas ocasiões porque, sob o peso das emoções provocadas pelas coisas, reconhece, em consequência do contraste, o impulso de sua profunda tensão ao Uno. A alma é amor: o pensamento é desejo, mas desejo polarizado. Se não fosse assim, a sua liberdade não passaria de mero arbítrio, já que ser livre é poder realizar o próprio destino, isto é, reencontrar-se e reunir-se consigo mesmo, não fora do Absoluto, mas nele e com ele. A liberdade não contradiz a necessidade metafísica, mas identifica-se com ela e tem significado somente quando não coincide com a ausência dos valores, mas é condicionada pela realidade em cuja livre aceitação se realiza a sua destinação divina.

O retorno da alma torna-se possível, pois, por uma tensão natural e originária, a qual, embora afirmada no começo como impulso obscuro e quase inconsciente, é suficiente para determinar sentimento de desgosto por tudo o que é múltiplo e mutável.

As etapas do retorno da alma ao Um são três:

— *Ascese ou catarse:* exercitando-se nas quatro virtudes cardeais a alma liberta-se do domínio do corpo e dos sentidos.

— *Contemplação:* conhecimento do Um mediante a filosofia.

— *Êxtase:* união mística, imediata, com o Um. Pelo êxtase, a alma supera o conhecimento filosófico, une-se ao Um e confunde-se com ele. "No ato de contemplar o Um, a alma é tomada de alegria e recebe de sua visão como que um choque; e então tem consciência de ter em si alguma coisa dele, e nesta disposição é consumida pelo desejo, até que finalmente sente em si o que há tanto tempo procurava. Inflamada de amor por ele, a alma despoja-se de todas as suas formas, também da forma inteligível que estava nela; (...) em seguida, ela o vê aparecer de improviso dentro de si, não havendo mais nada entre ele e ela: já não há dois, mas Um".[9]

[9] *Ibid.*, VI, 7, 31.

Esta, em suas linhas gerais, a estupenda síntese filosófico-religiosa de Plotino. É síntese fascinante pela vastidão do conjunto e pela simplicidade da estrutura, pela profundeza filosófica e pela sensibilidade religiosa. Por tais motivos exerceu ela grande influência em todos os filósofos e teólogos posteriores.

O mérito maior de Plotino é ter superado: *a)* o pluralismo platônico e aristotélico que admitia uma multiplicidade de princípios eternos (matéria, Ideias, demiurgo, Motor imóvel), fazendo toda a realidade proceder de apenas uma raiz divina; *b)* o dualismo maniqueísta (que via no mal um princípio último igual ao bem), enquanto a matéria que, para Plotino, é a raiz do mal, não é princípio em si, mas procede do Um; *c)* o dualismo epistemológico que punha entre filosofia e religião distância intransponível. O princípio da harmonia entre fé e razão permite a Plotino enriquecer a gloriosa tradição filosófica grega com a riquíssima experiência religiosa do seu tempo, chegando a resultados imprevistos, sobretudo na ética. A ética plotiniana não é mais naturalista como a de Platão, de Aristóteles e dos estoicos, mas ultraterrena e transcendente: o fim do homem é Deus.

Não faltam, contudo, algumas sombras no pensamento de Plotino. As mais graves são: *a)* a concepção de Deus: sublime no aspecto negativo, corre o risco de perder todo o conteúdo pela omissão do aspecto positivo; *b)* a concepção do homem que, em substância, se identifica com o dualismo platônico e estabelece entre alma e corpo laços muito frágeis; *c)* a doutrina da emanação não é apta para salvaguardar a onipotência e a liberdade de Deus nem a sua transcendência absoluta.

PORFÍRIO E PROCLO

Plotino teve muitos seguidores de grande valor. Os mais ilustres são Porfírio (232-303) e Proclo (410-485). Do primeiro já falamos: ele reuniu e organizou as *Enéadas,* sendo também autor de célebre introdução à lógica de Aristóteles, denominada *Eisagogé* (Introdução). O segundo tem o mérito de ter ampliado e levado aos últimos desenvolvimentos a teoria plotiniana das emanações. A sua obra principal é a *Teologia Platônica.* Mas as ambições filosóficas de Proclo não se limitavam a aprofundar as doutrinas de Plotino. O seu grande sonho era construir uma síntese filosófico-religiosa mais ampla, reservando nela um lugar não só para o essencial da filosofia de Platão, mas também para algumas grandes teses da metafísica de Aristóteles. Em numerosos comentários às obras dos dois maiores filósofos gregos, Proclo procurou mostrar que as contradições entre as concepções de ambos são apenas aparentes. Elas devem ser atribuídas mais a diversidade de método do que a divergências de doutrina. Aristóteles fala de coisas sensíveis, enquanto Platão fala do mundo inteligível; as suas doutrinas são, na verdade, complementares e abrangem todo o real, das coisas sujeitas à geração e à corrupção até a origem inefável dos seres.

Esta tentativa de conciliar Platão e Aristóteles foi de enorme importância para a assimilação do aristotelismo pelo cristianismo: mostrou que a filosofia de Aristóteles não era incompatível com a filosofia religiosa e assim preparou o caminho para a admissão da filosofia de Aristóteles na teologia cristã.

A característica principal do sistema de Proclo é a concepção triásica do processo de emanação. Toda emanação tem tríplice aspecto: *a)* participa do princípio superior e, enquanto participa, permanece nele: *moné* (permanência); *b)* difere do princípio e, enquanto difere, sai dele: *próodos* (emanação); *c)* deseja adquirir uma perfeição maior e, para isso, retornar ao seu princípio: *epistrofé* (retorno).

Das três emanações — ser, vida e pensamento — a mais imperfeita é o ser.

BIBLIOGRAFIA

Sobre Plotino:

FAGGIN, G., *Plotino*, Milão, 1945; BREHIER, E., *La philosophie de Plotin*, Paris, 1961, 2ª ed.; INGE, W. R., *The Philosophy of Plotinus*, Londres, 1929; CARBONARA, C., *La filosofia di Plotino*, Nápoles, 1964; ARMSTRONG, A. H., *The Architecture of the Intelligible Universe in the Philosophy of Plotinus*, Amsterdã, 1967, 2ª edi.

Sobre Proclo:

ROSAN, L. J., *The Philosophy of Proclus*, Nova Iorque, 1949; MARTANO, G., *L'uomo e Dio in Proclo*, Nápoles, 1952.

XV
AGOSTINHO DE HIPONA

O cristianismo não é uma filosofia, mas uma mensagem de salvação, tendo sido reconhecido como tal desde o começo. Mas, com o passar do tempo, ele se tornou fermento poderoso também para a renovação da filosofia, restituindo à razão a confiança em si mesma, isto é, na sua capacidade para resolver os problemas últimos que atormentam a alma humana. Com isso, o cristianismo tirou a filosofia das areias nas quais fora atirada pelo cepticismo, e dirigiu-a para caminho desimpedido e seguro.

Falamos, anteriormente, dos primeiros grandes pensadores cristãos, Clemente e Orígenes, os quais, fundindo os resultados mais válidos da filosofia platônica com as verdades sublimes reveladas por Cristo deram início às primeiras especulações de uma filosofia cristã.

Esta obra de síntese entre filosofia grega e revelação cristã foi continuada durante todo o período patrístico (séculos III-V) e conseguiu resultados notáveis: no Oriente, por obra de Gregório Nisseno, Gregório Nazianzeno, João Crisóstomo, Basílio e do Pseudo-Dionísio; no Ocidente, por obra de Agostinho. Este é autor de síntese filosófico-religiosa de extraordinária força e beleza, que exerceu influência incalculável em todo o pensamento filosófico e teológico posterior. O capítulo presente é dedicado ao estudo da filosofia cristã de Agostinho.

1. A vida

A vida de Agostinho pode ser dividida em dois períodos claramente distintos: antes da conversão e depois da conversão. Antes da conversão, Agostinho interessa-se principalmente por retórica e filosofia. Depois da conversão, concentra seu interesse sobretudo na Sagrada Escritura e na teologia. Vejamos, esquematicamente, os principais acontecimentos dos dois períodos.

Agostinho nasceu em Tagaste, em 354, de mãe cristã e pai ainda pagão, que recebeu o batismo em 371, pouco antes de morrer. A primeira educação de Agostinho foi estritamente humanística, feita de gramática e retórica. Tendo iniciado os estudos em Tagaste, foi completá-los em Cartago, onde, depois da leitura do *Hortênsio* (uma introdução à filosofia) de Cícero, começou a interessar-se também pela filosofia. Em Cartago, a filosofia então dominante era a maniqueia; Agostinho não tardou em fazer-se ardoroso defensor deste sistema, com grande desgosto para sua mãe. Aos dezenove anos começou a ensinar retórica em Cartago, rodeado por um grupo de discípulos inteligentes e por muitos amigos, mas também por alunos indisciplinados. O comportamento destes e o desejo de fama moveram Agostinho a transferir-se para Roma. Assim, depois de dez anos de ensino em Cartago, deixou a cidade (em 383) e foi para Roma.

Por esse tempo seu entusiasmo pelo maniqueísmo fora diminuindo lentamente. Em Roma, abandonou definitivamente este sistema para abraçar, por breve período, o cepticismo da Academia.

Depois de um ano em Roma, foi para Milão, onde Símaco lhe oferecera a faculdade de Retórica. Em Milão, leu Plotino e sentiu-se fascinado pelo seu ensinamento sobre a incorporeidade de Deus e a imortalidade da alma. Assim, de céptico, tornou-se logo neoplatônico. Mas a leitura de são Paulo e os contatos com Ambrósio, bispo de Milão, convenceram Agostinho de que a verdade não estava nos livros dos filósofos, mas no Evangelho de Jesus Cristo.

Em 387 foi recebido na Igreja e batizado por Ambrósio. Pouco depois resolveu voltar para a África. Em Óstia, antes do embarque, faleceu sua mãe, Mônica. Em 391 foi ordenado sacerdote pelo bispo de Hipona e em 395 foi eleito bispo da mesma cidade.

A sua atividade episcopal caracterizou-se pela luta constante para preservar a pureza da doutrina católica. Seus adversários foram sucessivamente os maniqueus, os donatistas e os pelagianos. Os maniqueus porque admitiam a existência de dois princípios supremos, um bom e o outro mau; os donatistas porque negavam a validade dos sacramentos administrados por ministros indignos; os pelagianos porque negavam o pecado original e, consequentemente, a necessidade da Redenção.

Faleceu em 28 de agosto de 430, quando, após um cerco de três meses, as tropas de Genserico já estavam para conquistar a cidade.

2. As obras

Agostinho escreveu muitíssimas obras; as de maior interesse filosófico são as seguintes:

a) Antes da conversão: *Contra academicos* (Contra os acadêmicos) (sobre a lógica), *De vita beata* (Sobre a vida feliz) (ética), *De ordine* (Sobre a ordem) (metafísica).

b) Depois da conversão: *De immortalitate animae* (Sobre a imortalidade da alma), *Confessionum libri XIII* (Treze livros das confissões), *De libero arbitrio* (Sobre o livre-arbítrio), *De civitate Dei* (Sobre a cidade de Deus), *De Trinitate* (Sobre a Trindade), *De magistro* (Sobre o mestre), *De vera religione* (Sobre a verdadeira religião).

Agostinho, um dos maiores gênios de todos os tempos e o maior de todos os Padres da Igreja, foi também o maior filósofo dos quinze séculos que separam Aristóteles de Tomás de Aquino. Embora sem a intenção de elaborar um sistema filosófico completo, conseguiu, melhor do que qualquer outro pensador cristão, estruturar sobre base racional, marcada pelo platonismo, todas as doutrinas que, reveladas pelo cristianismo, são também acessíveis à razão. O seu pensamento merece, pois, estudo amplo e profundo.

Seguiremos, em nossa exposição, a ordem seguinte: epistemologia, metafísica e teologia da história.

3. Conhecimento humano e verdades eternas

O primeiro problema filosófico enfrentado por Agostinho, depois da conversão, é o do conhecimento, sob dois aspectos: *a)* se conhecemos a verdade; *b)* como a conhecemos.

A sua resposta ao primeiro ponto é cerrada crítica ao cepticismo. A resposta ao segundo ponto é a doutrina da iluminação.

Contra o cepticismo, que ainda dominava em muitos ambientes, Agostinho demonstra que o homem conhece com certeza algumas verdades, por exemplo, o princípio de não-contradição[1] e a própria

---

[1] Cf. *Contra academicos*, III.

existência. Ninguém pode duvidar da própria existência porque, neste caso, a dúvida é prova da existência: *si fallor, sum* (se me engano, existo).

"Tenho plena certeza", diz Agostinho, "de existir, de conhecer-me e de amar-me; e não temo os argumentos apresentados contra esta verdade pelos acadêmicos, que dizem: e se te enganas? Se me engano significa que sou, que existo. Pois, quem não existe não pode enganar-se; logo, se me engano, existo. Uma vez, pois, que existo, se me engano, como posso enganar-me a respeito de minha existência, se é certo que existo pelo próprio fato de enganar-me? Portanto, eu, que me enganaria, mas que existiria mesmo na hipótese de que me enganasse, inegavelmente não me engano no conhecer a mim mesmo".[2]

Os argumentos invocados a favor do cepticismo são insustentáveis.

Não tem valor o argumento da discórdia entre os filósofos. É verdade que eles discordam na explicação da realidade, mas que ela seja una ou não una e, se não una, de número finito ou infinito e que tenha sido disposta assim pela natureza ou por alguma providência são disjunções verdadeiras e não têm nada em comum com o falso que as torne indistintas. Existe, pois, apesar dos desacordos, algo de verdadeiro e de não flutuante também para os filósofos.

Não vale o argumento do engano dos sentidos. De fato, não são os sentidos que nos enganam porque, quando estamos com saúde, eles não nos enganam; e quando não estamos com saúde, a culpa do equívoco não é tanto dos sentidos quanto do espírito daquele que está dormindo e do louco que forma para si falsas imagens.

Finalmente o cepticismo é falso porque as suas consequências no campo moral são desastrosas, "já que, se for norma seguir o provável, o adultério, para alguns não aprovável, pode encontrar alguém que o aprove (…). Com isso, o adultério, o homicídio, o sacrilégio e toda espécie de delitos tornam-se lícitos e assim desaparece o fundamento da moral".[3]

No conhecimento humano Agostinho distingue três operações: a dos sentidos, a da razão inferior e a da razão superior; e três grupos de objetos: as qualidades dos corpos, as leis da natureza e as verdades eternas.

---

[2] *De civitate Dei*, XI, 26.
[3] *Contra academicos*, III.

O conhecimento sensitivo das cores, dos odores etc. obtém-se pelos sentidos, os quais não são, contudo, a sua causa principal, porque *sentire non est corporis, sed animae per corpus* (o sentir não é do corpo, mas da alma por meio do corpo). Agostinho tem realmente a convicção de que a alma é absolutamente superior ao corpo e de que, por isso, não pode depender dele em nenhuma de suas atividades, nem mesmo na sensitiva.

A sensação é atividade exercida pela alma através do corpo. O corpo recebe a impressão dos outros corpos, e a alma, por intermédio das impressões recebidas pelo corpo, adquire o conhecimento do mundo corpóreo. Por isso, segundo Agostinho, os corpos não são conhecidos imediatamente, mas mediatamente: "De todos os objetos sensíveis a alma recebe a imagem, não a eles mesmos".[4]

O conhecimento científico adquire-se por meio da razão inferior *(ratio inferior)*. Esta, segundo Agostinho, se ocupa do mundo corpóreo e procura descobrir as leis universais pelo processo da abstração.

O conhecimento das verdades eternas obtém-se por meio da iluminação divina e não por meio da reminiscência. Agostinho, como Platão, está convencido de que as verdades eternas não podem vir da experiência, seja por causa da contingência do objeto conhecido, seja por causa da contingência do sujeito que conhece. Mas, como ele não admite a preexistência das almas no Hiperurânio, não lhe é possível explicar o conhecimento das verdades eternas pela doutrina da reminiscência como fizera Platão; recorre, por isso, à doutrina da iluminação.

A iluminação é *quaedam lux sui generis incorporea* (uma luz especial, incorpórea), que nos torna visíveis e compreensíveis as "verdades eternas": uma luz mediante a qual Deus irradia na mente humana as verdades absolutas, imutáveis.

Que entende Agostinho por verdades eternas? A este respeito seu pensamento é pouco claro. As interpretações mais comuns são as duas seguintes: *a)* a iluminação nos torna visíveis certas ideias, como verdade, justiça, bondade, ser etc. (segundo Boyer); *b)* ela nos torna perceptível a verdade do juízo (Gilson). Segundo esta última interpretação, as ideias de verdade, justiça, ser etc. adquirem-se diretamente, sem nenhum concurso

---

[4] *De civitate Dei*, XI, 26.

especial da parte de Deus. Mas, para ter certeza absoluta, inabalável, da verdade de um juízo como, por exemplo, "o homem é racional", é necessária a iluminação divina.

4. Valor da linguagem

Em estreita relação com a concepção do conhecimento, Agostinho desenvolve também a teoria da linguagem.

A linguagem, para ele, tem função exclusivamente instrumental: a palavra serve para a comunicação das ideias. Que significa isto? Talvez que as ideias se originem das palavras, como haviam ensinado os sofistas, na Grécia, e como muitas vezes supunham os retóricos e os oradores romanos? De modo algum. As ideias, afirma Agostinho, a propósito do conhecimento comum, procedem das coisas: "Não aprendemos nada por meio desses sinais que chamamos palavras: antes, como já disse, aprendemos o valor das palavras, ou seja, o significado que está escondido no som, mediante o conhecimento ou a própria percepção da coisa significada; mas não a própria coisa através do significado".[5] Mas quando se trata do conhecimento revelado, as ideias provêm do *Magister interior* (do Mestre interior), isto é, de Cristo, "a Virtude incomutável de Deus e a sempiterna sabedoria que toda alma racional consulta, mas que se revela a cada um quanto é permitido pela sua própria boa ou má vontade".[6]

5. Deus

Resolvido o problema do conhecimento, Agostinho pôde atacar e resolver os mais importantes problemas a respeito do homem, do mundo e de Deus, servindo-se, para isso, da contribuição tanto da filosofia platônica e neoplatônica quanto da revelação cristã.

O que dá originalidade e unidade à sua solução é a perspectiva na qual ele considera estes problemas, perspectiva que é essencialmente interior. Com efeito, seu princípio inspirador é o seguinte: "*Noli foras ire, in teipsum redi, in interiore homine habitat veritas*[7] (não saias de

---

[5] *De magistro* in *Os pensadores*, Abril Cultural, São Paulo, 1973, VI, p. 350, X, 34.
[6] *Ibid.* in *Os pensadores*, Abril Cultural, São Paulo, 1973, VI, p. 351, X, 38.
[7] XXXIX, 72.

ti, volta-te para ti mesmo, a verdade habita no homem interior). Em conformidade com este princípio, Agostinho não procura a solução dos problemas filosóficos no estudo da realidade externa, como fizera Aristóteles e, em geral, toda a filosofia grega, mas no estudo do mundo interior, da alma. Pode-se dizer que, de modo geral, Agostinho especula sobre a verdade não fora, como se se tratasse de coisa estranha, mas dentro, examinando a própria alma.

A posição interior de sua filosofia manifesta-se especialmente na especulação sobre Deus: para estudar tanto a sua natureza como a sua existência, Agostinho parte do homem.

Sem dúvida, também o bispo de Hipona, como antes dele Platão e Aristóteles, acha que se pode chegar a Deus mediante os indícios cosmológicos, por exemplo, através da ordem do universo e da contingência das coisas. Mas ele encontra indícios muito sugestivos da realidade divina mais no homem do que no mundo. Na mente humana estão presentes verdades eternas, absolutas, necessárias, que a mente, contingente e mutável, não pode produzir. Logo, existe Deus, razão suficiente destas verdades. Eis o argumento nas palavras de Agostinho: "A verdade, em si mesma, não ganha nada quando nós a vemos mais claramente e não perde nada quando a vemos menos claramente; mas, íntegra e intacta, alegra com a sua luz aqueles que mantêm o olhar voltado para ela e pune com a cegueira os que se recusam a olhar para ela. Além disso, emitimos juízos sobre a nossa mente em conformidade com a verdade, mas não podemos proferir nenhum juízo sobre a verdade mesma. Dizemos: 'A nossa mente compreende menos do que deveria'; ou: 'Compreende como deve'. Mas a mente deveria compreender mais à medida que se aproxima e se une à verdade imutável. Logo, se a verdade não é nem inferior nem igual à nossa mente, ela só pode ser mais alta e mais nobre (...). A beleza da verdade não passa com o tempo nem muda de lugar para lugar. A noite não a interrompe, as trevas não podem escondê-la, e não está sujeita aos sentidos. Está perto dos que a amam em qualquer parte do mundo e dura eternamente. Não está em nenhum lugar e, apesar disso, não está ausente de parte alguma; censura-nos do exterior e instrui-nos do interior. Transforma em melhores os que a contemplam, enquanto de sua parte nunca se muda em pior. Ninguém é seu juiz, mas, sem ela, nada pode ser julgado retamente. A verdade é, pois, sem dúvida, mais nobre e excelente do que a nossa mente porque é una e ao mesmo tempo torna sábias separadamente cada uma de nossas mentes e as faz juízes das outras coisas; jamais, porém, dela mesma. Ora, admitistes que, se vos fosse mostrado que existe alguma coisa acima da mente, reconheceríeis que Deus existe. Concordei com esta vossa consideração e disse que provaria que existe alguma coisa superior à nossa mente. Chegados a este ponto, eis a conclusão: se existe alguma coisa superior à verdade, esta coisa é Deus; mas se não existe nada mais excelente do que ela, então a própria verdade é Deus. Em todo caso, não podeis negar que Deus existe, e esta era precisamente a questão que nós nos tínhamos proposto debater".[8]

Também a natureza una e trina de Deus, Agostinho a estuda com o mesmo procedimento, isto é, partindo do homem. Não que ele tenha a pretensão de tirar o mistério da Santíssima Trindade do estudo da natureza humana, já que é somente pela Revelação que sabemos que na realidade divina há três pessoas. Todavia, no *De Trinitate* Agostinho mostra que a razão pode encontrar nas criaturas, especialmente no homem, vestígios e imagens da Trindade, os quais podem servir de analogias para penetrar um pouco no mistério profundíssimo da trindade de pessoas na única natureza de Deus. As analogias mais belas são as que a alma encontra em si mesma, sobretudo as analogias *mens* (mente), *amor* (amor), *notitia* (conhecimento) e *memoria* (memória), *intelligentia* (inteligência), *voluntas* (vontade).

6. O mundo e o tempo

A origem do mundo é problema pelo qual Agostinho se interessou desde o começo de sua atividade filosófica. Antes da conversão ele concebia o mundo, inclusive o homem, como emanação de Deus, fragmento de Deus, *frustum de illo corpore*[9] (pedaço daquele corpo), isto é, do imenso corpo divino. Depois da conversão, encontrou na Revelação a explicação da origem do mundo. A Bíblia diz que o mundo foi criado por Deus mediante uma ação consciente e livre. De que modo fez Deus o céu e a terra? Interpretando as palavras "in principio" (no princípio) e julgando que elas significam "no Logos", Agostinho deduz que Deus

---

[8] *De libero arbitrio*, II, 13,15.
[9] *Confessionum libri XIII*, IV, 16, 31.

criou o mundo do nada, segundo as ideias-arquétipos que se encontram no Logos, o Filho de Deus.

Mas, por que criou Deus o mundo? A razão, segundo Agostinho, é que ele não queria que uma criação boa permanecesse no nada.[10]

Logo, o mundo teve origem por criação. Mas, quando se deu a criação? Na eternidade ou no tempo? Não é possível responder a esta pergunta sem esclarecer antes a noção de tempo. Por isso, Agostinho estudou tal questão com muito empenho. O tempo, para o bispo de Hipona, não é a imagem móvel da eternidade (Platão) nem a medida do movimento (Aristóteles), mas a duração de uma natureza finita que não pode ser toda simultaneamente, tendo por isso necessidade de fases sucessivas e contínuas para realizar-se completamente. As fases do tempo são o passado, o presente e o futuro. O passado é o tempo que não é mais; o futuro é o tempo que ainda não é; o presente é o tempo que é agora, mas que não será sempre. A possibilidade do passado e do futuro deve-se à natureza daquelas coisas cujo presente é tal que não pode ser perpetuamente presente; o seu presente passa: se não passasse, não haveria passado; se, passando, não se tornasse algo de novo, não haveria futuro.

É esta característica do presente, de passar e de vir a ser que distingue o tempo da eternidade. O tempo é um *nunc transiens* (um agora que passa). A eternidade é um presente que não passa, um *nunc stans* (um agora permanente).

O tempo não existe fora de nós. Não existem, fora de nós, nem o passado nem o futuro. Deve-se concluir disso que o passado e o futuro não existem de modo algum? Se o passado não existisse, a História não existiria; se não existisse o futuro, seria impossível qualquer predição.

É necessário, por isso, dar do passado e do futuro uma explicação que salvaguarde a sua existência. É o que pretende fazer a explicação de Agostinho. Ora, é claro que fora da mente não existe nem futuro nem passado. Deve-se concluir, portanto, que o futuro e o passado existem na mente, como o presente. "Existem, pois, na minha mente esses três tempos que não vejo em outra parte: lembrança presente das coisas passadas, visão presente das coisas presentes e esperança presente das coisas futuras".[11]

---

[10] *De civitate Dei*, XI, 21.
[11] *Confessionum libri XIII in Os pensadores*, Abril Cultural, São Paulo, 1973, VI, p. 248, 20, 26.

Como se mede o tempo? Segundo Agostinho, medimos o tempo na alma, na qual ele deixa uma impressão enquanto passa.

"Em ti, ó meu espírito, meço os tempos. (...) Meço a impressão que as coisas gravam em ti à sua passagem, impressão que permanece ainda depois de elas terem passado. Meço-a enquanto é presente, e não aquelas coisas que se sucederam para a impressão ser produzida. É a essa impressão ou percepção que eu meço quando meço os tempos".[12]

Em conclusão, sendo o tempo o modo de ser característico da natureza finita, isto é, da natureza que não pode existir toda ao mesmo tempo, tendo necessidade, por isso, de existência sucessiva e contínua, e sendo o universo inteiro de natureza finita, segue-se que o mundo teve origem no tempo e não na eternidade.

Deus, porém, esclarece o doutor de Tagaste, criou tudo no mundo desde o começo, ou seja, deu ao mundo, no início, todas as virtualidades que se desenvolveriam e atuariam na história do universo. Essas virtualidades, impressas por Deus nas coisas, no momento da criação, Agostinho chama-as razões seminais (*rationes seminales*).

Como na semente de árvore estão presentes invisivelmente todas as partes que, sucessivamente, se desenvolverão dela, do mesmo modo desde o início os diversos corpos estão germinalmente presentes no mundo.

"O mundo é como uma mulher grávida: traz em si a causa das coisas que virão à luz no futuro. Assim, todas as coisas (de todos os tempos) foram criadas por Deus".[13]

Mas, se é assim, se o Criador já fez tudo, haverá ainda alguma coisa reservada à atividade das criaturas? Ainda se pode dizer, por exemplo, que a galinha põe o ovo? Que a macieira produz a maçã?

Para Agostinho, pode-se continuar a usar este modo de se exprimir, porque o desenvolvimento das razões seminais se deve à atividade das criaturas: as razões seminais desenvolvem-se e dão origem aos novos corpos quando são despertadas e excitadas pela ação das criaturas.

Agostinho sustenta a doutrina das razões seminais porque, de outro modo, seria necessário admitir ou que Deus continua sempre a criar ou que as coisas que nascem recebem o ser das criaturas.

---

[12] Ibid. in *Os pensadores*, Abril Cultural, São Paulo, 1973, p. 254, XI, 36.
[13] *De Trinitate*, III, 9, 16.

No primeiro caso, não se poderia dizer (com a Bíblia) que Deus criou tudo simultaneamente. No segundo, atribuir-se-ia às criaturas o poder de criar outras coisas; haveria, assim, coisas que seriam ao mesmo tempo criadas e criadoras, o que, na opinião de Agostinho, seria absurdo.

7. Mal e liberdade

Se Deus é a causa de tudo o que acontece, como se explica o mal? Depois de um longo trabalho intelectual, Agostinho chega a uma noção do mal que o põe em condições de afirmar que Deus não é a sua causa. Ele aceitara durante muito tempo a solução maniqueia que atribui o mal a um princípio mau; mais tarde encontra no neoplatonismo auxílio para superar o dualismo maniqueu.

Interrogando-se nas *Enéadas* sobre o problema "que são e de onde vêm os males",[14] Plotino diz que o mal é ausência, falta do bem, mas identifica esta falta e privação do bem com a matéria.

Agostinho aceita a primeira parte desta teoria de Plotino, mas não a segunda, isto é, não identifica o mal com a matéria, porque também esta foi criada por Deus.

Do exame das coisas que o homem denomina más, Agostinho chega à conclusão de que o mal não pode estar só, não pode subsistir, mas que deve existir em uma substância que, em si mesma, é boa. O mal é privação de uma perfeição que a substância deveria ter. Por isso, o mal não é realidade positiva, mas privação de realidade. Pode-se, pois, definir o mal como *privatio boni* (privação de [algum] bem).

A causa do mal não é Deus. Sendo o mal a privação de perfeição devida, Deus não pode ser seu autor, porque, fazendo as coisas, Deus lhes dá tudo o que lhes é necessário, todo o ser que lhes compete.

"Como poderia, com efeito, aquele que é a causa do ser de todas as coisas ser a causa do não ser?" Logo, a causa do mal não é Deus.

Resta que a causa do mal seja a criatura. Esta conclusão se tira também do exame das duas formas principais sob as quais o mal se manifesta: o sofrimento e a culpa. Elas estão em estreita relação entre si: a causa do sofrimento é a culpa. Ora, o responsável pela culpa é o homem. O mal tem, pois, como causa última o homem.

---

[14] Cf. PLOTINO, *Enéadas*, I, 8.

Em que consiste a culpa? Em submeter-se a razão humana à paixão, em desobedecer às leis divinas, em afastar-se do bem supremo. Quando um homem se afasta do bem imutável e se volta para um bem particular, inferior, peca, e nisto consiste o mal. Não que as coisas para as quais a vontade se volta, quando peca, sejam más em si mesmas (nenhuma realidade é ontologicamente má); o mal consiste em cair, em voltar as costas *(aversio,* aversão) ao bem superior, ao bem imutável.

E de onde vem esta *aversio?* Da liberdade: *male facimus ex libero voluntatis arbitrio* (fazemos o mal pelo livre arbítrio da vontade). Sendo assim a liberdade é realmente um bem? Sem dúvida, responde Agostinho. Ela é bem da maior importância, porque é a condição da moralidade. Se a ação humana não fosse livre, não poderia ser aprovada nem desaprovada; seria simplesmente ação humana e nada mais. Só onde há liberdade é que se pode falar de bem (e de mal).

Mas Deus não teria podido fazer um universo no qual o mal não estivesse presente? Não seria um universo melhor? Agostinho responde que esta pergunta supõe de nossa parte conhecimento do universo superior ao de Deus e a pretensão de ensinar-lhe.

Diremos então que o mal é necessário e que faz parte da ordem divina? Agostinho responde: "Nem o pecado nem os pecadores são necessários à perfeição, mas as almas enquanto são almas, enquanto são tais que, se querem, pecam; e se pecam, tornam-se infelizes".[15]

O sofrimento é a consequência da culpa. Depois da culpa, o homem está cheio de temores, de desejos, de ansiedades. Atormenta-se quando perde alguma coisa que era para ele fonte de alegria, afadiga-se para conseguir o que não tem, encoleriza-se, quando ofendido, e procura vingar-se, é atormentado pela ambição, pela inveja, por uma infinidade de paixões, e tudo isto por ter abandonado a sabedoria, por não aderir à ordem.[16]

Mas, depois da culpa original, ainda está o homem em condições de fazer o bem sem o auxílio da graça? Em que condição se encontram os homens que nascem depois do pecado de Adão?

Sobre este ponto quase não houve controvérsia até o tempo de Agostinho. Até então todos os cristãos acreditavam que o pecado de

---

[15] *De libero arbitrio,* III, 13.
[16] Cf. *De libero arbitrio,* I, 11, 22.

Adão, embora não tivesse corrompido a natureza, tinha consequências gravíssimas que nenhum homem poderia expiar. Os homens foram libertados desta triste condição por Jesus Cristo. Pelos méritos da Redenção realizada por Cristo, eles foram readmitidos à amizade de Deus e puderam fazer ações boas, isto é, agradáveis a ele.

No fim do século IV, um monge de origem irlandesa, chamado Pelágio, começou a ensinar que a culpa na qual Adão incorrera não poderia ter causado nenhum dano à sua posteridade, porque, sendo o pecado ato voluntário, a responsabilidade por ele só pode recair sobre quem o comete. Não é possível, portanto, que herdemos dos progenitores as consequências de sua culpa e que tenhamos sido privados da capacidade de fazer o bem. Logo, a Redenção realizada por Cristo não era necessária. A obra de Cristo teve apenas o valor de bom exemplo, como a de Adão não tivera outro valor senão o de mau exemplo.

Quando surgiram as primeiras discussões em torno da doutrina de Pelágio, Agostinho entrou decididamente na polêmica e, em mais de quinze escritos, sustentou os ensinamentos da Igreja. Depois da culpa original, que transmite suas consequências a toda a humanidade, o homem é ser decaído e condenado diante de Deus. Também o livre-arbítrio, depois da culpa original, decaiu e tornou-se incapaz de resistir à concupiscência, isto é, ao mal, de modo que, sem a intervenção de iniciativa divina especial (isto é, sem a Redenção), a humanidade permaneceria sempre como "massa de condenação". Somente a graça pode dar eficácia ao esforço do homem na ordem da salvação, uma vez que, sem ela, as ações aparentemente boas que o homem pode fazer não têm valor. Sem a graça, "as virtudes dos pagãos não são mais do que vícios dissimulados".

8. Espiritualidade e imortalidade da alma

Agostinho define o homem como "alma racional que se serve de corpo mortal, terrestre". Para ele, como para Platão, o homem é sobretudo alma. Como Platão, também Agostinho sente apaixonadamente o problema da espiritualidade e da imortalidade da alma; mas só consegue resolvê-lo depois de longo período de trabalho interior, e não através do raciocínio, mas como que por intuição. Depois procura confirmar a solução por meio do raciocínio.

A sua argumentação para provar a espiritualidade da alma é a seguinte: ou a alma pode exercer sua atividade (querer, pensar, duvidar etc.) sem o corpo, e então é espiritual, ou é incapaz de exercer sua atividade sem o corpo, e então é material.

Ora, pelo menos em um caso a alma pode desenvolver sua atividade sem o corpo: quando conhece a si mesma. Logo, a alma é espiritual.

A espiritualidade da alma é, pois, confirmada pelo que ela conhece de si mesma. Quando a alma conhece a si mesma, descobre que é substância que vive, que recorda, que quer etc., e isto não tem nada que ver com o que é corpóreo.

Provada a espiritualidade, Agostinho passa a provar a imortalidade, retomando o argumento platônico da relação da alma com as Ideias.

A alma, diz ele, acha-se em contínua relação com a verdade. É inegável, com efeito, que a verdade está presente na alma; que tal presença determina uma união entre a mente que a contempla e a verdade que é contemplada; e que esta união não pode cessar porque nada pode separar a alma da verdade: não o pode o corpo, que não pode nada contra o espírito, nem a própria alma, à qual é conatural o desejo de existir sempre e de conhecer tudo, nem Deus, que deu à alma tal natureza e que quer conservá-la como a fez. Mas, a verdade, à qual a alma está unida, é imutável e eterna; logo, também a alma é eterna.[17]

Embora sustentando como certo que Deus criou diretamente a alma do primeiro homem, Agostinho mostra-se perplexo a respeito da criação das outras almas. Parece-lhe que a criação imediata de todas as almas choca-se contra a dificuldade relativa à transmissão do pecado original. Como pode sair algo de contaminado das mãos de Deus? Esta dificuldade estaria superada se se pudesse admitir que as almas passam de pais a filhos pela geração (*traducianismo*). Mas nem esta solução lhe agrada, porque não consegue compreender "que uma alma possa ser formada da alma paterna como uma chama é acendida por outra chama".

Agostinho conclui que, em certas questões, o homem não deve envergonhar-se de se mostrar ignorante.

---

[17] Cf. *De immortalitate animas*, IV, 5.

9. A teologia da história

A exposição da doutrina agostiniana sobre a teologia da história encontra-se no *De civitate Dei* (A cidade de Deus). A obra divide-se em vinte e dois livros. Os dez primeiros mostram a falsidade das religiões pagãs. Os outros provam a verdade da religião cristã, mostrando a maravilhosa correspondência entre as verdades reveladas por Deus e os problemas que a razão humana sozinha jamais conseguiu resolver: *a)* correspondência entre a doutrina da criação e o problema da origem do mundo; *b)* correspondência entre a doutrina do pecado original e o problema do mal; *c)* correspondência entre a doutrina da redenção e o problema da paz da alma; *d)* correspondência entre a doutrina do retorno triunfal de Cristo e o problema do fim da história.

A história divide-se em três grandes períodos: a origem, o passado e o futuro. Agostinho indica como cada um desses períodos foi iluminado pela luz de algum dos grandes mistérios do cristianismo.

A origem da humanidade explica-se pela Revelação que ensina que o homem foi criado por Deus e elevado por ele à ordem sobrenatural. A consequência mais importante desta verdade é a eliminação do dualismo radical grego de espírito e matéria, em virtude do qual era inconcebível não só que Deus criasse o mundo e o homem, mas também que os conhecesse e governasse.

O passado, tão cheio de males físicos e morais, de guerras e de ódios, explica-se pela Revelação com a queda original e a redenção. Estes dogmas cristãos permitem superar o velho dualismo maniqueu dos dois princípios, um bom e o outro mau. O mal não é realidade, mas negação da realidade *(privatio boni:* privação do bem) e não procede de Deus, que não deve, portanto, ser entendido como sua causa eficiente. Deus não faz o mal, apenas o permite. Ele permitiu a queda original e com ela a irrupção do mal no mundo, não para que o plano de sua Providência relativo à história ficasse comprometido, mas para que se manifestasse com mais clareza, "julgando ser coisa melhor e mais eficaz tirar o bem também do mal do que permitir que o mal não existisse".[18]

---

[18] *De civitate Dei*, XXII, 2.

O bem que Deus sabe tirar do mal compendia-se na redenção (criação de ordem nova de tempos e de coisas na qual o próprio Deus, encarnando-se, transforma a dor e a morte de castigo do vício em arma da virtude).

Finalmente também o futuro da humanidade ilumina-se pela Revelação, a qual mostra que o futuro terá fim, que a estrada do tempo terá termo e que então o Messias retornará para julgar todos os homens num juízo moral absoluto, infalível, imutável.

Esta promessa da Revelação vem ao encontro das mais profundas exigências da razão, que reclama juízo infalível e irrevogável, no qual seja feita justiça aos bons que suportaram dores e tribulações, enquanto os maus se alegravam e triunfavam. A Revelação assegura à razão que no fim dos tempos será feita justiça a todos e que será concedida aos bons a paz que procuraram em vão neste mundo. "A nossa paz, aqui, está em nossa união com Deus pela fé, e, na eternidade, na união com ele pela visão".[19]

A visão agostiniana da História é radicalmente diferente da grega. Enquanto esta concebia a História como períodos de movimentos circulares repetindo-se ciclicamente, a visão agostiniana (que é também a visão cristã) concebe-a como um caminho em linha reta que sobe da terra para o céu.

No *De civitate Dei* Agostinho trata, além do problema geral da história, também do problema mais particular das relações entre Igreja e mundo, entre cidade celeste e cidade terrena. Este problema situa-se na dialética dos dois amores: amor de si e amor de Deus. Estes "dois amores geraram duas cidades: o amor de si, levado até ao desprezo de Deus, gerou a cidade terrena; o amor de Deus, levado até ao desprezo de si, gerou a cidade celeste".[20]

A cidade terrena (o mundo) abrange o universo dos maus, pecadores e demônios; a cidade celeste (a Igreja) abrange o universo dos bons: anjos e santos (homens em estado de graça). A antítese dos dois amores, que deu origem às duas cidades, dirige também o curso de ambas e fá-las caminhar para fins eternamente opostos. O sentido da história constitui-se justamente por este dualismo.

---

[19] *Ibid.*, XIX, 27.
[20] *Ibid.*, XIV, 28.

A cidade de Deus avança do inocente Abel, passado por Abraão, até a vinda de Cristo, enquanto a cidade terrena procede do fratricídio de Caim e se desenvolve na história dos grandes impérios todos, inclusive o Império Romano, surgidos da violência e mantidos pela violência. No centro está Cristo, Rei dos séculos e Senhor do mundo.

A dialética tempestuosa das duas cidades e dos dois amores não cristaliza a humanidade em situações imutáveis, mas a guia, através de amaducerimento doloroso, para a idade perfeita do espírito, para Cristo, na plenitude dos tempos.

CONCLUSÃO

Com Agostinho, a patrística, em seu esforço para construir uma visão cristã do universo sobre bases platônicas, atinge seu ponto culminante e conclusivo. À visão agostiniana permanecerão fiéis todos os medievais até Tomás, e muitos mesmo depois dele.

Os méritos e as deficiências da obra de Agostinho encontram-se precisamente na síntese elaborada por ele entre cristianismo e filosofia platônica. A síntese não era difícil porque platonismo e cristianismo se encontram em muitos pontos de importância fundamental como, por exemplo, a imortalidade da alma, a criação do mundo, o dualismo ontológico (de mundo sensível e mundo inteligível), as verdades eternas. Mas, precisamente porque a síntese era fácil, Agostinho deixou-se levar frequentemente pela tentação de aceitar doutrinas de Platão que teria sido melhor rejeitar como a da iluminação (acompanhamento da doutrina da reminiscência) e a do dualismo psicofísico (o homem, para Agostinho, não é unidade, uma só coisa, uma só substância, mas duas substâncias, podendo ambas agir independentemente).

Substancialmente, porém, a construção de Agostinho é imponente e segura e, em muitos aspectos, supera a de Platão e a dos neoplatônicos. Brilhante é a sua defesa do valor do conhecimento; profunda a sua indagação sobre o espírito humano, sobre o tempo e sobre a História; perenemente válida a sua solução do problema do mal.

BIBLIOGRAFIA

Boyer, C., *Sant'Agostino filosofo,* Bolonha, 1965; Chierighin, F., *Fede e ricerca filosófica nel pensiero de sant'Agostino,* Pádua, 1965; Masnovo, A., *Sant'Agostino,* Bréscia, 1946; Sciacca, M. F., *Sant'Agostino,* I: *La vita e l'opera. L'itinerario della mente,* Bréscia, 1949; Piemontese, F., *La "veritas" agostiniana e l'agostinismo perenne,* Milão, 1963; Gilson, E., *Introduction à l'étuàe de saint Augustin,* Paris, 1943, 2ª ed.; Cayré, F., *Initiation à la philosophie de saint Augustin,* Paris, 1947; Guitton, J., *Le temps et l'éternité chez Plotin et saint Augustin,* Paris, 1959, 3ª ed.

XVI
SEVERINO BOÉCIO

Em 476, depois de cinco séculos de triunfos e esplendores, caiu o Império Romano do Ocidente. A sua queda marcou o fim não só da política romana, como também de toda a civilização clássica. Mas nem tudo da cultura greco-romana desapareceu com o fim do poder político: a língua, a arte e o pensamento transmitiram-se ainda por várias gerações. Todavia, à medida que, sob o jugo dos bárbaros, as condições dos vencidos se tornavam mais duras e insuportáveis, desapareciam também as estruturas mais elementares para a preservação das letras e das artes. Assim, enquanto no século VI ainda se encontra alguma obra importante no campo da literatura, da filosofia e da música, a partir do século VII até o século XI, na Itália, tudo submerge nas trevas da barbárie.

Nos domínios da filosofia clássica, o último expoente é Severino Boécio (480-524).

Boécio nasceu da nobre família dos Anícios. Foi cônsul e primeiro-ministro *(magister officiorum,* encarregado dos negócios do governo) do rei ostrogodo Teodorico. Quando o senador Albino foi injustamente acusado pelo rei de entendimentos secretos com a corte de Bizâncio, tomou generosamente a sua defesa, mas foi envolvido nas mesmas suspeitas, preso e condenado à morte.

Formado em Atenas, Boécio teve cultura enciclopédica e chegou a acalentar o sonho de uma filosofia romanizada. Estudioso não só do neoplatonismo, especialmente de Porfírio, como também de Aristóteles e de problemas teológicos, criou uma obra sem dúvida notável, principalmente pela influência histórica exercida até à maturidade da Escolástica, se bem que não se tenha elevado a grande originalidade nem a visões geniais.

As obras de Boécio podem ser classificadas em quatro grupos: traduções, comentários, tratados de teologia e o *De consolatione philosophiae,* que é a sua obra mais importante.

Sobre a enorme atividade de Boécio como tradutor informa-nos uma carta de Cassiodoro ao próprio Boécio. Entre outras coisas, diz a carta: "Nas tuas versões os italianos podem ler agora a música de Pitágoras, a astronomia de Ptolomeu, a aritmética de Nicômaco, a geometria de Euclides; podem discutir em latim a teologia de Platão e a lógica de Aristóteles; com as tuas traduções restituíste Arquimedes aos sicilianos".

Os comentários de maior importância são três: às *Categoriae* (Categorias) e ao *De interpretatione* (Da interpretação) de Aristóteles, e à *Eisagoghé* (Introdução) de Porfírio. Nos comentários a Aristóteles, Boécio procura mostrar que, em substância, o Estagirita concorda com Platão.

Os tratados teológicos são cinco: *De Trinitate* (Da Trindade), *Utrum Pater et Filius et Spiritus Sanctus de divinitate substantialiter praedicentur* (Se o Pai, o Filho e o Espírito Santo podem ser predicados substancialmente da divindade), *De hebdomadibus* (Das semanas), *De fide catholica* (Sobre a fé católica), *Contra Eutichen et Nestorium* (Contra Êutiques e Nestório).

O *De fide catholica* é excelente catecismo.

O *Contra Eutichen* combate o erro monofisita, precisando o conceito de pessoa, assim definida: "*Rationalis naturae individua substantia incommunicabilis*" (Substância indivídua e incomunicável de natureza racional).

Do ponto de vista filosófico têm maior importância o *De Trinitate* e o *De hebdomadibus.*

O *De Trinitate* é importante porque introduz distinção que terá repercussão imensa no desenvolvimento da filosofia escolástica: a distinção entre *esse* e *id quod est* (entre ser e aquilo que é). Boécio afirma que as criaturas são diferentes de Deus porque em Deus *esse* e *id quod est* (o ser e aquilo que é) são a mesma coisa, ao passo que nas criaturas são coisas distintas.

Que entende Boécio por *esse* e por *id quod est*? Por *esse* entende ele a substância segunda, a essência universal; por *id quod est* entende a substância primeira. A substância primeira é o indivíduo com todas as suas características específicas, essenciais, e com todas as suas notas particulares, acidentais. Boécio considera a existência não como elemento constitutivo do *esse*, mas como elemento acrescentado ao *esse* no *id quod est*, isto é, como acidente. A distinção entre *esse* e *id quod est* não tem, para Boécio, o significado que terá para Tomás de Aquino, o qual se valerá dela para formular a distinção entre existência e essência.

O *De hebdomadibus* é importante porque introduz a distinção entre *praedicatio per essentiam* e *praedicatio per partecipationem* (entre predicação por essência e predicação por participação).

Praedicatio per essentiam, para Boécio, é a predicação de elemento essencial.

Praedicatio per participationem é a predicação de elemento acidental.

Esta distinção exerceu influência determinante no desenvolvimento da filosofia da participação. No *De hebdomadibus* é retomada, recebendo desenvolvimento maior, a distinção entre *esse* e *id quod est*, mas Boécio não chega a ver no *esse* a existência e no *id quod est* a essência.

A obra principal de Boécio é, como dissemos há pouco, o *De consolatione phyosophiae* (Sobre a consolação pela filosofia), escrita na prisão. Divide-se em cinco livros e tem por tema o problema da Providência divina. A exposição desenvolve-se do modo seguinte:

— *Proposição do problema:* como admitir a Providência divina se os maus são premiados e os bons, punidos? *(Livro I)*.

— *Para resolver o problema* é necessário estabelecer antes o que é o bem (a felicidade) e o que é o mal.

— *A felicidade não consiste na riqueza,* nas honras e nos prazeres *(Livro II)*.

— *A felicidade consiste no Sumo Bem,* isto é, em Deus *(Livro III)*.

— *É bem o que aproxima de Deus,* isto é, a virtude; é mal o que afasta dele, isto é, as riquezas, as honras, os prazeres.

Assim se resolve o problema da Providência, porque o fato de os maus serem cumulados de prazeres, riquezas e honras não é argumento contra a Providência, mas a favor dela. Ter riquezas e honras não é recompensa, mas castigo.

Também o acaso não é argumento contra a Providência porque é servo a serviço dela *(Livro IV)*.

Mas, se tudo está sujeito à Providência, o homem ainda é livre? O homem é livre porque Deus, em sua eternidade, pode prever tudo, sem predeterminar a vontade humana. Todo o livro V é dedicado a provar esta tese.

Como medida preliminar, Boécio examina a natureza do tempo (que é entendido segundo Agostinho) e da eternidade. A eternidade é, para ele, *"interminabilis vitae tota simul et perfecta possessio"* ("a posse total simultaneamente e perfeita da vida interminável").

Pode causar admiração que Boécio, no *De consolatione philosophiae*, discuta problemas da Providência, do mal, da felicidade etc., sem jamais fazer alusão ao Evangelho, à Revelação. A razão é simples: ele queria escrever um tratado filosófico e não teológico ou ascético; queria redigir uma obra de filosofia e não de teologia. Por isso, quis servir-se somente da razão.

Dissemos que Boécio foi o último filósofo romano e o primeiro escolástico. Isto é verdade. Faz a ligação entre a filosofia precedente e a subsequente. Mas, em relação à filosofia subsequente, a sua posição não foi a de simples intermediário. Para os medievais foi muito mais: do ponto de vista literário, era posto por eles no mesmo nível de Virgílio e Estácio; do ponto de vista filosófico, era equiparado a Agostinho, Platão e Aristóteles.

Sobre os pósteros, Boécio exerceu influência múltipla: forneceu-lhes definições-modelo, úteis na discussão de problemas filosóficos intrincados (definição de pessoa, de tempo, de eternidade, de felicidade etc.); ensinou-lhes um método, o teológico (exame dos problemas teológicos em si mesmos e não apenas como exegese dos textos sagrados); indicou-lhes como conciliar a fé e a razão: a razão, em si, é autônoma, mas, na discussão dos problemas teológicos, está a serviço da fé e deve segui-la: *credo ut intelligam* (creio para entender) (nisto Boécio segue Agostinho); ofereceu-lhes vários textos de estudo, principalmente os de Aristóteles (muitos textos usados no trívio e no quadrívio eram ou traduções feitas por Boécio ou obras originais dele, como o *De arithmetica*, o *De musica* (Da aritmética, Da música) etc.

BIBLIOGRAFIA

Vasoli, C., *La filosofia medioevale*, Milão, 1961, 23-32; Rapisarda, E., *La crisi spirituale di Boezio*, Catânia, 1953; Vann, G., *The Wisdom of Boethius*, Londres, 1952; Brosch, H. J., *Der Seinbegriff bei Boethius*, Innsbruck, 1931.

XVII
ANSELMO DE AOSTA E SEUS CONTEMPORÂNEOS

1. Anselmo de Aosta

No século XI as trevas que se abateram sobre a sociedade europeia durante as invasões dos bárbaros começaram a dissipar-se. Como consequência do trabalho dos monges e, mais tarde, também dos bispos, surgiram em muitos países escolas de gramática, retórica, filosofia e teologia. Dessas escolas saíram os primeiros expoentes da filosofia medieval.

Anselmo, o maior pensador do século XI, nasceu em Aosta, em 1033. Entrando ainda em tenra idade na abadia beneditina de Bec, na Normandia, tornou-se, em 1063, seu prior e, em 1086, seu abade. A maior parte de suas obras é o resultado dos debates que dirigia no mosteiro. Em 1093 foi nomeado bispo de Cantuária, na Inglaterra, onde fora em visita a um amigo gravemente enfermo. A corte, que queria esta investidura, supunha nele uma santidade facilmente manejável, mas ele se bateu energicamente pelos direitos e pela liberdade da Igreja, pelo que foi expulso. Retornou à Inglaterra em 1106 e aí faleceu em 1109.

As suas obras mais importantes são: o *Monologium* (Monólogo), o *Proslogium* (Diálogo) e o *Cur Deus homo* (Porque Deus [se fez] homem?). Nelas estuda, entre outras coisas, dois problemas de importância fundamental para a filosofia cristã: o das relações entre a fé e a razão e o da existência de Deus.

FÉ E RAZÃO

A relação entre fé e razão é expressa com as palavras *credo ut intelligam* (creio para entender). O aforismo quer destacar duas coisas. Primeiramente, a necessidade da fé para o conhecimento da verdade religiosa e moral; daqui a importância do *credo*. Em segundo lugar, a necessidade de usar a razão para que a adesão à fé não seja cega e meramente passiva: daqui a importância do *intelligam*.

As verdades religiosas e morais não podem ser apreendidas a não ser pela fé. Mas, uma vez de posse delas pela fé, temos o dever de compreendê-las e demonstrá-las. "O que cremos pela fé a respeito da natureza divina e das pessoas dela, afora a Encarnação, pode ser demonstrado com razões necessárias, sem se recorrer à autoridade da Escritura". A própria Encarnação Anselmo a apresenta, no escrito dedicado a este tema *(Cur Deus homo)*, como verdade que a razão pode atingir por si mesma: de fato, é inegável que os homens não poderiam ser salvos se Deus não se tivesse encarnado e não tivesse morrido por eles; por outro lado, Deus não podia deixar o Paraíso vazio.

A EXISTÊNCIA DE DEUS

Para provar a existência de Deus, Anselmo segue métodos diferentes no *Monologium* e no *Proslogium*.

No *Monologium* procede *a posteriori*, isto é, parte dos fatos.

No *Proslogium* procede *a priori*, isto é, parte da definição de Deus para deduzir dela a sua existência.

No *Monologium*, Anselmo recorre às provas tradicionais baseadas na *contingência* dos seres finitos e nos *graus de perfeição*.

No *Proslogium* procura prova irrefutável da existência de Deus, prova que não possa ser negada nem pelo estulto do salmo 13 que "diz no seu coração: 'Não há Deus' ".

A prova baseia-se na ideia, isto é, na definição de Deus. Ora, a ideia que todos têm de Deus é a de ser tal que "não se pode pensar nenhum maior do que ele" *(quo maius cogitari nequit)*. Mas, "aquilo, maior do que o qual não se pode pensar nada, não pode existir só no intelecto. Porque, se existisse só no intelecto, poderia ser pensado outro que existisse também na realidade, e este seria maior. Se, pois, aquilo maior do que o qual não se pode pensar nada existisse só no intelecto, aquilo maior do que o qual não se pode pensar nada seria, ao contrário, aquilo maior do que o qual se pode pensar alguma coisa. Mas isto certamente é impossível. Logo, não há dúvida de que aquilo maior do que o qual não se pode pensar nada existe tanto no intelecto como na realidade".[1]

---

[1] *Proslogium*, 2.

O argumento funda-se em dois princípios:

— O que existe na realidade é maior ou mais perfeito do que o que existe só no intelecto.

— Afirmar que não existe na esfera do real aquilo maior do que o qual não se pode pensar nada implica uma contradição, porque significa admitir e ao mesmo tempo não admitir que se possa pensar outro maior do que ele, isto é, existente na realidade.

O monge Gaunilon foi o primeiro a criticar o argumento ontológico, como é chamado. Escreveu a Anselmo que, admitindo-se que o conceito de Deus corresponda ao de ser perfeitíssimo, deste conceito não se pode deduzir a existência de Deus como do conceito de uma ilha perfeitíssima não se pode deduzir a existência da ilha.

Anselmo respondeu a Gaunilon que não se pode dizer de uma ilha imaginária, ainda que concebida como perfeita, que seja aquilo mais perfeito do que o qual não se pode pensar nada; por isso, da possibilidade de pensá-la não segue a sua realidade como, no caso de Deus, a sua realidade se segue da simples possibilidade de pensá-lo como o ser mais perfeito de todos.

Diante do argumento ontológico, a filosofia posterior dividiu-se em dois lados: a favor e contra. Defenderam o argumento ontológico Scot, Descartes, Leibniz e Hegel. Rejeitaram-no Tomás de Aquino, Kant, Maritain e muitíssimos outros. Os que rejeitam o argumento afirmam que ele peca contra as regras da lógica (mudança de suposição no verbo de ligação ou no conceito de Deus) e que parte do falso pressuposto de que tenhamos um conceito adequado da perfeição divina. Os que defendem o argumento justificam sua validade apelando para a singularidade do caso em questão: Deus não pode ser pensado senão como existente; por isso, se se pode pensar Deus, é necessário pensá-lo como existente.

2. A escola de são Vítor

Nos séculos XI e XII registra-se intensa retomada do estudo da filosofia e da teologia, não só na abadia de Bec, onde ensinava Anselmo, mas também em muitas outras abadias francesas e inglesas. De todas elas, as que mais se distinguiram foram duas abadias da cidade de Paris: são Vítor e Chartres.

HUGO E RICARDO DE SÃO VÍTOR

Os monges pertencentes à *Escola de são Vítor* são chamados vitorinos. Os mais conhecidos são Hugo (1096-1141) e Ricardo (falecido em 1173).

Hugo é célebre sobretudo pelo *Didascalion* (Instrução), introdução ao estudo das artes liberais, redigida com largueza de vistas. Ela constitui uma das obras capitais da pedagogia medieval.

Ricardo é antes de tudo místico, famoso pelo seu *De Trinitate*, obra de profunda especulação teológica sobre o mistério da Trindade.

Em relação à sua importância filosófica, os vitorinos, renovando o agostinismo, foram eminentes psicólogos; e toda a sua psicologia, que tem sua coroação na mística, se enquadra na tentativa de repensar a filosofia agostiniana para fundar nela a validade da razão humana. A iluminação agostiniana, embora de caráter natural, punha em Deus a garantia de qualquer certeza e postulava a presença, ainda que indireta, de Deus no homem. Com a especulação dos vitorinos, a posição agostiniana transforma-se de imediatista em inatista, e o inatismo abre caminho para a psicologia e a mística: para a psicologia enquanto impõe a análise completa da alma humana para encontrar nela os princípios da certeza; para a mística enquanto a análise da consciência encontra em Deus a sua garantia e, no conhecimento de certo modo experimental de Deus, a sua suprema explicação. O conhecimento racional tem, pois, pleno valor, valor que tem seu pressuposto na fé e na graça, enquanto só um Deus e de Deus recebe a sua validade.

3. A Escola de Chartres

Os mestres da *Escola de Chartres* distinguem-se dos da Escola de São Vítor pela tendência mais realista e intelectualista. É muito vivo neles o interesse pelo estudo da natureza. Curiosos das ciências naturais, dedicam-se tanto às pesquisas experimentais como à especulação filosófica, apreciam o debate teológico, mas também a cultura clássica, aprimoradora e humana. Amantes da verdade, são-no também da beleza, que pesquisam com fineza no latim senhoril de seus escritos.

JOÃO DE SALISBURY

O representante mais notável desta tendência é João de Salisbury (falecido em 1182), no qual se revela a alma de verdadeiro humanista do século XIV. Admirador de Cícero, imita não só sua elegância formal, mas também seu ecletismo doutrinal, sustentando ao mesmo tempo a doutrina platônica das Ideias (às quais atribui, como Platão, o verdadeiro ser, enquanto as coisas mutáveis não merecem ser chamadas *ser*) e a aristotélica do hilemorfismo (a teoria da matéria e da forma). Sua obra principal é o *Policraticus*. João é o primeiro grande escritor medieval de teoria política.

À escola de Chartres pertencem também Amaury de Benes e Davi de Dinant, cuja especulação é viciada por tendência acentuada ao panteísmo.

BIBLIOGRAFIA

Sobre Anselmo:

MAZZARELLA, P., *Il pensiero speculativo di sant'Anselmo d'Aosta*, Pádua, 1962; VANNI, S.-ROVIGHI, 5. *Anselmo e la filosofia dei secolo XI*, Milão, 1949; BARTH, K., *Filosofia della rivelazione*, Milão, 1965; STOLZ, A., *Anselm von Canterbury. Sein Leben, seine Bedeutung, seine Hauptwerke*, Munique, 1937; Mc INTYRE, J. *Saint Anselm and Lis Critics*, Nova Iorque, 1957.

Sobre as Escolas de Chartres e de são Vítor:

CHENU, M. D., *La teologia nel secolo XII*, Milão, 1972; GREGORY, T., *La filosofia di Guglielmo di Conches e la Scuola di Chartres,* Florença, 1955; KLEINZ, J. P., *The Theory of Knowledge of Hugh of St. Victor,* Washington, 1944.

XVIII
ABELARDO

Espírito inquieto, mente enciclopédica, dialético formidável, mestre que provoca em Paris ondas de entusiasmo entre os discípulos e implacáveis rivalidades entre os colegas, Abelardo (1079-1142) é personalidade interessantíssima naquela Idade Média que alguns pensam mergulhada no torpor de conformismo amorfo.

Abelardo é personagem interessante tanto do ponto de vista biográfico quanto do doutrinal. De sua biografia são conhecidas as vicissitudes amorosas com Eloísa e os choques com são Bernardo. De seus ensinamentos têm grande importância a solução do problema dos universais, o método do *sic et non* (sim e não), a doutrina sobre a boa intenção e a *Dialectica*.

Nesta última, que é a mais importante e sistemática de suas numerosas obras de lógica, Abelardo "elabora doutrina unitária e completa da linguagem" (Jolivet). O que caracteriza a sua doutrina da linguagem é o fato de incluir tudo, de abranger todo o campo filosófico: gramática, lógica, gnosiologia, ontologia, metafísica. A linguagem, para Abelardo, é a ponte que une o pensamento às coisas, permitindo, assim, penetrar tanto neste como naquelas.

O *sic et non* é o método de reunir teses opostas sobre diversos assuntos, deixando ao leitor o encargo de decidir de que lado está a verdade. Empregando este método, o objetivo de Abelardo não era céptico, mas didático: a dúvida, levantada pelas teses opostas, devia estimular a pesquisa pessoal em busca de solução. De fato, porém, o método do *sic et non* leva a razão para a atitude de independência e de crítica incompatível com a doutrina anselmiana (e tradicional) das relações entre fé e razão. A razão de Abelardo não é mais, como a de Anselmo, humilde intérprete da fé, mas separa-se dela para tratá-la como igual.

Historicamente o *sic et non* é importante porque contém, em germe, o esquema do artigo das Sumas do século XIII: autoridades pró e contra, das quais deve surgir a solução pessoal.

No campo ético é importante a sua doutrina da intenção. Segundo Abelardo, a moralidade de uma ação não depende do objeto, nem das circunstâncias, nem das paixões, mas unicamente da intenção: "A Deus não importa o que fazemos, mas com qual intenção o fazemos; o nosso mérito não depende da ação, mas da nossa intenção". Colocando na intenção toda a moralidade da ação, Abelardo não hesita em afirmar que mesmo ações como a crucificação de Cristo e as perseguições que vitimaram os mártires seriam boas se feitas com boa intenção. Na ética de Tomás de Aquino a intenção ocupa também lugar importante, mas sem cair nos exageros de Abelardo. Segundo Tomás, a moralidade da ação depende não só da intenção, mas também do objeto: o objeto fornece a matéria; a intenção, a forma.

Depois das desventuras por causa de Eloísa, Abelardo fez-se monge e dedicou-se ao ensino da teologia. Tratou da doutrina da Trindade, fazendo largo uso da dialética. Sua doutrina trinitária foi condenada em 1121, no concílio reunido em Soissons; dezenove teses suas, ou dadas como suas, sobre a Trindade e o conceito de fé, e algumas doutrinas morais foram condenadas no concílio de Sens, em 1141, por inspiração de são Bernardo.

O nome de Abelardo está ligado também à discussão sobre os universais, para cuja solução deu contribuição decisiva.

Os *universais* constituíam problema herdado pelos medievais de Porfírio e Boécio, os quais, na tentativa de conciliar Platão e Aristóteles, se viram diante de alternativa sem possibilidade de compromisso: a existência ou não das ideias universais *a parte rei* (da parte da coisa), isto é, em si mesmas. Platão a admitira, Aristóteles a negara. Porfírio e Boécio não quiseram pronunciar-se a favor de Platão contra Aristóteles, nem a favor de Aristóteles contra Platão, e assim transmitiram o problema aos pósteros, sem solução.

Os pensadores dos séculos XI e XII apaixonaram-se pelo problema dos universais mais do que por qualquer outro. O motivo deste interesse estava nos textos de filosofia em uso naqueles tempos, textos nos quais se tratava principalmente da lógica. Ora, a lógica estuda antes de tudo a natureza do conceito, a sua extensão, compreensão, definição, divisão etc. Examinando a natureza do conceito, percebe-se logo que tem a propriedade de poder ser predicado de todos os membros da mesma classe, isto é, que é universal. Por exemplo, o conceito de homem pode ser predicado de César, de Sócrates, de Constantino e outros. Mas, César, Sócrates, Constantino e outros são seres singulares ou individuais, não universais, e cada indivíduo é diferente dos outros. Mas, se os conceitos são universais, e os objetos, particulares, em que consiste a verdade dos conceitos universais? Como se pode dizer que eles correspondem às coisas?

Eis o problema que se puseram os filósofos nos albores da Escolástica.

As principais soluções dadas ao problema dos universais no século XI são a *nominalista*, a *ultrarrealista* e a *realista* (visto que a solução conceitualista parece não ter tido seguidores).

A solução nominalista foi ensinada por Roscelino (1050-1120). Ele parte da verificação de que todas as coisas são particulares e conclui que as nossas ideias, para serem verdadeiras, devem também ser particulares. Logo, os universais não existem, sequer na mente, e não são mais do que um *flatus vocis* (emissão da voz): a função de universal exerce-a a palavra enquanto pode ser aplicada a muitos indivíduos.

A solução ultrarrealista a propôs por Guilherme de Champeaux (1070-1120). Ele parte da verificação de que temos conceitos universais e de que eles só serão verdadeiros se a eles corresponder algum ser universal. Por isso, conclui que existem coisas universais da mesma natureza dos conceitos. Assim, existe o ser universal homem, o ser universal planta etc. Eles não existem fora das coisas particulares, mas nos próprios indivíduos, os quais, por isso, se diferenciam somente por notas acidentais.

A solução realista é a de Abelardo, que rejeitou as duas soluções precedentes e mostrou que a de Guilherme de Champeaux leva ao panteísmo e a de Roscelino, ao cepticismo. Segundo ele, o universal não é coisa, nem simples *flatus vocis* (emissão da voz), mas conceito tirado das coisas por abstração.[1] Sendo tirado das coisas, o universal tem com

---

[1] É esta a interpretação mais aceita do pensamento de Abelardo sobre esta questão difícil. Cf. COPLESTON, F., *History of Philosophy*, Westminster, Mass., 1950, II, 150 e 151; VANNI, S.-Rovighi in *Storia della filosofia*, aos cuidados de C. Fabro, Roma, 1954, 179-182.

elas correspondência parcial: correspondência quanto ao conteúdo, não quanto ao modo. Pelo universal apreendemos o que está na coisa, mas não como está na coisa. Mais tarde a solução de Abelardo será retomada e aperfeiçoada por Tomás de Aquino, que distinguirá no universal três etapas: *a) ante rem:* o universal na mente divina; *b) in re:* o universal nos indivíduos singulares; *c) post rem:* o universal na mente humana como conceito abstrato.

BIBLIOGRAFIA

OTTAVIANO, C., *Pietro Abelardo: la vita, le opere, il pensiero,* Roma, 1931; GILSON, E., *Eloisa e Abelardo,* Turim, 1950; LLOYD, R., *Peter Abelard, the Orthodox Rebel,* Londres, 1947; JOLIVET, J., *Arts du langage et théologie chez Abelard,* Paris, 1969.

XIX
OS FILÓSOFOS ÁRABES

Com Anselmo, os vitorinos e Abelardo, inicia-se aquele grande movimento doutrinal que tem o nome de Escolástica. Caracteriza-se essencialmente como estudo da Revelação que tem por instrumento também e, muitas vezes, sobretudo a filosofia de Aristóteles, à diferença da Patrística, que se serve exclusivamente das categorias filosóficas de Platão.

Costuma-se considerar a Escolástica como movimento típico do cristianismo, especialmente do cristianismo ocidental. Mas antes de manifestar-se na Europa e em ambiente cristão, desenvolveu-se no Oriente, entre os muçulmanos, entre os quais, especialmente por obra de Averróis e Avicena, conseguiu grandes resultados, em nada inferiores aos conseguidos pelos escolásticos cristãos.

Esses autores elaboraram visões filosófico-religiosas nas quais dão amplo relevo não só aos ensinamentos do Alcorão, mas também aos de Aristóteles, os quais, porém, são conhecidos não na forma genuína, mas na adulterada dos neoplatônicos. Assim, uma das obras mais apreciadas, a *Teologia,* tida como de Aristóteles, na verdade é compilação neoplatônica. Mas não faltou um conhecimento direto e profundo também da *Metafísica* de Aristóteles, da qual tanto Avicena como Averróis escreveram respeitáveis comentários.

1. Avicena

Avicena (Ibn Sina), filho de alto funcionário do governo samânida, nasceu em Bukara, em 980. Extraordinariamente precoce, adquiriu cultura enciclopédica que ia da gramática à geometria, da física à medicina, da jurisprudência à teologia. Aos 17 anos, sua fama de médico já era tão grande que o príncipe samânida Ibn Mansur, tendo adoecido, quis ser tratado por ele, e Avicena conseguiu curá-lo. Deve-se notar que, na Europa, durante a Idade Média, Avicena tinha mais fama como médico do que como filósofo. Dante coloca-o no limbo, ao lado de Hipócrates e Galeno,[1] os grandes médicos da Antiguidade. Em vista de sua competência neste campo, foi convidado por todas as cortes, recebeu toda sorte de honras e títulos entre os quais o de vice-rei. Apesar de todas essas distrações, Avicena continuou a interessar-se pela filosofia. Lia assiduamente a *Metafísica* de Aristóteles, mas, segundo suas próprias palavras, sem compreendê-la, até que, finalmente, na quadragésima vez, "caíram-lhe as escamas dos olhos" e então pôde compreender seu sentido profundo. Em 1037, quando acompanhava o príncipe de seu país numa campanha militar, foi acometido de grave doença, da qual veio a falecer. Morreu de modo muito edificante como piedoso muçulmano, embora durante a vida tivesse muitas vezes dado mau exemplo, bebendo vinho e comendo carnes proibidas, e tivesse suscitado, com suas teorias filosóficas, a oposição dos teólogos muçulmanos.

De sua prodigiosa produção literária, que trata um pouco de todas as coisas, recordemos dois escritos: o breve *Najat* (compêndio de metafísica) e o volumoso *Chifa* (conhecido dos medievais sob a denominação de "Sufficientiae" (Suficiências), obra que compreende tratados de lógica, física, matemática, psicologia e metafísica).

Avicena criou um sistema filosófico de vastas proporções no qual, na base cosmológica neoplatônica, inseriu habilmente todas as grandes distinções da metafísica aristotélica: ato e potência, matéria e forma, substância e acidentes.

O quadro cosmológico de Avicena é o seguinte: a realidade suprema é o Um, Deus, o Ser necessário por si. Do Um procede o mundo, não por necessidade mecânica, mas por exigência da bondade divina. Mas, como do Um não pode provir senão algo que seja um, das coisas deste mundo só uma procede imediatamente de Deus: a primeira inteligência. Dela procedem outras nove inteligências. A décima, a mais perfeita de todas, está em contato direto com a terra e cuida de distribuir às coisas as formas e aos homens as ideias.

---

[1] Cf. Dante, A., *Inferno*, IV, 143.

O ponto de partida da metafísica de Avicena é a divisão da realidade em "seres necessários por si" e em "seres necessários em virtude de sua causa": "Dizemos, portanto, que o que faz parte do ser pode ser dividido pelo intelecto em dois grupos. Do primeiro fazem parte aquelas coisas que, consideradas em si mesmas, têm um ser que não é necessário, mas também não é impossível, porque, de outro modo, não perteceriam ao ser. Trata-se, pois, do 'ser possível'. Ao outro grupo pertencem aquelas coisas que, consideradas em si mesmas, se verifica que têm um ser necessário. Diremos por isso que aquilo que é necessário por si não tem causa *necesse esse per se non habet causam* (o que existe necessariamente não tem causa), e que aquilo que é possível por si tem causa; e, além disso, que aquilo que é necessário por si é a razão da necessidade de todas as outras coisas".[2]

Notamos aqui o aparecimento de uma distinção fundamental que os filósofos precedentes ignoravam, a distinção entre essência e existência. Avicena dá a máxima importância a esta distinção porque é ela que fixa a linha de demarcação entre Deus e as criaturas, entre o ser necessário e os seres possíveis. "Tudo o que existe, com exceção do ser que se identifica com o próprio ser, recebe o ser de outro e por isso não se identifica com o ser".[3] "Tudo o que tem uma quididade (essência) é causado; e todas as outras coisas, com exceção do ser necessário por si, são quididades que têm o ser em potência, o qual sobrevêm a elas de fora; o ser primeiro, ao contrário, não tem quididade".[4]

Como se prova a existência do ser necessário por si? Avicena chega a esta prova argumentando com o fato de que as coisas são simplesmente possíveis e não necessárias e que, por isso, para existirem em ato, têm necessidade de uma causa. Esta, em última instância, só pode ser o ser necessário por si.

Estabelecida a existência do Ser necessário por si, Avicena apresenta seus atributos principais. Os atributos negativos são: unidade, simplicidade, imensidade, infinidade, eternidade. Os afirmativos são: bondade, inteligência, vontade.

---

[2] *Chifa*, I, 7.
[3] *Ibid.*, VIII, 3.
[4] *Ibid.*, VIII, 4.

O mundo procede do Ser necessário espontaneamente, em virtude do princípio *"bonum est diffusivum sui"* ("o bem é difusivo de si"). Ora, o Ser necessário é o Sumo bem. A criação é, portanto, um evento necessário, e necessárias são todas as coisas singulares que fazem parte da criação: "Tudo o que é causado pelo Ser acontece necessariamente; de outro modo sobrevir-lhe-ia disposição que antes lhe faltava".[5]

Mas do Ser necessário, que é também único, pode proceder imediatamente uma só coisa, e isto por força do princípio neoplatônico segundo o qual *ab uno non nisi unum* (do um só pode provir o um). Por isso, o Ser necessário procede imediatamente só a primeira inteligência. Desta procedem as outras inteligências.

Por causa desses ensinamentos, Avicena encontrou uma áspera oposição entre os teólogos muçulmanos; mas sempre tentou conciliar as doutrinas filosóficas com a fé em Maomé. Neste ponto, os autores notam evolução no pensamento de Avicena. Nas primeiras obras, é filósofo crente, e nas últimas é crente filósofo, isto é, nos primeiros tempos de sua atividade especulativa procura adaptar o conteúdo de sua fé ao pensamento aristotélico, considerado expressão da razão e da verdade; no último período de sua maturidade, esforça-se por adaptar a filosofia, que fundamentalmente é a aristotélica, ao conteúdo de sua fé. Para conseguir esta harmonização, fez amplo uso, como o fizeram Fílon e Orígenes antes dele, do método alegórico.

2. Averróis

Averróis (Ibn Roshd) nasceu em Córdova, em 1126. Seu pai era jurista célebre que exerceu também o cargo de juiz supremo (*qadit al--qodât*). O jovem Averróis recebeu formação completa: estudou teologia, direito, medicina, matemática, astronomia e filosofia. Em medicina adquiriu certa celebridade, tanto que foi nomeado médico da corte. Em 1182 foi nomeado *qádi* (juiz) de Córdova. Mas, desde os vinte anos dedicava a maior parte de seu tempo a estudar e a comentar Aristóteles, do qual se tornou o comentador por antonomásia. Dele dirá Dante: "Averróis, que o grande comentário fez".[6] Embora permanecesse sempre

---

[5] *Metaphysicae compendium*, Roma, 1926, 33.
[6] Cf. *Inferno*, IV, 144.

fiel à observância externa do Alcorão, atraiu sobre si, por causa de suas teorias filosóficas, as suspeitas e as críticas dos teólogos muçulmanos, os quais conseguiram que perdesse o favor do soberano e que fosse lançado na prisão, onde morreu em 1198.

Averróis é conhecido principalmente por três comentários (grande, médio e pequeno) à *Metafísica* de Aristóteles, escritos em árabe, mas logo traduzidos para o latim e muitíssimo usados pelos escolásticos. Outra obra sua bastante conhecida é a *Destructio destructionis* (*Tahâfot ai Tahâfot*, Destruição da Destruição), réplica vigorosa às críticas que o grande teólogo muçulmano Al-Ghazali movera à filosofia e aos filósofos em geral. Para a compreensão reta do pensamento de Averróis são importantes também seus três tratados sobre as relações entre filosofia e religião.

Do século XIV em diante formou-se no Ocidente a tradição que via em Averróis o grande ímpio, aquele que blasfemara contra todas as religiões e demolira as últimas bases da fé. A revisão deste modo de pensar foi iniciada por Renan, que apresentou um Averróis distante tanto do sectarismo antirreligioso quanto do sectarismo teológico. Mas, segundo Renan, as expressões não raras de Averróis, de deferência para com a religião, devem ser interpretadas como gestos políticos para escapar à ira dos teólogos. A tese de Renan é contestada pelos estudiosos mais recentes, os quais chegam a sustentar que "a doutrina teológica de Averróis, de conciliação da razão com a fé, coincide perfeitamente com a do Doutor Angélico" (*Asín y Palácios*).

O pensamento de Averróis, na verdade, é complexo: de um lado, temos uma interpretação muito rigorosa de Aristóteles, a qual exclui que o Estagirita tenha ensinado a criação do mundo, a providência de Deus e a imortalidade da alma individual, tendo essas doutrinas aristotélicas, para Averróis, um valor absoluto em filosofia; por outro lado, temos seus ensinamentos explícitos sobre as relações entre a fé e a razão, que parecem coincidir com os de Tomás de Aquino. A propósito destas relações, Averróis escreve: "As especulações demonstrativas da filosofia não podem chegar a contradizer o conteúdo da Lei, porque a verdade não se opõe à verdade, mas concorda com ela e lhe dá testemunho. Que seja realmente assim decorre do fato de que, quando uma especulação demonstrativa leva ao conhecimento de alguma coisa real, as alternativas possíveis são apenas as seguintes: ou a Lei não diz nada sobre o assunto ou diz alguma coisa. Se não diz nada, não pode haver contradição. Se diz alguma coisa, ou a sua expressão externa concorda com o que é dito pela especulação demonstrativa ou a contradiz. Se concorda, não há nada a acrescentar. Se a contradiz, é necessária interpretação cuja finalidade é extrair o significado profundo do que a palavra da Lei exprime de modo figurado".[7]

Este texto mostra claramente o desejo de Averróis de conciliar sua fé de devoto muçulmano com a filosofia aristotélica. Julga consegui-lo empregando o método alegórico. Pessoalmente duvidamos que este método tenha o poder mágico que Averróis lhe atribui de resolver todas as contradições e de superar todas as dificuldades.

De tudo o que dissemos até aqui uma coisa é certa: Averróis não é, de forma alguma, o criador da teoria da dupla verdade (de uma verdade para a filosofia e de outra para a religião), que frequentemente lhe é atribuída. Ele não ensina que possam existir duas verdades contraditórias, e sim dois modos diversos de exprimir a mesma verdade. A teoria da dupla verdade foi excogitada pelos seus discípulos, os quais, neste ponto, inegavelmente traíram o pensamento do mestre.

Até aqui expusemos o que diz Averróis sobre o método e o valor do conhecimento; agora passaremos a considerar brevemente o que ele ensina sobre o mundo e sobre o homem.

Do mundo Averróis diz que é eterno e que, por isso, não teve origem nem por criação, como querem os teólogos, nem por emanação, como ensinara Avicena. Isto não impede, todavia, que o mundo seja estruturado hierarquicamente. A hierarquia deve-se ao fato de que o motor de cada esfera deseja unir-se não só à Inteligência particular, que governa a sua esfera, mas também à Inteligência suprema, Deus, que pode, por conseguinte, ser chamado causa do mundo, não no sentido de causa imanente, mas no sentido de que "o que é compreendido" é chamado causa "do que o compreende", isto é, como causa final. Quanto ao homem, é célebre a doutrina de Averróis a respeito do conhecimento intelectivo. Trata-se de uma das várias interpretações da doutrina aristotélica do conhecimento. Como se sabe, o fundador da escola peripatética ensinara que na alma humana há um elemento divino

---

[7] AVERROÈ, *Philosophie und Theologie*, tradução alemã, Munique, 1875, 7.

e que este é o intelecto agente, intelecto que forma as ideias. Aristóteles não esclarecera, porém, se este intelecto é propriedade pessoal de cada homem ou intelecto único que ilumine as mentes individuais, como o sol ilumina todas as coisas. Alexandre de Afrodísia, um dos primeiros e mais célebres comentadores de Aristóteles, fizera distinção clara entre intelecto possível e intelecto agente. O primeiro é a capacidade ou a "preparação" para receber o influxo do intelecto agente. Como esta "preparação" ou capacidade decorre de fusão de elementos presentes no homem, o intelecto passivo está de tal forma em conexão com o corpo humano que com ele perece e, portanto, é mortal. O intelecto agente, ao contrário, é substância separada que existe fora do homem individual e também fora da matéria, sendo assim imortal: é um só para todos os homens. Também Averróis mantém esta clara distinção entre intelecto agente e intelecto possível, mas, divergindo de Alexandre de Afrodísia, atribui a incorruptibilidade e a imortalidade também ao intelecto possível. Este não é considerado propriedade pessoal de cada homem, mas fonte cognitiva comum a todos. A razão desta afirmação deve ser procurada no fato de que para Averróis, como para Aristóteles, o princípio de individuação é a matéria e, como esta é corruptível, também os indivíduos gerados por ela são corruptíveis. Isto não impede que se possa afirmar que existe um elemento de eternidade em cada homem; mas este elemento pertence efetiva e completamente ao intelecto subsistente e não aos indivíduos.

Averróis, especialmente como comentador de Aristóteles, gozou de enorme prestígio e exerceu grandíssima influência durante o período áureo da Escolástica e durante a Renascença. Ele foi o ponto inicial do movimento filosófico chamado averroísmo latino, movimento que levou até às últimas consequências a distinção de Averróis entre filosofia e religião, transformando-a na teoria absurda da dupla verdade.

No século XIII, através dos comentários aristotélicos de Avicena e Averróis, os pensadores latinos entraram em contato com o pensamento do Estagirita. E graças à tentativa dos dois grandes filósofos árabes de usar a metafísica de Aristóteles na interpretação da religião muçulmana, entreviram a possibilidade de dar nova estruturação à fé cristã, valendo-se não mais das categorias filosóficas de Platão, mas das de Aristóteles. É esta, como veremos, a tarefa difícil que se propuseram realizar, em suas respectivas obras, Alberto Magno, Tomás de Aquino e Duns Scot.

BIBLIOGRAFIA

Estudos gerais:

QUADRI, G., *La filosofia degli arabi nel suo fiore,* Florença, 1939; MUNK, S., *Mélanges de philosophie juive et árabe,* Paris, 1927, 2ª ed.; GARRA DE VAUX, B., *Les penseurs de l'Islam,* Paris, 1926; HORTEN, H., *Islamische Philosophie,* Tubinga, 1930; 2ª ed.; BADAWI, A., *La transmission de la philosophie grecque au monde árabe,* Paris, 1968; CORBIN, H., *Histoire de la philosophie islamique,* Paris, 1964.

Sobre Avicena:

AFNAN, S. M., *Avicenna, vita e opere,* Bolonha, 1969; GOICHON, A. M., *La philosophie d'Avicenne,* Paris, 1951; GARDET, L., *La pensée religieuse d'Avicenne,* Paris, 1951; CHANINE, O., *Ontologie et théologie chez Avicenne,* Paris, 1962.

Sobre Averróis.

GAUTHIER, L., *Ibn Rochd,* Paris, 1948; ALLARD, T., *Le rationalisme d'Aver-roès d'après une étude sur la création,* Paris, 1955.

XX
TOMÁS DE AQUINO

O século XIII é celebrado por todos os estudiosos como o século de ouro da Idade Média. É nele, com efeito, que a civilização medieval atinge pontos culminantes em todos os campos: nas artes, na literatura, na política, na teologia e também na filosofia. O que distingue o gênio dos homens deste tempo é o perfeito equilíbrio entre fé e razão, entre a autonomia do homem e a sua mais completa submissão a Deus. Esses traços se manifestam de modo particular em Tomás de Aquino, uma das figuras dominantes deste período e um dos maiores filósofos e teólogos de todos os tempos.

1. A vida

Tomás, da linhagem dos condes de Aquino, nasceu em Roccasecca, perto de Frosinone, em 1225, e recebeu a primeira educação dos beneditinos de Montecassino. Em 1239 entrou na Universidade de Nápoles e pouco depois na ordem dos dominicanos. A esta decisão opuseram-se obstinadamente seus irmãos, que chegaram ao ponto de colocá-lo em prisão. Mas Tomás permaneceu firme em sua decisão e em 1245 foi libertado e pôde seguir sua vocação. Deixou a Itália e entrou no convento dominicano de Paris, sob a orientação de Alberto Magno, cuja influência sobre o jovem Tomás foi imensa, especialmente no tocante à preparação filosófica; foi ele quem o introduziu na filosofia de Aristóteles.

Depois de obter o grau de "mestre em teologia", Tomás ensinou esta disciplina na Sorbona e mais tarde assumiu o cargo de teólogo papal na corte pontifícia.

Passou seus últimos anos no convento de Nápoles, compondo a *Suma Teológica,* comentando Aristóteles e pregando ao povo.

Em janeiro de 1274, a convite de Gregório X, pôs-se a caminho de Lião para tomar parte no concílio que ali se realizava. Chegando a Fossanova, adoeceu na casa de sua sobrinha Francisca de Aquino. Pediu para ser levado para o claustro cisterciense, no qual faleceu em 7 de março de 1274.

2. As obras

Os principais escritos de Tomás de Aquino dividem-se em quatro grandes grupos: obras sistemáticas, questões disputadas, comentários filosóficos, comentários sobre a Sagrada Escritura.

As *obras sistemáticas* são três: *In quattuor libros sententiarum* (Sobre os quatro livros das Sentenças) (1254-1256), *Summa contra gentiles* (Suma contra os gentios) (1258-1264); *Summa theologica* (Suma Teológica) (1267-1273).

As "*Questões disputadas*" compreendem cinco escritos: *De veritate* (Sobre a verdade) (1256-1259), *De potentia* (Sobre a potência) (1256-1262), *De malo* (Sobre o mal) (1263-1268), *De anima* (Sobre a alma) (1269-1270), *De virtutibus* (Sobre as virtudes) (1269-1270).

Os *comentários filosóficos* referem-se às obras de Aristóteles, Boécio e do Pseudo-Dionísio. De Aristóteles, Tomás comentou as obras mais importantes: a *Física* (1265-1270), a *Metafísica* (1265-1270), a *Ética* (1266), a *Política* (1268), os *Analíticos posteriores* (1268), o *Da alma* (1270), o *Perihermencias* (Sobre a interpretação) (1269-1272).

Entre as obras menores figuram dois ensaios filosóficos de grande valor: o *De ente et essentia* (Sobre o ser e a essência) e o *De regimine principum* (Sobre o governo dos príncipes); o primeiro é um tratado de metafísica; o segundo, de política.

3. Fé e razão

O problema das relações entre fé e razão, tratado desde os inícios da filosofia cristã, é retomado por Tomás de modo novo, mais sistemático e mais completo.

De Clemente de Alexandria em diante, a razão fora posta a serviço da fé para explicá-la e torná-la inteligível. A solução de Clemente encontrara sua formulação conclusiva em Anselmo.

Com Abelardo, as relações entre a razão e a fé começam a ser interpretadas de modo diferente: a razão separa-se da fé e assume uma posição de crítica em relação a ela. Com esta posição, Abelardo prepara o futuro conflito entre saber humano e saber religioso.

O conflito torna-se real no tempo de Tomás de Aquino, quando a interpretação averroísta de Aristóteles põe muitos filósofos na penosa situação de negar pela razão o que creem pela fé.

Alguns (os averroístas latinos) procuram contornar o conflito recorrendo à teoria da dupla verdade: é verdadeiro, mas de modo diverso, tanto o que ensina a razão quanto o que ensina a fé.

Na luta contra os averroístas, que esvaziam a fé de todo conteúdo racional e expõem a razão a uma angustiante crise religiosa, Tomás desenvolve sua doutrina das relações entre fé e razão, baseando-a nos seguintes princípios:

a) Fé e razão são modos diferentes de conhecer: a razão aceita a verdade por causa de sua evidência intrínseca; a fé aceita a verdade por causa da autoridade de Deus revelante. Consequentemente, filosofia e teologia são ciências diferentes.

"Cumpre saber que há dois gêneros de ciências. Umas partem de princípios conhecidos à luz natural do intelecto, como a aritmética, a geometria e semelhantes. Outras provêm de princípios conhecidos por ciência superior, como a teologia".[1]

Mesmo quando a razão tem Deus como objeto, o seu conhecimento permanece distinto do da fé porque obtém-se "através das criaturas". As criaturas levam ao conhecimento de Deus "como o efeito leva à causa", mas deste modo se chega a "conhecer de Deus (somente) o que necessariamente lhe convém como princípio de todos os seres".[2]

b) Fé e razão, filosofia e teologia não podem contradizer-se porque Deus é seu autor comum. Logo, a verdade de razão não pode jamais entrar em conflito com a verdade revelada: a verdade não pode jamais contradizer a verdade. Quando aparece uma oposição, é sinal de que não se trata de verdade, mas de conclusões falsas ou não necessárias.[3]

Não só não existe contradição entre fé e razão, entre filosofia e teologia, como também existe afinidade; porque "nas coisas conhecidas

---

[1] *Suma Teológica*, I, q. l, a. 2.
[2] *Ibid*, I, 32, 1.
[3] Cf. *Summa contra gentiles*, I, 7.

pela razão natural existem semelhanças com as que se adquirem mediante a fé". Por isso, a filosofia "contém analogias das coisas conhecidas pela fé (...). Se se encontra, portanto, alguma coisa contrária à fé nas afirmações dos filósofos, não se deve atribuir isso à filosofia, mas a mau uso da filosofia devido a alguma falha da razão".[4]

c) Embora a *razão* seja suficiente para conhecer as verdades fundamentais de ordem natural e seja autônoma no estudo das coisas naturais, ela *é incapaz, por si só, de penetrar nos mistérios de Deus,* que é o seu bem último. E mesmo as verdades que a razão pode atingir sozinha, nem todos chegam a conhecê-las, e o caminho que a elas conduz não é livre de erros. Por isso, Deus veio benignamente ao encontro do homem, com sua Revelação divina.

Agora, tendo a Revelação indicado à razão onde se encontra a verdade, o filósofo sabe para onde dirigir suas pesquisas. Compete-lhe tornar intrinsecamente evidente aquilo que, guiado pela fé, já sabe que é verdadeiro.

d) Por outro lado, *a razão pode prestar precioso serviço à fé,* e isto de três modos:

— *ad demonstrandum ea quae sunt praembula fidei* (demonstrando aquelas coisas que são preâmbulos da fé);

— *ad notificandum per aliquas similitudines, ea quae sunt fidei* (ilustrando, por meio de certas semelhanças, as coisas que pertencem à fé);

— *ad resistendum iis quae contra fidem cicuntur*[5] (opondo-se às coisas que são ditas contra a fé).

Por isso, Tomás chama a filosofia de "serva da teologia".

4. A filosofia do ser

Os pontos nos quais se funda toda a metafísica de Tomás são os seguintes: a perfeição máxima é o *ser;* os seres originam-se do ser por *criação;* a criação é *participação* da perfeição do ser aos outros seres; a limitação da perfeição do ser nos seres é devida a uma potência, isto é, à *essência.* Há, portanto, nos seres distinção real entre ser e essência; entre

---

[4] *Boethii de Trinitate,* 1, a. 7.
[5] *Ibid.,* I, 7.

os seres, e entre os seres e o ser existe *analogia* ou semelhança, porque todos eles são aparentados pela mesma perfeição.

Procuremos ilustrar brevemente esses pontos da metafísica tomista.

a) A perfeição máxima é o ser: não a ideia de ser, mas o ato de ser. Esta é a grande e genial intuição de Tomás de Aquino, intuição que lhe permite construir novo sistema filosófico, diverso dos de Platão e Aristóteles; sistema totalmente novo, mesmo nos elementos que Tomás aceita de Platão e Aristóteles, porque ele os batiza nas águas lustrais de sua noção de ser. Para que esta afirmação não pareça gratuita, citemos logo alguns dos maiores problemas que Tomás está em condições de resolver com seu novo conceito de ser. Com ele é-lhe possível precisar em que consiste a natureza de Deus: a sua essência constitui-se exatamente pelo ser, sendo o ser a suprema perfeição e, por isso, a que mais convém a Deus.

Aplicado às coisas, o novo conceito de ser explica a origem delas, a sua finitude, a sua semelhança e o seu agir (e vir-a-ser): as coisas originam-se por participação na perfeição do ser. São finitas porque a sua participação é limitada; são semelhantes porque todas são aparentadas pela mesma perfeição: estão em condições de agir porque o agir é a irradiação do ser que possuem. Com o novo conceito de ser, Tomás pode explicar as relações entre substância e acidentes, entre alma e corpo: o acidente recebe o ser da substância; o corpo, da alma. Tendo a alma o ser por si mesma, a sua imortalidade é facilmente garantida.

Finalmente, com o novo conceito tomista de ser, é possível dar fundamento objetivo à moral, enquanto todo agir tem como finalidade última a realização de um modo de ser.

Tomás tem consciência da genialidade de sua descoberta; indicam-no as próprias palavras que ele emprega para descrever a perfeição do ser. Parece até que não consegue encontrar os termos adequados e que uma ou outra vez procura contornar a insuficiência do vocabulário, formando superlativos com substantivos, à moda hebraica (por exemplo, *esse est actualitas omnium actuum*, o ser é a atualidade de todos os atos). Eis algumas passagens nas quais Tomás exalta a perfeição do ser:

"De todas as coisas o ser é a mais perfeita" (*esse est inter omnia perfectissimum*).[6]

---

[6] *De potentia*, 7, 2, ad. 9.

"O ser é a atualidade de todos os atos e, por isso, a perfeição de todas as perfeições".[7]

"O que em qualquer efeito é mais perfeito é o ser; qualquer natureza ou forma adquire a perfeição pelo fato de ser em ato".[8]

"A excelência de uma coisa depende do seu ser".[9]

As razões deste primado do ser são várias. Eis algumas:

"Ao ser não se pode acrescentar nada que lhe seja estranho porque nada lhe é estranho, com exceção do não-ser, que não pode ser nem forma nem matéria".[10]

"O ser é o que de mais íntimo tem uma coisa e o que de mais profundo existe em todas as coisas".[11]

"O ser é o fim último de toda ação".[12]

b) *Os seres procedem do Ser por criação.* A perfeição do ser como tal é única e identifica-se com Deus. Como explicar, porém, que, além do Ser, existam seres? Segundo Tomás, isto se deve à ação criadora do Ser. "O Ser subsistente não pode ser mais de um (...). Logo, todos os seres diversificados (...) necessariamente devem ser causados por um ser primeiro perfeitíssimo".[13]

A comunicação do Ser aos seres não se dá, porém, por emanação, como ensinaram os neoplatônicos, mas por criação, produção, a partir do nada, de alguma coisa que participa da perfeição do Ser.

c) *A criação é participação dos seres, por semelhança, na perfeição do Ser.* A palavra "participação" é empregada por Tomás tanto para descrever o ato pelo qual o Ser comunica a sua perfeição aos seres como para indicar a operação pela qual os seres participam da perfeição do Ser. A primeira chama-se participação comunicativa, a segunda, participação receptiva.

Tomás distingue, além disso, dois modos de participação receptiva: a participação predicamental (ou material ou por composição) e a participação transcendental (ou por semelhança). As criaturas são participações do Ser no segundo sentido.

---

[7] *Ibid.*
[8] *Contra gentiles*, III, 56.
[9] *Ibid.*, I, 56.
[10] *De potentia*, 7, 2 ad 9.
[11] *Suma Teológica*, I, 8, 1.
[12] *De substantiis separatis*, 7, 16.
[13] *Suma Teológica*, I, 44, 1.

"Deve-se saber", diz Tomás, "que há dois modos de participar de alguma coisa. No primeiro modo participa-se da substância do participante, como quando o gênero é participado pela espécie (o gênero faz parte da substância da espécie). Mas não é deste modo que o Ser é participado pela criatura. Logo, o Ser é participado sem se tornar parte da essência da coisa".[14] Em outras palavras, os seres não participam do Ser como as fatias participam de um bolo. Se fosse assim, o Ser e os seres teriam a mesma natureza. Mas os seres participam do Ser como uma cópia participa do seu modelo. É participação por semelhança, não por essência. Com esta doutrina, Tomás evita o perigo do panteísmo, sem diminuir as criaturas. O ser delas ainda permanece divino; de divindade não essencial, mas imitativa.

d) A limitação da perfeição do ser nas criaturas é devida à potência, isto é, à essência. De fato, é necessário que alguma coisa limite a perfeição do Ser, por si infinita, aos graus finitos que ela tem nos seres. Esta função compete à potência, ou seja, à essência. "O Ser considerado de modo absoluto", diz Tomás, "é infinito (...). Por isso, se se torna finito, é necessário que seja limitado por alguma coisa 'que tenha a capacidade de recebê-lo' (*quod sit receptivum eius*), isto é, pela essência",[15] a qual é, portanto, diferente de ser para ser. Tomás distingue dois grupos principais de essências: as essências puras (como os anjos) e as essências mistas, isto é, compostas de matéria e forma. Da concepção da essência como potência limitativa do ser ele deriva a doutrina importantíssima da distinção real entre essência e existência.

A distinção real já fora ensinada por Avicena, para o qual, porém, a existência era acidente. Tomás retoma a doutrina aviceniana da distinção real, mas modifica-a radicalmente: ele não considera mais a essência e a existência segundo a relação de substância e acidente, mas segundo a relação de potência substancial e ato substancial: "O ser de uma coisa, embora não sendo a sua essência, não deve ser considerado como algo acrescentado, como os acidentes, mas deve ser posto no nível dos princípios da essência".[16] Esta distinção real entre essência e existência explica a finitude dos seres. Não é necessário, por isso, pôr a matéria nos anjos a fim de justificar-se a sua finitude.

---

[14] *Quodlibeta*, II, 3.
[15] *Contra gentiles*, I, 43.
[16] *In physicam*, VII, 21.

e) Entre os diversos seres e entre eles e o Ser há analogia ou semelhança. É claro, de fato, que os seres, procedendo todos da mesma fonte, têm alguma coisa em comum que os torna semelhantes. Esta semelhança é mais ou menos profunda conforme pertençam à mesma espécie ou não.

Se os seres pertencem à mesma espécie, a semelhança é específica; se pertencem ao mesmo gênero, genérica. Se não pertencem nem ao mesmo gênero, nem à mesma espécie, a semelhança é designada por Tomás com o termo *analogia,* o qual originariamente significava simplesmente "semelhança".

Também entre os seres e o Ser há semelhança de analogia: "Entre Deus e as criaturas pode haver semelhança de analogia (...) uma vez que as coisas criadas são feitas à semelhança da natureza divina' (*naturae divinae similantur*)".[17] Também a analogia entre os seres e Deus nasce da participação deles na perfeição do Ser.[18]

Estes são os princípios arquitetônicos da metafísica de Tomás de Aquino. Sobre estes pilares ergue uma imensa catedral que abarca todo o universo. Nela estão preservados todos os blocos válidos das metafísicas aristotélica e platônica. Na parte inferior, que diz respeito à indagação sobre o mundo material (o qual, segundo Aristóteles, é constituído de ato e potência, de matéria e forma, de substância e acidente etc.), são mais visíveis os enxertos de origem aristotélica; na parte superior são mais evidentes os de origem platônica (espiritualidade e simplicidade dos seres imateriais). O conjunto, entretanto, é todo marcadamente tomista.

5. Antropologia

Entre os infinitos seres criados por Deus foi o homem que Tomás mais estudou. Esta preferência pelo homem não se deve somente a motivos teológicos (a teologia visa à salvação do homem), mas também a motivos filosóficos; de fato, é através do homem, mais do que através de qualquer outra criatura, que o Ser se torna manifesto a nós.

Das muitas coisas que Tomás disse a respeito do homem merecem particular atenção as seguintes doutrinas: união substancial entre alma

---

[17] *De potentia,* III, 4 ad 9.
[18] Cf. In *I sententiarum,* 48, 1, 1.

e corpo, autossuficiência do conhecimento humano, espiritualidade e imortalidade da alma, liberdade, lei moral.

a) União substancial de alma e corpo. Tomás define o corpo como sínolo (síntese, conjunto) de alma e corpo. Esta definição não é nova; fora dada por Aristóteles e retomada pela escola franciscana. Mas a doutrina tomista sobre a constituição do homem afasta-se tanto da de Aristóteles quanto da dos franciscanos.

Enquanto Aristóteles fora muito indeciso a respeito da imortalidade da alma, Tomás a afirma decididamente. Por outro lado, enquanto os franciscanos, como veremos, tinham ensinado que no homem há várias formas (uma para o corpo e outra para a alma) e várias almas, Tomás sustenta firmemente que no homem há somente uma alma (a alma racional, a qual desempenha também as funções da alma vegetativa e da sensitiva) e uma só forma (a própria alma).

Segundo Tomás, é somente assim que se salva a unidade substancial do homem.

Eis algumas passagens nas quais ele ensina respectivamente que: a alma é forma do corpo, a alma e o corpo constituem um todo único, a alma racional exerce também as funções das almas inferiores:

— "Sendo a substância de três espécies, a saber, o composto, a matéria e a forma, e como a alma não é nem o composto (...), nem a matéria, que, neste caso, é o corpo dotado de vida, resta que ela seja substância, enquanto forma ou espécie do corpo".[19]

— "Embora a alma tenha operação exclusivamente sua, na qual o corpo não entra, operação esta que é a intelecção, há outras operações que são comuns a ela e ao corpo, como temer, irar-se, sentir e semelhantes; elas se realizam com certa mudança em alguma parte do corpo, do que se vê que são operações da alma e do corpo. É necessário, pois, que a alma e o corpo constituam uma só coisa e que não sejam diversos quanto ao ser".[20]

— "Se admitimos que a alma está unida ao corpo, como forma, é absolutamente impossível existirem, no mesmo corpo, várias almas essencialmente diferentes (...). De fato, o animal (o homem) com três almas não seria absolutamente uno. Portanto, nenhum ser é pura e simplesmente uno,

---

[19] *II De anima*, Lect., I, n. 221.
[20] *Contra gentiles*, II, 57.

senão pela forma una, pela qual as coisas existem; porque é em virtude do mesmo princípio que uma coisa existe e é una. Por isso seres denominados por formas diversas não têm a unidade absoluta como, por exemplo, *homem branco*. Se, portanto, o homem fosse vivo por uma forma, a alma vegetativa; animal por outra, a sensitiva; homem por outra, a racional, disso resultaria que não seria homem absolutamente".[21]

b) Autossuficiência do conhecimento humano. Afirmando decididamente a autossuficiência do conhecimento humano, Tomás rejeita qualquer intervenção extraordinária de Deus em sua produção. Comentando esta posição revolucionária, Gilson diz que, "eliminando qualquer colaboração especial de um agente separado na formação do conhecimento da alma humana, Tomás eliminava ao mesmo tempo o *dator formarum* (fornecedor de formas) de Avicena e um aspecto importante do Deus iluminador de Agostinho (...). Este fato é um dos maiores acontecimentos filosóficos de toda a Idade Média ocidental".

Para Tomás de Aquino a iluminação não é necessária nem para a abstração das ideias, nem para a formulação dos juízos, porque o homem tem em si um intelecto agente, participação do intelecto divino, que tem a capacidade de abstrair as ideias e de formar os juízos.

Processa-se a abstração do modo seguinte: quando a fantasia apresenta ao intelecto a imagem sensitiva de um objeto particular, o intelecto agente a ilumina com a sua luz e a projeta, universalizada, no intelecto possível. Os conceitos universais são, pois, produzidos por abstração pelo intelecto agente. Tais conceitos representam a essência das coisas materiais. Quanto ao conteúdo, isto é, à essência, eles são reproduções fiéis das coisas; quanto à forma, isto é, à universalidade, não correspondem às coisas, porque as coisas não são universais, mas individuais: a universalidade é devida à ação do intelecto agente.

Para Tomás, a doutrina do intelecto agente como causa da abstração das ideias e da formação dos juízos é preferível à doutrina da iluminação por vários motivos. Ela credita às criaturas perfeição maravilhosa sem subtrair nada a Deus; explica a ligação entre conhecimento intelectual e experiência sensitiva; esclarece a eventualidade do erro nos juízos humanos, sem comprometer a Deus.[22]

---

[21] *Suma Teológica*, I, 76, 3.
[22] Cf. *De veritate*, 11, 1.

c) Imortalidade da alma. Para o cristão, o problema da imortalidade da alma nem se propõe, sendo ela uma das condições transcendentais de sua fé. Mas, sob o aspecto filosófico, qual é a situação desta verdade? Tem ela a seu favor argumentos demonstrativos ou é somente postulado arbitrário e, talvez, absurdo?

Os pensadores cristãos (Clemente, Agostinho, Anselmo), que seguiram a filosofia de Platão, encontraram para o problema da imortalidade a resposta plenamente conforme às exigências de sua fé. Mas Tomás de Aquino, como dissemos, abandona Platão e, especialmente no que se refere à antropologia, faz seu o ponto de vista de Aristóteles. Justamente naquele tempo, porém, Averróis dera interpretação do pensamento do Estagirita que o tornava incompatível com a fé cristã. Segundo a exegese averroísta, não existe imortalidade pessoal.

Tomás opôs-se energicamente à tese de Averróis, demonstrando que, pelo menos em princípio, Aristóteles ensina a imortalidade da alma individual. Mas, neste ponto, o Aquinate não se contentou com retomar o pensamento do filósofo grego: ele procurou subtrair-se às incertezas de Aristóteles, mediante aplicação genial de sua própria doutrina do ser ao caso particular da alma.

Tomás afirma que a alma é imortal porque tem ser próprio, ser que não recebe nem do corpo nem da união com o corpo: *"Anima habet esse per se"*.[23] Este fato distingue a alma do corpo e das outras formas corpóreas, é o suficiente, por si mesmo, para explicar a sua imortalidade. O corpo recebe o ser da alma e deixa de existir quando cessa a sua união com a alma. As outras formas corpóreas recebem o ser da substância (somente ela é apta a ter o ser) e perecem quando a substância cessa de existir.

Não assim a alma que é, como diz Tomás, *"forma absoluta, non dependens a matéria"*[24] ("forma absoluta, não dependente da matéria"), como as formas angélicas. Mas, à diferença dos anjos, ela é naturalmente destinada a fazer o corpo participar do seu ser. Esta comunicação do próprio ser ao corpo dá-se no primeiro instante da criação da alma. Verifica-se então o nascimento do homem. Enquanto persiste a união, o homem continua a viver; quando a união cessa, morre o corpo e morre

---

[23] In *I sententiarum*, 8, 5, 2.
[24] *Ibid.*

também o homem, mas não a alma. Ela tem ser próprio, de natureza espiritual como os anjos: *"Anima habet esse subsistens"*[25] ("a alma tem ser subsistente") e, por isso, continua a existir depois de separada do corpo, de modo semelhante ao dos anjos.

Sendo simultaneamente forma do corpo e espiritual, Tomás a chama com acerto horizonte entre o mundo sensível e o mundo inteligível: "Diz-se da alma intelectiva que é uma espécie de horizonte de confim entre as coisas corpóreas e as incorpóreas, enquanto, sendo substância incorpórea, é, ao mesmo tempo, forma do corpo".[26]

6. Teologia natural

Da riquíssima teologia natural de Tomás de Aquino referiremos brevemente as doutrinas sobre a existência e a natureza de Deus.

a) Existência de Deus. Contra Anselmo, Tomás sustenta que a existência de Deus não pode ser demonstrada a priori, ou seja, somente pelo exame do conceito de sua essência, porque o nosso conceito da essência divina é muito imperfeito, daí segue que não podemos ver que contém a existência. Segundo Tomás, o conceito que temos de Deus não é *"id cuius maius cogitari nequit"* ("aquilo maior do que o qual nada pode ser pensado"), mas *"id quod superat omnes cogitationes nostras"* ("aquilo que supera todos os nossos pensamentos").[27]

Em termos mais técnicos, para a mente humana a proposição "Deus é" não é analítica (*non est per se nota quoad nos*, não nos é conhecida por si mesma). Nós não sabemos se o predicado "é" faz parte da essência do sujeito, Deus. Logo, ele não pode constituir a premissa para demonstração a priori.[28]

A existência de Deus pode ser provada somente a posteriori pelos seus efeitos.

Tomás reduz todas as provas tradicionais a cinco, as quais passaram à história com o nome de "cinco vias".

— *Primeira via:* do movimento ao Motor imóvel. "A primeira via e a mais manifesta é a procedente do movimento; pois é certo e verificado

---

[25] *De spiritualibus creaturis*, 2, ad 3.
[26] *Contra gentiles*, II, 68.
[27] *Suma Teológica*, I, 2, 1, ad 2; I, 12, 12.
[28] *Ibid.*, I, 2, 2; cf. também De veritate, 10, 12.

pelos sentidos que alguns seres são movidos neste mundo. *Ora, todo o movido é movido por outro* (...). Se, portanto, o motor também se move, é necessário que seja movido por outro, e este por outro. Ora, não se pode assim proceder até ao infinito (...). Logo, é necessário chegar a primeiro motor, por nenhum outro movido, ao qual todos dão o nome de Deus".[29]

— *Segunda via:* das causas segundas para a Causa primeira. "Descobrimos que há certa ordem de causas eficientes nos seres sensíveis; não concebemos, porém, *nem é possível que uma coisa seja causa eficiente de si própria,* pois seria anterior a si mesma, o que não pode ser. Mas, é impossível, nas causas eficientes, proceder até o infinito (...). Logo, é necessário admitir causa eficiente primeira, à qual todos dão o nome de Deus".[30]

— *Terceira via:* do ser contingente ao Ser necessário. Os seres que atingimos pelos sentidos são contingentes, isto é, nascem e morrem. Mas não é possível proceder ao infinito na série dos seres que se geram sucessivamente. Deve-se admitir, por isso, que existe um ser necessário que tenha em si toda a razão de sua existência, e do qual procedam todos os outros seres. A este chamamos Deus.

— *Quarta via:* dos graus de perfeição ao absolutamente perfeito. Existem graus nas perfeições (perfeições que, por si mesmas, não têm nenhum limite como bondade, verdade). Ora, não haveria graus se não existisse um máximo (porque o mais e o menos se dizem em relação a um máximo). Logo, deve existir um ser absolutamente perfeito, infinito no ser, na verdade e na bondade. A este chamamos Deus.

— *Quinta via:* da ordem do cosmo ao supremo Ordenador. Encontramos no mundo ordem e finalidade. Ordem e finalidade exigem inteligência que as tenha disposto. Tal inteligência não pode ser a mente humana (nem outra inteligência finita), a qual conhece a ordem, mas não a cria. Logo, é necessário admitir a existência de inteligência ordenadora, causa da ordem do cosmo. A esta chamamos Deus.

Que valor têm essas provas da existência de Deus? Ainda são válidas ou já estão superadas? Em nosso tempo, por motivos vários, muitos têm dificuldade em reconhecer validade às provas tomistas da existência de

---

[29] *Suma Teológica,* I, 2. 3.
[30] *Ibid.,* 1. c.

Deus. As principais são as seguintes: a persuasão de que os argumentos tradicionais se baseiam em concepções científicas ultrapassadas, sendo, por isso, insustentáveis diante da ciência moderna; uma concepção diferente do princípio de causalidade, que os antigos entendiam como comunicação do ser (efetuado pela causa ao efeito), ao passo que os modernos o entendem como sucessão necessária de fatos; a confusão das provas de Tomás com as provas, por exemplo, dos racionalistas.

Que dizer destas objeções? Têm elas fundamento? Em nossa opinião elas se fundam em conhecimento insuficiente do pensamento de Tomás de Aquino. Com efeito, basta que se leia a exposição inicial de cada via para que se veja que os seus argumentos não se fundam em concepções científicas particulares, mas na experiência de fatos comuníssimos (o vir-a-ser, a causalidade segunda, a vida e a morte, os graus de perfeição, a ordem), fatos que permanecem os mesmos em qualquer concepção científica. E quanto ao princípio de causalidade, usado por Tomás, é de ordem metafísica (e continua válido ainda hoje) e não deve ser confundido com o princípio de causalidade dos modernos, que é de ordem científica: ambos são válidos, mas em planos diferentes.

As provas de Tomás não são de caráter racionalista nem "existencialista". Não partem da definição de Deus para provarem a sua existência, como fazem as provas dos racionalistas. Nem partem de exigências do coração humano para concluírem que deve existir um ser bom que as satisfaça, como fazem as provas existenciais.

As provas de Tomás partem de fato (não de definição) e põem a descoberto uma situação de insuficiência (contingência), uma situação na qual o mundo não basta, por si mesmo, para explicar o que ele é.

As cinco vias mostram que o primeiro impulso ao vir-a-ser não pode ter sido dado ao mundo pelo próprio mundo; que as causas segundas (e no mundo todas as coisas são apenas causas segundas) nunca são a causa total de determinado efeito (nunca são a causa do ser); que o que nasce e morre (e no mundo tudo está sujeito à geração e à corrupção) não é causa da existência própria; que o imperfeito procede do perfeito; que a ordem das coisas não foi estabelecida por nós. Estes argumentos provam a necessidade da existência de Motor imóvel, de Causa primeira, de Ser necessário, de Perfeição absoluta, de Ordenador supremo.

b) Natureza divina. Na teodiceia, a originalidade de Tomás de Aquino torna-se mais evidente na indagação sobre a natureza de Deus do que na demonstração da sua existência (para a qual recorre, como já vimos, aos argumentos tradicionais). No estudo da natureza divina, evita tanto o antropomorfismo quanto o agnosticismo.

Tomás critica repetidamente a doutrina agnóstica de Maimônides, o qual ensinara que temos apenas conhecimento negativo de Deus. A doutrina de Maimônides, diz Tomás, é insustentável porque não é possível ter conhecimento negativo sem ter antes algum conhecimento positivo. Pode-se saber o que Deus não é somente depois de conhecer alguma coisa do seu ser.

Tomás evita também outro erro, o do antropomorfismo.

Temos, sem dúvida, conhecimento positivo de Deus, mas este conhecimento deve ser purificado com o emprego do método negativo (*via negationis:* [via da negação] e do método superlativo (*via eminentiae:* [via da eminência]).

Com base no princípio segundo o qual "*omne agens agit simile sibi*" ("todo o que age produz algo semelhante a si") e considerando que Deus é o autor das criaturas, podemos, através delas (participações e imitações de Deus), fazer-nos alguma ideia dele, de sua beleza, de sua bondade, de sua sabedoria *per viam causalitatis* (pela via da causalidade). Mas, para que estas perfeições possam ser atribuídas a Deus é necessário que sejam separadas das limitações, as perfeições podem ser atribuídas a Deus do modo mais adequado possível; é o método superlativo.

Assim se preserva a transcendência divina também no plano ontológico, porque a origem das coisas por criação não constitui diminuição do ser divino (como na doutrina platônica da criação); ela é somente imitação dele. O vínculo das coisas com Deus permanece, contudo, muito íntimo, porque o que Deus comunica às criaturas é perfeição que lhe é muito íntima: a perfeição do Ser, que é a sua própria essência. Segundo Tomás, "quanto mais perfeito é um ser, tanto mais lhe é íntimo o que comunica".[31] Mas que coisa pode ser mais perfeita do que Deus? E, nele, que coisa pode ser mais íntima e mais espiritual do que o seu ser? E o que Deus transmite no ato da criação é justamente o ser.

Pela participação no ser divino, nasce entre Deus e as criaturas vínculo estreitíssimo em virtude do princípio segundo o qual "tanto maior é o amor quanto mais íntimo ou mais unido ao que ama é aqui-

---

[31] *Contra gentiles,* IV, 11.

lo de que nasce a união".³² Logo, Deus não é indiferente às criaturas, como pensavam os filósofos antigos, mas cuida delas, interessa-se pela sua existência e não é despótico (como dirá a maior parte dos filósofos modernos), mas demonstra todo o amor de pai. Ele participa da vida de suas criaturas, vive com elas, nelas. Está tão perto delas que a sua presença lhes é mais íntima do que a própria presença delas. Assim, na filosofia de Tomás, esclarecem-se de modo consolador as relações entre Deus e as criaturas. Nela não há lugar para o desespero.

7. A política

O pensamento político de Tomás encontra-se na obra *De regimine principum* (Do governo dos príncipes), que trata da origem e da natureza do Estado, das várias formas de governo e das relações entre Estado e Igreja. Eis, de modo resumido, a posição do Aquinate a respeito destes temas importantes.

Enquanto Agostinho se inclina a crer que a origem do Estado não deva ser procurada na natureza, mas no pecado original, Tomás reafirma a doutrina aristotélica sobre a origem do Estado: ele nasce da natureza social do homem e das limitações do indivíduo.

O Estado é sociedade, mais ainda, sociedade perfeita. É sociedade porque é *"coadunatio plurium ad aliquid communiter agendum"* ("união de muitos para fazerem alguma coisa em comum"). É sociedade perfeita porque tem fim próprio, o *bonum commune* (o bem comum) e os meios suficientes para realizá-lo: o Estado tem os meios suficientes para realizar um modo de vida tal que permita a todos os cidadãos terem o de que necessitam para viverem como homens.

Em relação às formas de governo, Tomás retoma a divisão aristotélica e considera como governo ideal a monarquia absoluta. Mas, em concreto, considera a monarquia constitucional como a melhor forma de governo.

Para a questão, então muito debatida, das relações entre Estado e Igreja, Tomás propõe uma solução própria. Segundo ele, sendo o Estado, no seu âmbito, sociedade perfeita, goza de perfeita autonomia; mas, sendo o fim da Igreja o *bonum supernaturale* (o bem sobrenatural), é

---

[32] *Ibid.*, I, 31.

ele superior ao do Estado (que é simplesmente o *bonum commune*, o bem comum, neste mundo). A Igreja é sociedade mais perfeita, devendo o Estado, por isso, ser subordinado a ela em tudo o que concerne ao fim sobrenatural do homem. O Estado depende, pois, da Igreja, não diretamente, mas indiretamente.

Pode-se dizer que as relações entre Estado e Igreja são semelhantes às relações entre filosofia e teologia: o Estado subordina-se à Igreja como a filosofia à teologia, mas no seu campo tem plena autonomia como a primeira a respeito da segunda.

CONCLUSÃO

Já tivemos ocasião de louvar o gênio criativo de Tomás quando falamos da originalidade e solidez profunda de sua construção metafísica, fundada em nova e altíssima concepção do Ser. Isto não basta, porém, para dar-nos as proporções exatas da estrutura do seu gênio multiforme. Deveríamos falar também de sua obra teológica, mas não queremos ultrapassar os limites que a natureza do nosso trabalho nos impõe. Não nos esqueçamos, todavia, de que as preocupações de Tomás se voltaram primariamente para a teologia e secundariamente para a filosofia e que, nele, o teólogo supera de muito o filósofo. Isto será bastante para avaliarmos a grandeza do seu gênio.

Mas nem um gênio de tal grandeza, sempre sedento de verdade e iluminado constantemente pela fé, conseguiu explorar completamente os campos infindáveis do cognoscível. Muitos nem sequer foram aflorados. As omissões mais graves da indagação tomista sobre a realidade situam-se no campo da história, da ciência e da estética. Há, entretanto, um atenuante para estas graves lacunas: nos tempos de Tomás esses setores ainda eram pouco desenvolvidos.

Esses limites consideráveis do pensamento do Aquinate, se, de um lado, não justificam a aceitação cega de sua autoridade em todos os campos do saber e em qualquer ramo da filosofia, não autorizam, por outro, atitude de desconfiança em relação ao seu pensamento. Alguns de nossos contemporâneos consideram a filosofia de Tomás essencialmente atrelada ao carro de Aristóteles e à visão medieval do mundo e, como esta, já reduzida a fragmentos. Constatamos atrás que Tomás soube desvincular-se do cosmologismo da metafísica aristotélica e dos estreitos limites da visão científica do mundo que os medievais se tinham formado, e que descobriu princípios metafísicos válidos para todos os tempos, independentemente dos progressos da ciência, da história e da arte.

Não queremos com isto exagerar a sua autoridade. Devemos ter estima por ele, mais, porém, ainda pela verdade. Desta estima pela verdade, acima de qualquer autoridade (humana), temos um belo exemplo no próprio Tomás. Em sua época, a autoridade incontestada (talvez mais do que a sua, posteriormente) era Agostinho.

Também Tomás demonstra verdadeira veneração por Agostinho. Mas ela não o impede de criticar muitas doutrinas agostinianas e de substituí-las por outras mais sólidas. Mais ainda: Tomás não hesita em submeter constantemente suas próprias ideias a crítica rigorosa e em modificá-las quando lhe parece necessário. "Tomás tem suas opiniões, mas procura sempre a verdade e quando, à luz de novo estudo e de exame mais profundo, vê que não pode mais sustentá-las ou que são errôneas, retifica-as nos escritos seguintes, completa-as ou até as rejeita. Um confronto entre o comentário sobre os *Livros das sentenças,* sua primeira grande obra, e a *Suma teológica,* sua exposição mais completa e mais madura de teologia, mostra-nos muitas vezes o progresso intrínseco do seu pensamento".[33]

Tomás põe portanto, a filosofia a serviço da verdade e esta a serviço de Deus. "Toda a obra de Tomás está voltada para um único fim que é a majestade de Deus" (Euken). Este caráter religioso patenteia-se acima de tudo na aspiração a conhecimento sempre mais profundo de Deus. A questão "quem é Deus" foi o motivo e o lema que caracterizaram toda a obra de Tomás de Aquino.

"De Deus nós sabemos que existe, que é a causa de todos os seres e que é infinitamente superior a tudo. Isto é a conclusão e o ponto culminante do nosso saber nesta vida terrena".[34] O desejo ardente de conhecer a Deus era, para o Aquinate, forte estímulo para a prática da virtude; antes, na pureza moral e na santidade ele via uma preciosa disposição para melhor investigar a verdade e os mistérios de Deus.

---

[33] GRABMANN, M., *San Tommaso d'Aquino,* Milão, 1920, 36 e 37.
[34] *Contra gentiles,* III, 49.

BIBLIOGRAFIA

Chenu, M. D., *Introduzione allo studio di san Tommaso d'Aquino,* Florença, 1953; Grabmann, M., *San Tommaso d'Aquino,* Milão, 1920; Grabmann, M., *La filosofia della cultura secondo Tommaso d'Aquino,* Bolonha, 1931; Masnovo, A., *Da Guglielmo d'Auvergne a san Tommaso d'Aquino,* Milão, 1945, 3 v.; Mondin, B., *Antologia del pensiero filosófico di san Tommaso d'Aquino,* Roma, 1967; Mondin, B., *La filosofia dell'essere di san Tommaso d'Aquino,* Roma, 1964; Fabro, C., *La nozione metafísica di partecipazione,* Turim, 1950, 2ª ed.; Fabro, C., *Partecipazione e causalità,* Turim, 1960; Sertillanges, A. D., *La filosofia di San Tommaso d'Aquino,* Roma, 1957; Gilson, E., *Le thomisme, introduction à la philosophie de saint Thomas d'Aquin,* Paris, 1948, 5ª ed., Forest, A., *La structure métaphysique du concret selon saint Thomas d'Aquin,* Paris, 1956, 2ª ed.; Legrand, J., *Lunivers et l'homme dans la philosophie de saint Thomas,* Bruxelas-Paris, 1946, 2 v.; De Finance, J., *Etre et agir dans Ia philosophie de saint Thomas d'Aquin,* Paris, 1945; De Raeymaeker, L., *Philosophie de Vêtre,* Lovaina, 1947; Hayen, A., *La communication de l'être d'après saint Thomas d'Aquin,* Paris, 1957, 4 v.; Maritain, J., *Existence and the Existent,* Nova Iorque, 1948; Bourke, V. J., *Aquinas' Search for Wisdom,* Milwaukee, 1965.

XXI
BOAVENTURA DE BAGNOREGIO

Muitos historiadores continuam a escrever que os filósofos da Idade Média se parecem muito uns com os outros e que basta estudar um deles para conhecê-los todos. Mas os conhecimentos que se vêm adquirindo do começo do nosso século para cá sobre a riquíssima literatura filosófica e teológica daquele período nada obscuro mostram profunda diversidade entre os pensadores da Idade Média: diversidade inevitável, ainda que supondo, como se afirma com frequência, injustamente, que os vários sistemas não tinham nenhuma originalidade. A divergência nasce necessariamente do fato de que, embora servindo-se todos das mesmas fontes (Agostinho, Boécio, Platão, Avicena e Aristóteles), cada autor aproveita o que mais lhe convém. Assim, um pensador prefere Agostinho (Boaventura), outro, Avicena (Scot), outro, Aristóteles (Tomás). Mas a diversidade dos sistemas não se deve somente à diferença das fontes. Os maiores escolásticos são autênticos filósofos que souberam interpretar toda a realidade à luz de intuição personalíssima.

Já vimos que Tomás de Aquino criou grandioso sistema inspirando-se em novíssima concepção do ser. Veremos que igualmente originais são os sistemas criados por Boaventura de Bagnoregio (o qual parte da intuição da analogia do ser), por Scot (que parte da intuição da univocidade do ser) e por Guilherme de Occam (que parte da intuição de que não se deve multiplicar os seres sem necessidade).

Tomás de Aquino é mais sensível à influência de Aristóteles e, por isso, poderíamos considerá-lo como o expoente principal da escola aristotélica. Boaventura, Scot e Guilherme de Occam sentem mais a influência de Agostinho, pelo que podemos considerá-los como expoentes da escola agostiniana. O agostinismo que eles seguem não é puro, mas mesclado de neoplatonismo, de avicenismo e, sobretudo, de aristotelismo. Podemos, por isso, apesar das diferenças que existem entre eles, pô-los no mesmo grupo, sob a denominação de *escola aristotélico-agostiniana*. Nesta designação, o termo mais importante, o que indica a diferença específica, é "agostiniana". Dos três grandes expoentes desta escola, o primeiro cronologicamente é Boaventura de Bagnoregio.

1. Vida e obras

Giovanni Fidanza, chamado Boaventura, nasceu em Bagnoregio (Viterbo), em 1221. Entrou na ordem franciscana ainda muito jovem. Estudou teologia em Paris e, depois de obter o grau de mestre em teologia, comentou, em 1254, na mesma cidade, as *Sentenças* de Pedro Lombardo.

Em 1255, Boaventura, Tomás de Aquino e vários outros representantes das ordens mendicantes foram excluídos da atividade docente pela ação dos mestres seculares da universidade de Paris. Quando o papa Alexandre IV decidiu a disputa entre seculares e mendicantes a favor dos últimos, também Boaventura foi reintegrado na universidade, mas por pouco tempo. Em 1257, escolhido ministro geral da ordem franciscana, abandonou definitivamente o ensino. Daí por diante teve pouco tempo para dedicar-se ao estudo, absorvido como estava pelo trabalho de reorganização de sua Ordem. Apesar disso, escreveu algumas obras muito célebres: *Itinerarium mentis in Deum* (Itinerário da mente para Deus) (1259), *De reductione artium ad theologiam* (Da redução das artes à teologia), *Breviloquium* (Breve entretenimento), *De scientia Christi* (Sobre a ciência de Cristo), *Collationes in exaemeron* (Considerações sobre o Hexâmeron).

Em 1273 foi nomeado cardeal e arcebispo de Albano.

Morreu em Lião, em 1274, durante o concílio que aí se realizava.

2. Relação entre fé e razão, entre filosofia e teologia

Segundo Boaventura, a razão é subordinada à fé, a filosofia à teologia. Mesmo sem a fé, a razão poderia conhecer as verdades mais importantes da ordem natural. Mas, de fato, historicamente, a razão sozinha jamais chegou a descobrir a verdade sobre Deus e a alma. Ela só pode consegui-lo guiada pela fé.

Boaventura sustenta decididamente que o homem não pode construir uma metafísica adequada se a filosofia não se deixar guiar pela luz da fé. Os filósofos pagãos, privados da luz da fé, caíram em grandes erros: eternidade do mundo, negação da Providência divina etc. Aristóteles cometeu erros mais graves do que Platão; por isso, na escolha entre Aristóteles e Platão, a preferência é pelo último.

Na obra *De reductione artium ad tehologiam,* Boaventura mostra que todas as ciências, as artes e, sobretudo, a filosofia têm necessidade da teologia como seu complemento necessário. Somente na teologia atingem elas a perfeição. A filosofia deve, por isso, desenvolver-se dentro e não fora da teologia. Separar a filosofia da teologia é a maior injustiça que se pode fazer à filosofia, porque significa condená-la a incerteza inevitável e perpétua.

3. O exemplarismo

O objeto da filosofia, segundo Boaventura, é o *exemplarismo,* isto é, a propriedade que as coisas têm de serem imagem de Deus. Em outras palavras, o objeto da filosofia é o ser das coisas considerado não em si mesmo, mas em relação a Deus, isto é, considerado em sua propriedade de imitação do ser divino, *pois todas as coisas são imitações dele.* "Toda criatura, em virtude de sua natureza, é de algum modo, imagem e semelhança da sabedoria eterna de Deus".[1] "Ser imagem de Deus não é acidental, mas substancial para o homem".[2] "Disso se vê que o mundo todo é como que espelho cheio de reflexos, que representam a sabedoria divina, e como que fornalha que espalha luz divina".[3]

Todas as coisas são, pois, imitações de Deus, mas em graus diferentes. Algumas são só vestígio, outras imagem, outras imitação (*similitudo,* semelhança) bastante aproximada de Deus. "O mundo é uma espécie de livro no qual brilha, é reproduzida e pode ser lida a Trindade, que o produziu (Trinitas fabricatrix, Trindade fabricadora), segundo três graus de expressão, isto é, como vestígio, como imagem e como semelhança (similitudo): a razão de vestígio encontra-se em todas as criaturas, a razão

---

[1] *Itinerarium mentis in Deum,* II, 12.
[2] *II Sententiarum,* I, 2, 4.
[3] *Hexaemeron,* II, 27.

de imagem em todos os intelectos espirituais de caráter racional, a razão de semelhança somente nos que são conformes a Deus".[4]

Nesta base exemplarista Boaventura ergueu os pilares de sua metafísica, tomando-os em parte de Aristóteles e em parte de Agostinho. Os pilares mais importantes e mais característicos são: criação no tempo, hilemorfismo universal, pluralidade das formas, razões seminais.

a) Criação no tempo. Boaventura sustenta resolutamente como evidente que a criação se deu no tempo, e que a doutrina de criação eterna é absurda.

Os principais argumentos que aduz contra a criação eterna são os seguintes:

— A doutrina de criação eterna implica contradição patente: a adição de tempo finito a tempo infinito, de mais um dia, uma semana, um ano, a uma série já infinita de dias, de semanas, de anos.

— A noção de eternidade implica independência, enquanto a noção de criação implica dependência. Por isso, afirmar que a criação se deu na eternidade é querer conciliar dois conceitos absolutamente incompatíveis.

b) Hilemorfismo universal. Segundo Boaventura, a matéria entra na constituição de todos os seres finitos, inclusive dos anjos, como elemento determinativo de sua finitude. Os seres são finitos porque têm entre seus elementos constitutivos também a matéria.

Boaventura não concebe a matéria como algo de corpóreo — "a matéria, considerada em si mesma, não é nem espiritual nem material" —, mas como princípio de potencialidade no sentido mais amplo.

Considerada abstratamente, a matéria é igual em todos os seres, tanto nos espirituais como nos materiais.

A individuação não é devida somente à matéria, mas também à matéria e à forma. Para que haja distinção e multiplicidade não basta a matéria, é necessária também a forma. A individuação (*discretio personalis,* diferença pessoal) é devida à união da matéria com a forma. Há individuação também nos anjos; por isso, existem muitos anjos da mesma espécie.

c) Pluralidade das formas. O grau de realidade é determinado por forma especial. Um ser que inclua vários graus de realidade, como o

---

[4] *Breviloquium,* II, 12.

homem, constitui-o a coexistência de várias formas. Assim, no homem há forma para a corporeidade, forma para a vida, forma para a sensibilidade e forma para a racionalidade.

d) Razões seminais. Segundo Boaventura, é necessário sustentar esta doutrina se se quiser interpretar com exatidão a afirmação da Sagrada Escritura: *Deus simul omnia creavit* (Deus criou todas as coisas ao mesmo tempo). Desde o início Deus fez todas as coisas, algumas completamente, outras só em germe. Os germes das coisas estão na matéria e desenvolvem-se (*educuntur in actum:* são trazidos para o ato) sob o impulso de algum agente.

Boaventura chama esta presença dos germes das coisas na matéria de *latitatio formarum in materia* (estado oculto das formas na matéria).

4. A psicologia

Na psicologia, as teses mais importantes de Boaventura referem-se ao dualismo psicofísico, à iluminação ao voluntarismo e à ascensão da alma para Deus.

a) Dualismo psicofísico. O homem, segundo Boaventura, é constituído de alma e corpo; mas a alma e o corpo não estão na relação de forma e matéria, mas na de cavalo e cavaleiro.

De fato, tanto a alma como o corpo já são, cada um por si, seres completos: o corpo tem a sua forma, e a alma tem a sua matéria e a sua forma.

Embora, nesta concepção, seja difícil ver como a alma e o corpo possam constituir um ser único, Boaventura afirma que eles formam uma só natureza e uma só pessoa.

A alma, porém, sendo espiritual, é também imortal e não perece com o corpo. Além disso, enquanto o corpo se desenvolve das razões seminais, a alma é criada imediatamente por Deus.

b) Doutrina do conhecimento. A doutrina de Boaventura acerca do conhecimento é misto de aristotelismo e de agostinismo. Sustenta, com efeito, tanto a doutrina aristotélica da abstração quanto a doutrina agostiniana da iluminação. A primeira serve para a apreensão das ideias; a segunda para o conhecimento da verdade do juízo.

c) Voluntarismo. Segundo Boaventura, a faculdade humana mais importante não é o intelecto, como afirmaram Aristóteles e Tomás, mas a vontade, e isto por várias razões.

Antes de tudo, a verdade só se atinge com a purificação do coração; em seguida, o erro é fruto da paixão e do pecado, e, finalmente, a ciência ensoberbece, ao passo que a humilde sujeição da vontade à fé faz encontrar a via mestra da verdade.

d) A ascensão da alma para Deus. Fim da vida humana é Deus, e seu desenvolvimento é subida progressiva a ele. No *Itinerarium mentis in Deus* (Itinerário da mente para Deus), Boaventura distingue as etapas da ascensão espiritual da alma para Deus. As mais importantes são as seguintes:

— conhecimento dos vestígios da Trindade no mundo sensível;

— conhecimento dos vestígios da Trindade em nossa alma: primeiro nas potências naturais da alma, depois nas potências sobrenaturais conferidas pela Graça;

— conhecimento direto de Deus: primeiro como Ser e depois como bondade, a qual se difunde e se articula na Trindade.

"Já que, neste campo, nada pode a natureza, e bem pouco a operosidade humana, pouca importância se deve dar à pesquisa, à eloquência, às palavras, ao estudo, às criaturas, e muita à piedade, à alegria interior, ao dom divino, ao Espírito Santo, isto é, à essência criadora, Pai, Filho e Espírito Santo".[5]

5. A teodiceia

Das muitas coisas interessantes que Boaventura disse a respeito de Deus, recordemos alguns pensamentos sobre a existência, sobre a ciência e sobre a exemplaridade.

Da *existência de Deus* afirma que é evidente. Admite, contudo, que se possa recorrer a provas para se tornar explícito o que todos já sabem. E como provas Boaventura usa vários argumentos: o da causalidade, o das verdades eternas, a prova ontológica etc.

Distingue em Deus três tipos de conhecimento: *cognitio approbationis* (conhecimento de aprovação): das coisas reais boas; *cognitio visionis* (conhecimento de visão): das coisas reais más; *cognitio intelligentiae* (conhecimento de inteligência): das coisas possíveis.

---

[5] *Itinerarium mentis in Deum*, 7.

A presciência divina não se refere ao futuro da ação divina, porque nela existe só presente, mas ao futuro das coisas, enquanto se sucedem umas às outras no tempo, sendo conhecidas por Deus segundo o seu suceder-se.

A essência divina é o arquétipo de todas as coisas e, por causa disso, cada coisa traz em si a impressão do sinete da Trindade, impressão que varia segundo a perfeição das coisas: em algumas é muito embaçada (é o vestígio), em outras é mais viva (é a imagem), finalmente em outras é claríssima (é a semelhança). Os graus da impressão da essência de Deus nas coisas determinam o intinerário da mente para Deus.

BIBLIOGRAFIA

RIGHI, O., *Il pensiero e l'opera di san Bonaventura*, Florença, 1932; DE SIMONE, L., *Linee fondamentali dei pensiero di san Bonaventura nella storia dei pensiero medioevale*, Nápoles, 1941; BETTONI, E., *San Bonaventura*, Bréscia, 1945; LAZZARINI, R., *San Bonaventura, filósofo e ministro dei cristianesimo*, Milão, 1946.

XXII
DUNS SCOT

Um dos pensadores mais agudos e influentes da Escolástica é Duns Scot, conhecido pela originalidade do seu sistema filosófico. Este, como foi demonstrado por Bettoni, um dos mais abalizados estudiosos de Scot, não é nem aristotélico nem agostiniano: "Em seu sistema, Duns Scot procurou superar a contraposição agostinismo-aristotelismo e realizar uma síntese filosófica que fosse capaz de conciliar em si o que havia de válido no aristotelismo e no agostinismo".[1]

1. A vida

João Duns Scot nasceu em Maxton, no condado escocês de Roxburgo, por volta de 1265. Com a idade de 13 anos entrou na ordem franciscana. Doze anos mais tarde foi ordenado sacerdote. Passou o decênio que vai do fim do noviciado à ordenação sacerdotal (1281-1291) estudando não só em Oxford, como se presumia até há não muito tempo atrás, mas também em vários outros lugares, especialmente em Paris, onde completou sua formação científica e filosófica com as matérias do trívio e do quadrívio. Voltou para Paris, depois da ordenação, a fim de aperfeiçoar sua cultura teológica e preparar-se para a obtenção do título de *magister theologiae* (mestre em teologia). Em 1298 foi chamado para a Inglaterra a fim de comentar as Sentenças de Pedro Lombardo nas universidades de Oxford e Cambridge. O comentário de Oxford é chamado *Lectura prima* (Primeira leitura), e o de Cambridge, *Reportatio cambrigensis* (Exposição cambrigense). Em 1301 encontra-se novamente em Paris, comentando de novo as *Sentenças*. Este comentário chama-se *Reportata*

---

[1] BETTONI, E., *Duns Scoto filosofo,* Milão, 1966, 38

parisiensia (Exposições parisienses). No conflito entre Bonifácio VIII e Filipe, o Belo, Duns Scot posicionou-se abertamente a favor do Papa. Isto provocou a ira do rei, que, como represália, obrigou-o a interromper o ensino e a voltar para a Inglaterra, onde ensinou em Oxford, no ano escolar de 1303-1304. Em 1308, depois de breve permanência em Paris, foi enviado pelos seus superiores ao Estudantado franciscano de Colônia. Mas, poucos meses depois de sua chegada, no mesmo ano de 1308, veio a falecer. Tinha apenas 43 anos.

2. As obras

Considerada a brevidade de sua vida, a produção de Duns Scot tem algo de prodigioso. Contém, na famosa edição Vives, 26 volumes in-fólio. Trata-se, na maior parte deles, de comentários a Aristóteles e a Pedro Lombardo. O *Opus oxoniense* (Obra oxfordiana) é a obra definitiva de Scot, sua obra-prima. Não é fruto direto do magistério, mas trabalho sistemático que Duns Scot ia compondo e organizando e no qual recolhia o melhor de suas lições, numa prova da vitalidade do seu pensamento. Infelizmente a morte colheu o autor antes que o trabalho estivesse terminado. Em grande parte já estava preparado; em menor escala, esboçado ou anotado. A obra foi terminada pelos discípulos, que, em vez de publicarem-na incompleta e com lacunas, como faríamos hoje, preferiram apresentá-la como completa e perfeita.

3. As fontes

As fontes principais do pensamento de Duns Scot são três: a escola agostiniana (Boaventura), a escola aristotélica (Alberto Magno e Tomás) e Avicena.

Da escola agostiniana tomou a doutrina da superioridade da vontade sobre o intelecto e da pluralidade das formas.

Da escola aristotélica, tomou a crítica às doutrinas das *razões seminais* e da iluminação e a negação de que se possa provar apoditicamente a criação no tempo.

De Avicena tomou a doutrina de que o conceito de ser é unívoco e a distinção entre necessário em si e necessário em causa.

4. A metafísica

As doutrinas mais originais da metafísica scotista são três: a univocidade do ser, a hecceidade e a distinção formal entre essência e existência.

a) Univocidade do ser. O objeto da metafísica é o ser, não o ser como perfeição máxima *(esse perfectio omnium perfectionum,* o ser como perfeição de todas as perfeições) de Tomás de Aquino, mas o *ens commune* (o ser comum), isto é, o ser enquanto perfeição maximamente indeterminada, precedendo toda determinação, inclusive a divisão entre ser finito e infinito. É o ser predicável de tudo o que existe.

O ser assim concebido é unívoco: *esse est unius rationis* (é ser em um só sentido) e é predicado de tudo de modo igual: *ens dicitur per unam rationem de omnibus de quibus praedicatur* (o ser é dito em um só sentido de todas as coisas das quais é predicado). Em todos os casos significa a mesma coisa, isto é, a oposição ao não-ser.

O motivo que levou Scot à teoria da univocidade é provavelmente teológico. Segundo ele, se o conceito de ser não fosse unívoco em relação a Deus e às criaturas, seria impossível conhecer a Deus a partir das criaturas.

b) A hecceidade. A individuação, segundo Scot, não é devida à quantidade de matéria que um indivíduo tem em si, como ensinaram Aristóteles e Tomás de Aquino, mas a forma particular, a hecceidade, que se sobrepõe à forma específica.

A forma específica dá ao indivíduo os caracteres específicos; a forma individual dá-lhe os caracteres individuais.

Cada indivíduo tem a sua forma individual: Pedro tem a petrinidade, Sócrates a socraticidade, Paulo a paulinidade.

c) Distinção formal entre essência e existência. Segundo Scot, a distinção entre essência e existência não é real, como afirmara Tomás de Aquino, mas formal. Aqui se deve recordar que, para Scot, além da distinção lógica, existem mais quatro espécies de distinção:

— distinção essencial: entre duas essências (como entre cão e gato);

— distinção real: entre duas coisas separáveis (como entre alma e corpo);

— distinção formal: entre dois aspectos da mesma coisa, definidos de modo diverso (como entre os atributos divinos);

— distinção modal: entre os modos de ser de uma coisa e a própria coisa, por exemplo, entre o ser finito e o ser infinito.

A distinção formal não é pura distinção lógica, mas distinção *a parte rei* (da parte da coisa), *"praecedens omnem actum intellectus creati et increati"* ("precedendo todo ato do intelecto criado e incriado").

5. A teodiceia

Como todos os escolásticos, também Scot dedicou-se amplamente ao estudo de Deus. Em relação à sua existência, ele sustenta que ela deve ser demonstrada porque a Deus ninguém vê.

Duns Scot não exclui que ela possa ser demonstrada *a priori,* mas diz que o argumento ontológico não tem valor demonstrativo, mas somente persuasivo. Segundo ele, a prova mais convincente da existência de Deus é a da causalidade.

Na natureza divina, Duns Scot estabelece uma distinção formal entre os atributos divinos. Em sua opinião, a distinção entre bondade e justiça, entre sabedoria e onipotência etc. não é simplesmente lógica, porque se trata de formalidades efetivamente diversas. Não é também distinção essencial, porque não se trata de essências diversas; nem distinção modal, porque não são modos diversos da mesma qualidade; nem distinção real, porque não se trata de coisas separáveis. É necessário, pois, concluir que entre os atributos divinos a distinção é formal.

Como Boaventura, também Scot atribui prioridade absoluta à vontade em relação ao intelecto, tanto no homem quanto em Deus. Entre as razões que apresenta, a que vale para ambos os casos é que a vontade é *potência livre,* enquanto o intelecto é *potência natural.*

Consequentemente, enquanto Tomás ensina que a ordem da criação e os preceitos morais dados por Deus ao homem dependem principalmente da sabedoria divina, Scot afirma que dependem principalmente da vontade de Deus.

Não parece, contudo, que Soct tenha ensinado que Deus aja arbitrariamente, que possa mudar as decisões de acordo com seus desejos e que seja bom tudo o que ele quer. Segundo Scot, a essência de cada coisa é determinada pela vontade livre de Deus. Mas, uma vez determinada a essência, Deus impõe-lhe leis correspondentes à sua natureza.

Quanto aos dez mandamentos, só os dois primeiros se fundam na natureza do homem; os outros podem ser mudados, se Deus o julgar oportuno.

6. A antropologia

Na antropologia scotista estão estreitamente ligados elementos de inspiração aristotélica com elementos de inspiração platônica e agostiniana. Os primeiros predominam na definição da estrutura geral do homem e de suas faculdades. Os segundos prevalecem na interpretação do agir humano.

Como para Aristóteles, também para Scot o homem é composto essencialmente de alma e corpo. Mas, como os outros autores da escola franciscana, divergindo de Aristóteles, Scot não pensa que a alma seja a única forma do composto; junto com ela está a *forma mixtionis* (forma da mistura) do composto corpóreo. A imortalidade da alma pode-se demonstrar somente com argumentos teológicos, mas a sua espiritualidade pode-se conhecer a partir de suas operações. A inextensão do pensamento, a autoconsciência, a indeterminação do intelecto e sobretudo a indeterminação estrutural da vontade são os argumentos mais fortes em favor da espiritualidade da alma.

Também para Scot, como para Aristóteles, intelecto e vontade são faculdades ou potências da alma. Mas ele rejeita a tese segundo a qual essas duas potências são acidentes da alma. E resolve a questão aplicando o princípio das distinções formais; intelecto e vontade constituem com a alma a única realidade, embora sejam formalmente distintos dela e entre si.

Procedendo ao mesmo tempo de duas naturezas, a do intelecto que conhece e a do objeto conhecido, a intelecção é uma operação natural e consequentemente necessária; como o inteligível precede sempre a intelecção tanto no homem como em Deus, o seu conteúdo depende necessariamente do objeto.

O mesmo não se dá com a vontade ou tendência para o bem; a essência da vontade não é definida com referência ao "apetite racional", mas com referência à "liberdade". Por liberdade entenda-se a capacidade intrínseca da vontade de ser causa do ato voluntário. Todo ato procede ou de uma natureza, sendo então necessário e forçoso, ou de uma vontade, sendo então livre. Natureza e vontade são as duas grandes forças que dividem entre si o domínio do ser. Coincidem só em Deus, sendo distintas em todos os outros casos. A vontade do homem é livre em relação a todos os bens particulares para os quais a relação com o Bem absoluto não é necessária por si: não existe nenhuma relação necessária entre o Bem absoluto e infinito e qualquer bem finito particular.

É deste modo que Scot expressa a tese a respeito do primado da vontade sobre o intelecto, e é somente neste sentido que se pode rotular o seu sistema de "voluntarista" em relação ao "intelectualismo" de marca aristotélico-tomista.

Três razões principais levam Scot a sustentar o primado da vontade sobre o intelecto: l) a revelação cristã (são Paulo) afirma que a virtude mais excelente é a caridade e que somente ela não terá fim; 2) a tradição da fé (santo Agostinho) sempre sustentou com firmeza o conceito do livre-arbítrio, fundamento do mérito e do demérito; 3) Scot considera a experiência do querer humano posto em situação concreta, experiência lida naturalmente à luz dos princípios precedentes.

Em razão disso, rejeita a tese tomista que faz da vontade apetite racional e que afirma que *nada é desejado sem ser conhecido;* recusa também a tese tomista que põe a sabedoria no vértice da experiência humana, uma vez que o intelecto se move no campo do universal, enquanto o querer é provocado pelos seres concretos e particulares.

Scot lê estas teses nas consequências últimas (ultrapassando, sem dúvida, as intenções de santo Tomás). Ele não vê como elas possam ser aceitas sem a negação da liberdade.

Com efeito, se o intelecto é natureza que, sob certas condições, é necessitada, também a vontade, que é apetite racional, é necessitada pela própria estrutura do intelecto, e com isso desaparece a liberdade. Em segundo lugar, o caráter abstrato das operações intelectivas não significa maior dignidade; no sistema scotista, o particular tem maior densidade ontológica do que o universal (doutrina da *hecceidade*).

Pode-se ver a grande diferença entre as teses, levando às últimas consequências. Um filósofo cristão determina com clareza o fim último; ele coincide com a relação essencial e definitiva (acompanhado do gozo da beatitude) com o absoluto, que é Deus.

Para santo Tomás, o encontro se dá na visão beatífica, por meio do intelecto elevado pela luz sobrenatural, seguindo-se a participação prazerosa da vontade. Para Scot, ao contrário, é através da vontade, entendida não como potência da alma, mas como formalmente distinta dela, que se dá o encontro com Deus, encontro entre duas vontades livres, uma onipotente, a outra finita. Para Tomás, a visão beatífica compreende a participação da vontade; para Scot o encontro com Deus, que se realiza mediante a vontade, não exclui a participação do intelecto. Scot sublinha, todavia, que não há nenhuma mediação acidental entre a alma e Deus e que a alma é virtual e estruturalmente capaz da união com Deus.

Com isso afirma a prioridade absoluta da vontade sobre o intelecto. É claro, porém, que não entende a vontade e a liberdade como em estado de potência pura, incondicionada e indeterminada, porque, como vimos, estão voltadas para o fim último, Deus. Compete ao homem livrar-se dos condicionamentos naturais pelo exercício da liberdade orientada pelos princípios supremos e pelas leis manifestadas pelo próprio Deus. A vida do homem deve consumar-se no amor que nasce do encontro definitivo de uma liberdade que se move, por si mesma, em direção à meta que o intelecto exprime, com a vontade suprema e onipotente, que é a primeira a mover-se e que, movendo-se, transforma.

BIBLIOGRAFIA

Bettoni, E., *L'ascesa a Dio in Duns Scoto*, Milão, 1943; Bettoni, E., *Duns Scoto filosofo*, Milão, 1966; Stella, P., *L'ilemorfismo di Duns Scoto*, Turim, 1955; Heidegger, M., *Kategorien und Bedeutungslebre des Duns Scotus*, Tubinga, 1917; Landry, B., *La philosophie de Duns Scot*, Paris, 1922; Longpré, L., *La philosophie du B. Duns Scot*, Paris, 1924; Harris, C. R. S., *Duns Scotus*, Nova Iorque, 1959; Gilson, E., *Jean Duns Scot. Introduction à sés positions fondamentales*, Paris, 1952; Muehlen, H., *Sein und Person nach Johannes Duns Scotus*, Werl/Westf., 1954.

XXIII
GUILHERME DE OCCAM

Guilherme de Occam é a última grande figura da filosofia medieval, mas é também aquele que preparou o fim desta filosofia, repudiando as bases sobre as quais se fundava: o valor universal e objetivo do conhecimento humano e a harmonia entre a fé e a razão.

1. Vida e obras

Guilherme nasceu em Occam, em 1290. Depois de entrar na ordem franciscana, estudou e ensinou em Oxford. Em 1324, por causa de suas doutrinas suspeitas, foi convidado a apresentar-se perante o Papa, em Avinhão, mas fugiu com o superior geral da Ordem. Excomungado, pôs-se abertamente contra o Papa e a favor do imperador. Morreu em 1349. Entre seus escritos recordemos: *In quattuor libros sententiarum* (Comentário sobre os quatro livros das sentenças), *Summa totius logicae* (Suma de toda a lógica) e *De potestate papae* (Sobre o poder do papa).

2. A "navalha de Occam"

Há uma frase muitas vezes repetida com seus escritos e que passou para a história com o nome de "navalha de Occam". A frase diz: *"Pluralistas non est ponenda sine necessitate"* ("não se deve multiplicar os seres sem necessidade"). Apoiado neste princípio, Occam critica tanto Tomás de Aquino quanto Duns Scot.

De Tomás critica principalmente a doutrina relativa à essência. Tomás ensinara que as essências existem, além de na mente humana, também nas coisas e na mente divina.

Occam sustenta que não existem essências comuns a várias coisas porque, na realidade, existem apenas indivíduos; e muito menos podem elas estar na mente divina, porque constituiriam um obstáculo à liberdade de Deus.

De Scot critica, especialmente, a doutrina da distinção formal, porque introduz nas coisas e no próprio Deus tantas divisões que ameaçam irreparavelmente a sua unidade.

3. Lógica e epistemologia

Como vimos, Occam nega resolutamente a presença de naturezas comuns nas coisas. Admite, todavia, os conceitos universais, os quais, porém, só existem na mente e não têm nenhuma relação com as coisas: são puros conceitos.

O objetivo próprio da mente humana são as coisas singulares: *"Primum cognitum est singulare"* ("o primeiro conhecido é o singular"); ele é conhecido intuitivamente *(intuitiva notitia,* numa visão intuitiva) sem necessidade da espécie impressa. O conhecimento dos indivíduos não é representativo, mas intuitivo.

Occam é céptico a respeito da capacidade cognitiva da mente humana. Pensa, com efeito, que o homem não pode dar provas convincentes do conhecimento de Deus e da imortalidade da alma. Com isso começa a romper aquela harmonia entre fé e razão, que fora a pilastra principal de toda a filosofia cristã, de Clemente a Tomás de Aquino. Para Occam, entre fé e razão não existe mais colaboração, nem mútua correspondência, nem auxílio mútuo. A razão não conduz mais à fé. A fé não aperfeiçoa mais a razão. Entre os dois domínios não há mais comunicação, mas separação e ruptura. À fé racional sucede agora a fé cega.

A faculdade mais perfeita do homem não é o intelecto, mas a vontade. É a vontade que torna o homem semelhante a Deus, quando boa, e que o separa dele, quando má.

Recentemente foram exumadas as obras lógicas de Occam, nas quais os estudiosos encontraram princípios fundamentais da lógica moderna.

4. A metafísica

Para Occam, como para Scot, o objeto da metafísica é o *ens commune* (o ser comum): o conceito universal e unívoco do ser. Mas, aplicando o princípio segundo o qual os seres não devem ser multiplicados sem necessidade, Occam exclui do mundo da realidade muitas coisas que a metafísica de Scot considerava realíssimas. Assim, Occam afirma que as relações (a causalidade, por exemplo), o vir-a-ser (o movimento consiste no fato de o corpo encontrar-se sucessivamente em lugares diferentes), o espaço (que não é senão a superfície dos corpos), as essências, a distinção entre essência e existência, a distinção entre as faculdades da alma e entre os atributos de Deus etc. não são reais. Real é somente o que existe, e existe só o que é individualmente distinto, e é individualmente distinto somente o que é fisicamente separável.

5. A teodiceia

Segundo Occam, a existência de Deus não pode ser provada *a priori*, mas somente *a posteriori*. As demonstrações *a posteriori* não têm, porém, valor absoluto, mas apenas provável. Quanto à prova da causalidade, Occam prefere substituí-la pela da conservação. Sendo contingente, o mundo precisa de alguém que o conserve. Mas na série dos "conservadores" não se pode proceder ao infinito. Existe, portanto, uma causa conservadora suprema, Deus.

Da natureza divina não temos conceitos apropriados, mas apenas conceitos comuns (comuns às criaturas a Deus), que não nos representam a essência divina *(quid rei,* o quê da coisa), que não têm valor real, mas nominal *(quid nominis,* o quê do nome). Servem para indicar Deus, não para representá-lo.

Em Deus a faculdade mais perfeita é a vontade: ela não tem nenhum limite e pode mudar suas decisões continuamente. Occam distingue, porém, na vontade de Deus, duas potências: *potência absoluta* e *potência ordenada*. Pela *potência absoluta,* Deus pode fazer o que quer. Pela *potência ordenada,* leva em consideração o que é mais conveniente para as criaturas.

6. A política

Em política, Occam foi tenaz defensor da independência do Estado em relação à Igreja. Atacou o absolutismo do Papa, afirmando que a autoridade imperial não vem do Papa, mas dos eleitores, os quais representam o povo, no qual reside a autoridade. A autoridade política vem de Deus através do povo. Por isso, para a eleição do imperador não é necessária sequer a confirmação do Papa.

CONCLUSÃO

Depois de Scot e Occam, a Escolástica caminha rapidamente para o declínio. Isto se deve em parte ao próprio triunfo do occamismo nos séculos XV e XVI, com sua aversão à metafísica, com a sua separação entre fé e razão, com seu fervor pelas especulações lógicas vazias e com suas sutis polêmicas linguísticas.

Na escola dominicana é este o período dos grandes comentadores: Capréolus, Silvestre de Ferrara e Caetano. Mas, o próprio fato de a grandeza desses estudiosos estar ligada mais aos seus comentários das obras de santo Tomás de Aquino do que às obras próprias constitui a prova mais evidente de que a fecundidade da Escolástica já se exauriu, de que as fontes de sua inspiração estão secas.

BIBLIOGRAFIA

ABBAGNANO, N., *Guglielmo d'Ockham*, Lanciano, 1931; GIACON, C., *Guglielmo di Occam*, Milão, 1941; GIACON, C., *Occam*, Bréscia, 1945; VASOLI, C., *Guglielmo d'Occam*, Florença, 1953; BAUDRY, L., *Guillaume d'Ockham*, Paris, 1950; BAUDRY, L., *Lexique philosophique de Guillaume d'Ockbam*, Paris, 1958.

XXIV
NICOLAU DE CUSA

Nicolau de Cusa é o pensador de maior destaque do século XV, isto é, do século no qual a Escolástica se encaminha para o ocaso, enquanto começa a tomar forma a filosofia do renascimento. Pertencendo a uma fase de transição, o pensamento de Nicolau compendia em si traços profundos da visão medieval da realidade e motivos e modos de ver característicos da época renascentista e moderna.

Nicolau Chrypffs nasceu em Cues — ou Cusa — na Alemanha, em 1401, e recebeu sua formação numa comunidade mística de "irmãos da vida comum". Estudou direito e matemática em Pádua, e teve como mestre em física e astronomia Paulo Toscanelli. Dedicou-se depois à teologia e entrou no estado eclesiástico. Ordenado sacerdote aos 25 anos, fez parte de várias missões pontifícias. Tomou parte no Concílio de Basileia e foi a Bizâncio tentar a reunião da Igreja ortodoxa com a latina. Foi nomeado cardeal em 1448 e bispo de Bressanone em 1450. Morreu em Tódi em 1464.

Nicolau escreveu muito, especialmente sobre filosofia, matemática e teologia. O seu pensamento filosófico encontra-se principalmente no *De docta ignorantia* (Sobre a douta ignorância) (1440). A doutrina exposta nesta obra foi retomada e defendida na *Apologia doctae ignorantiae* (Apologia da douta ignorância) (1449), nos *Idiotae libri* (Livros do Idiota) (1450), no *De venatione sapientiae* (Caça à sabedoria) (1463).

A formação espiritual de Nicolau ressentiu-se da influência do misticismo alemão e do naturalismo físico-matemático do renascimento italiano, cultivado especialmente em Pádua. Por essas duas vias liga-se ao neoplatonismo e a Platão. Da tradição mística provém a sua ênfase no "infinito" como caráter essencial de Deus. Este caráter de infinito, Nicolau estende de Deus ao mundo em sua totalidade, e ainda a cada uma das coisas singulares do universo. Deus e mundo são, um e outro, o *máximo,* ou seja, aquilo que abrange tudo o que é. Entre um e outro há apenas esta diferença: a infinitude, "implícita" em Deus, "explícita" no mundo.

A especulação filosófica de Nicolau é, como a dos escolásticos, essencialmente teocêntrica: ela trata de Deus, do seu conhecimento, da sua natureza, das suas relações com o mundo e com o homem.

Nicolau considera a lógica aristotélica insuficiente para conhecer Deus. Isto porque se baseia no princípio de não-contradição, segundo o qual uma propriedade não pode ser afirmada e negada ao mesmo tempo do mesmo sujeito. Para o autor do *De docta ignorantia,* o princípio vale somente quando se consideram as coisas em sua distinção e oposição recíproca e quando se trata de realidades finitas. Mas não vale no caso de realidade infinita como a divina, em relação à qual tanto as negações como as afirmações ficam aquém da verdade. Por isso, para conhecer Deus é necessária lógica especial que ultrapasse os métodos da teologia negativa e positiva. Pode-se obtê-la mediante a *teologia copulativa,* que concebe Deus como coincidência dos opostos e lhe atribui ao mesmo tempo duas perfeições opostas. Ele diz, por exemplo, que Deus é o máximo e, ao mesmo tempo, o mínimo. Mas a teologia copulativa, segundo o próprio Nicolau, ultrapassa a capacidade da mente humana, que permanece assim num estado de *douta ignorância* em relação ao conhecimento de Deus. Entendamos bem: "douta ignorância" não significa o estado daquele que não tem nenhum conhecimento de Deus ou que não fez nenhum esforço para conhecê-lo, mas o estado daquele que chegou a conhecê-lo tão profundamente que se tornou cônscio de sua absoluta transcendência e, portanto, de sua inacessibilidade para a mente humana.

A posição de Nicolau de Cusa a respeito do conhecimento de Deus, não obstante uma insistência, às vezes, excessiva nos seus limites, permanece substancialmente a mesma da patrística oriental e, em larga escala, corresponde também à posição de Agostinho de Hipona e de Tomás de Aquino.

Quanto à natureza divina, Nicolau a considera a síntese ou a coincidência dos opostos *(coincindentia oppositorum).* Em Deus estão unidas todas as perfeições, também as mais diferentes e opostas. Mas a mente humana não tem a capacidade de compreender o modo pelo qual se verifica nele a síntese dos opostos. Devemos dizer, por exemplo, que Deus é, ao mesmo tempo, grande e pequeno, máximo e mínimo: máximo porque supera todas as criaturas, mínimo porque não tem dimensão. Nele, máximo e mínimo coincidem. Mas não podemos compreender como se dá isso.

Sendo infinito, Deus é diferente de todos os seres finitos. Por causa disso, não podem ser atribuídas a ele as perfeições que se encontram nas criaturas. Em consequência disso, Deus não pode ser definido; ele mesmo é a sua definição.

O mundo foi criado por Deus. A respeito desta doutrina fundamental da filosofia cristã Nicolau não tem nenhuma dúvida, mas entende-a a seu modo. Para ele a criação é *contração de Deus,* de sua perfeição infinita para modo finito. Cada um dos seres singulares é, por sua vez, "contração particular" do universo em individualidade inconfundível com as outras; além disso, todo o universo está em potência. Cada ser é o que é por aquela parte da infinidade do mundo e, portanto, de Deus, que ele atuou em si, mas a sua vida é penetrada da tendência de ser o universo na plenitude de sua infinidade. O mundo é uma teofania, um ser divino. Toda criatura é como se fosse um deus criado *(quasi deus creatus,* como um deus criado). O homem, em particular, é, portanto, um deus humano *(humanus est igitur deus).*

Estas expressões parecem pouco ortodoxas e motivaram a acusação de panteísmo feita a Nicolau. Mas a acusação parece injustificada. De fato, Nicolau distingue claramente Deus e mundo: na criação, a unidade se contraiu em multiplicidade, a infinidade em finidade, a simplicidade em composição. Quando diz que o homem é *humanus deus* (deus humano), não parece querer dizer nada mais do que os Padres quando diziam que o homem é *imagem de Deus.* Mas, sem dúvida, Nicolau sublinhou mais do que eles a grandeza e o esplendor da criatura humana. Neste ponto ele está muito mais perto dos humanistas do que dos medievais.

BIBLIOGRAFIA

Rotta, P., *Il cardinale Nicolò da Cusa, la vita e il pensiero,* Milão, 1928; Rotta, P., *Nicolò Cusano,* Milão, 1942; Gradi, R., *Il pensiero di Nocolò Cusano,* Pádua, 1941; Saitta, G., *Nicolò Cusano e l'umanesimo italiano,* Bolonha, 1957, 2ª ed.; Battaglia, F., *Metafísica, religione e política nel pensiero di Nicolò da Cusa,* Bolonha, 1965; Santinello, G., *introduzione a Nicolò Cusano,* Bati; 1971; De Gandillac, M., *La philosophie de Nicolas de Cues,* Paris, 1942; Mennicken, P., *Nikolaus von Cues,* Tréveros, 1950, 2ª ed., Jaspers, K., *Nikolaus Cusanus,* Munique, 1964.

XXV
A DESAGREGAÇÃO DA ESCOLÁSTICA: MISTICISMO E AGNOSTICISMO

Os historiadores situam o fim da Idade Média e os inícios da Idade Moderna nos séculos XIV e XV. É neste período, com efeito, que desaparecem os elementos característicos da Idade Média, dando lugar aos princípios inspiradores da Idade Moderna.

Dois são os elementos característicos da civilização medieval: no plano político, a união das populações cristãs sob único soberano e a aceitação da fé como base da constituição civil (Sacro Império Romano). No *plano cultural*, a harmonia entre fé e razão, com a subordinação da segunda à primeira.

Ora, nos séculos XIV e XV, a unidade política da Europa desfaz-se enquanto se afirmam os vários estados nacionais: França, Inglaterra, Hungria, Espanha, Portugal etc. O Sacro Império Romano consegue controlar apenas uma ínfima parte das nações cristãs; a *respublica christiana* (república cristã) está dissolvida. A fé cessou de ser o fundamento das constituições e dos códigos civis. O pontífice de Roma não é mais a autoridade máxima à qual devam submeter-se e à qual possam apelar todos os membros das nações cristãs (dos simples cidadãos ao imperador). O império está fragmentado também e principalmente porque a autoridade do Papa desapareceu.

O mesmo acontece no plano cultural. A fé não é mais o sustentáculo, a seiva, o fermento da cultura europeia. Os interesses dos homens do *quattrocento* voltam-se sempre com maior insistência para a terra e menos para o céu: esforçam-se por descobrir as regiões ainda desconhecidas do globo e por compreender as leis profundas da natureza. A razão proclama sua autonomia não só no campo das ciências, mas também no da filosofia. Assim, o século XIV já assinala praticamente o fim daquele movimento filosófico vastíssimo e imponente, surgido do encontro da filosofia grega com o cristianismo. Este encontro foi assinalado, no período patrístico, como síntese da visão cristã com a filosofia de Platão e concretizou-se, no período escolástico, como síntese da visão cristã com a filosofia de Aristóteles. Esta admirável união entre fé e razão, que, apesar de algumas dificuldades e várias desarmonias, durara bem quatorze séculos, encaminha-se agora para a ruptura.

Pondo em xeque a autonomia, em relação à fé, da indagação filosófica, já anunciada em princípio por santo Tomás de Aquino, os autores dos séculos XIV e XV chegam a conclusões que discordam abertamente das da teologia ou que, pelo menos, não as confirmam de forma alguma. A filosofia deixa assim de ser a "serva da teologia". Empreendimentos como os de Agostinho, Tomás e Scot, que elaboraram, cada um, uma visão global das coisas, na qual a verdade revelada se encontra harmoniosamente ligada à verdade conquistada pela razão, tornam-se impensáveis, além de impossíveis.

1. Mestre Eckhart

Na nova situação cultural, que provocou a crise da escolástica, abre-se apenas um caminho para as mentes mais atentas e sensíveis aos problemas religiosos: o de resolvê-los recorrendo não à lógica, mas à mística. É o que procuraram fazer Mestre Eckhart e seus discípulos Henrique Suso, João Tauler e João Ruysbroeck.

Eckhart (1266-1327), dominicano da província alemã, discípulo de Alberto Magno e contemporâneo de Occam, pregador muito apreciado, foi provincial dos dominicanos alemães por mais de um decênio. Acusado de heresia em 1326, foi submetido a processo que chegou ao fim dois anos depois de sua morte, condenando vinte e seis proposições tiradas de suas obras.

Muito se escreveu sobre a ortodoxia de Eckhart. Alguns sustentam que seu pensamento está de acordo com os ensinamentos da Igreja; outros veem nele livre-pensador. A questão permanece aberta. Somos de opinião que ela nunca será resolvida porque o próprio caráter místico do seu pensamento não se presta a solução conclusiva.

Os escritos de Eckhart compreendem, além de uma obra sistemática de vastas proporções, intitulada *Opus tripartitum* (Obra tripartida, dividida em três seções: *Opus propositionum, Opus quaestionum, Opus propositionum:* Obra das proposições, Obra das questões, Obra das proposições), alguns ensaios na língua alemã, que lhe mereceram o título de "criador da prosa alemã".

Numa das primeiras questões do *Opus tripartitum,* Eckhart se pergunta: "Em Deus, ser e pensamento são a mesma coisa?" Como santo Tomás e muitos outros pensadores medievais, responde afirmativamente. Mas, enquanto Tomás dava absoluta prioridade ao ser em relação ao pensamento, Mestre Eckhart sustenta que "o pensamento é o fundamento do ser" *(est ipsum intelligere fundamentum ipsius esse);* logo, "o pensamento é superior ao ser" *(intelligere est altius quam esse,* o inteligir é mais alto do que o ser). De fato, enquanto o ser se divide em dez categorias, o pensamento é indeterminado e a sua ação "é simplesmente infinita".

Deus é a realidade na qual pensamento e ser se identificam. As criaturas são finitas porque o seu conhecer não se identifica com o seu ser.

Já que o ser de Deus se identifica com o seu conhecer, o homem sobe até ele à medida que se aproxima da intelectualidade *(ascendere ad intellectum,* subir para o intelecto). A união com Deus realiza-se pelo intelecto, mais precisamente, pela contemplação. Mediador desta união é o Verbo de Deus, o Logos, o qual é, por definição, em virtude de sua origem, o intelecto, a mente de Deus. O melhor meio para elevar-se a Deus é, portanto, a união com Cristo, que é o Verbo de Deus feito carne. Eckhart fala em termos entusiásticos, exaltados, da união mística da alma com Deus. Comentando o versículo "os justos vivem para sempre, no Senhor está a sua recompensa" (Sb 5,16), afirma que "nós estamos inteiramente transformados e mudados em Deus". E prossegue dizendo que, como o pão é mudado no corpo de Cristo, do mesmo modo a alma é transformada em Deus até ao ponto em que não permanece mais nenhuma distinção. "Deus e eu somos uma só coisa. Pelo conhecimento recebo Deus em mim; pelo amor penetro em Deus. Como o fogo muda em si a madeira, do mesmo modo nós somos transformados em Deus". Em outro sermão Eckhart diz que, como o alimento se torna parte de minha natureza, do mesmo modo, pelo conhecimento de Deus, nós nos tornamos parte de sua natureza.

Não é de se admirar que semelhantes afirmações provocassem muitas discussões e motivassem a acusação de heresia, movida a Eckhart. Ele mesmo reconhece que a afirmação "somos transformados e mudados em

Deus" é errônea. O homem, explica o místico alemão, não é "a imagem de Deus, o seu Filho Unigênito", e acrescenta que, como muitas hóstias sobre muitos altares são transformadas no único corpo de Cristo, permanecendo intatos os acidentes de cada hóstia, do mesmo modo "nós somos unidos ao verdadeiro Filho de Deus e nos tornamos membros da única cabeça da Igreja, que é Cristo". Em outras palavras, Eckhart reconhece que suas expressões anteriores eram exageradas e errôneas e que o paralelo entre a união da alma com Deus e a transubstanciação é simples analogia.

Os discípulos de Mestre Eckhart, especialmente Henrique Suso (1296-1366), defenderam tenazmente seu mestre da acusação de heresia; e um homem da fé integérrima de um Henrique Suso jamais o teria feito se tivesse a mínima dúvida sobre a ortodoxia pessoal de Eckhart.

Julgamos justo, por isso, concluir, com Copleston, que "é absurdo seja fazer de Eckhart 'pensador alemão' em revolta contra a ortodoxia católica, seja atacar os teólogos que fizeram objeções a algumas afirmações de Eckhart como se não houvesse nada em tais afirmações que justificasse as suas reservas".[1]

A mística foi a expressão intelectual mais alta das fases finais da Escolástica. Não faltaram, todavia, mesmo neste período, produções importantes no setor mais estritamente especulativo da filosofia (gnosiologia e metafísica) e no setor mais prático (ética e política). No primeiro distinguiu-se especialmente o francês Nicolau d'Autrecourt; no segundo, o italiano Marsílio de Pádua.

2. Nicholas d'Autrecourt

Viveu de 1300 a cerca de 1350. Desde seus primeiros anos de docência na Sorbona, sustentou teses que foram consideradas incompatíveis com a fé. Foi, por isso, condenado como herege. Reconheceu-se culpado e retratou publicamente suas teorias, mas teve de renunciar à cátedra que conquistara com pouco mais de vinte anos de idade. Pouco nos restou de seus escritos; o mais importante intitula-se *Exigit ordo executionis* (Exige a ordem da execução).

D'Autrecourt é discípulo de Occam, do qual desenvolve principalmente algumas doutrinas em torno do valor do conhecimento

---

[1] COPLESTON, F., *History of Philosophy,* Westminster Md, 1953, III, 195.

intelectual. Em sua opinião não se pode afirmar que o conhecimento intelectual não tenha nenhum valor. De fato, também os que criticam o conhecimento e contestam o seu valor, só podem fazê-lo apelando para algum conhecimento certo, para alguma evidência. Mas d'Autrecourt recusa-se a admitir o valor das argumentações factuais, isto é, relativas à ordem empírica. Afirma, como fará Kant mais tarde, que é impossível inferir da essência de uma coisa a sua existência ou inferir a existência de uma coisa da existência de outra. A evidência diz respeito somente aos conceitos, não aos juízos factuais (ou *a posteriori*, como os chamará Kant), nem aos raciocínios relativos à experiência. Por isso, não se pode conhecer com evidência apodítica se existem, afora Deus, seres que sejam *causa* de outros, e muito menos pode-se formular leis apoditicamente evidentes a respeito de pretensas relações causais entre as coisas naturais e entre o mundo e Deus.

Na metafísica, d'Autrecourt ensina que o universo é ótimo, não podendo, por isso, conter partes defeituosas e corruptíveis: tudo é eterno porque os átomos que constituem a essência das coisas são eternos. Se d'Autrecourt, apesar desta concepção, ainda fala em Deus, e se é sincero, só pode fazê-lo por motivos fideístas, uma vez que logicamente não há mais lugar em sua visão do mundo para um Deus transcendente. Além disso, o fideísmo e o agnosticismo são as atitudes mentais ainda possíveis para quem, como d'Autrecourt, faz suas as teorias nominalistas e conceitualistas de Guilherme de Occam.

Esta atitude de profunda desconfiança na capacidade da razão, no campo metafísico e transcendente, é muito comum nos ambientes acadêmicos durante a última fase da Escolástica.

3. Marsílio de Pádua

Marsílio de Pádua viveu provavelmente entre 1275 e 1342. Em 1313 foi reitor da Universidade de Paris. A sua obra principal é o *Defensor Pacis* (Defensor da paz), terminado em Paris, em 1324. Logo que foi publicada, a obra provocou fortes reações, que induziram Marsílio e seu colaborador João de Jandun a se refugiarem em Nuremberga, junto de Luís da Baviera. Em 1327, o papa João XXII condenou solenemente o livro.

Para ser compreendida e apreciada em seu justo valor, a obra de Marsílio deve ser inserida no contexto histórico no qual foi escrita: o das ásperas lutas entre o papa e o imperador ou entre o papa e algum soberano católico (como na questão entre Bonifácio VIII e Filipe, o Belo).

Contra as teses de Bonifácio VIII (expostas na Bula *"Unam Sanctam"* [Una e Santa], segundo as quais ao papa compete toda a autoridade, também a civil, porque o poder temporal é necessariamente subordinado ao espiritual e, consequentemente, o Estado faz parte da Igreja, e o imperador está sujeito ao pontífice romano), Marsílio defende exatamente a posição oposta: há sim, subordinação direta entre Estado e Igreja, mas o papel de cabeça e guia compete ao Estado, não à Igreja; tanto o papa como a Igreja são dependentes, funcionários, instrumentos nas mãos e a serviço do Estado, do imperador.

Para conseguir aceitação para esta tese, Marsílio tenta desarticular o tradicional sistema político-eclesiástico da Idade Média por meio de operação tríplice: 1) separando a hierarquia sacerdotal da Igreja dos fiéis; 2) identificando esta última com a sociedade civil enquanto sociedade dos crentes, e confiando a um democrático *legislator fidelis* (legislador fiel) a administração dos assuntos religiosos; 3) reduzindo o sacerdócio ao nível de simples função técnica a serviço do Estado. O resultado último desta inflexível dissecação é a demonstração da inutilidade do papado e do seu episcopado universal. Segundo Marsílio, no Estado, o poder decisivo pertence à comunidade, que, nas vestes de *humanus legislator* (legislador humano), exercita-o, legislando e deliberando segundo a vontade expressa da parte dela qualitativa e quantitativamente melhor *(valentior pro quantitate et qualitate,* de maior valor pela quantidade e qualidade). A administração efetiva do Estado é confiada pela comunidade a um órgão particular: único magistrado ou colegiado restrito, que a exerce sob o controle da comunidade, mas encarnando, na responsabilidade unitária de sua ação, a unidade do Estado.

Não é necessário muito esforço para se ver que essas teses se opõem diretamente aos princípios fundamentais sobre os quais se assentava a *respublica christiana* (república cristã). A aceitação de pontos substanciais desta doutrina por numerosos soberanos europeus determinará o desmoronamento da estrutura política medieval e, com ela, de toda a civilização medieval.

BIBLIOGRAFIA

Della Volpe, G., *Eckhart o della filosofia mística,* Roma, 1952; Clark, J. M., *The great German Mystics: Eckhart, Tauler, Suso,* Oxford, 1949; Lossky, V., *Théologie négative et connaissance de Dieu chez M. Eckhart,* Paris, 1960; Brunner, F., *Maître Eckhart,* Paris, 1969; Dal Pra, M., *Nicola di Autrecourt,* Milão, 1951; Battaglia, F., *Marsilio da Padova e la filosofia política dei Médio Evo,* Florença, 1928; Lagarde, G. de, *La naissance de l'esprit laique au déclin du Moyen Age,* II: *Marsile de Padoue,* Saint-Paul-Trois-Châteaux, 1934; III: *Le Defensor Pacis,* Paris-Lovaina, 1970.

TEMAS PARA PESQUISAS E EXERCÍCIOS

1. Que é filosofia? Historicamente a filosofia desenvolve-se da mitologia: de que modo? Na elaboração de suas doutrinas cosmológica e antropológica Platão usa muitas vezes o mito. Por quê? Quais são os mitos platônicos mais célebres?

2. Afirma-se que Parmênides é o fundador da metafísica. Por quê? Em que consiste o problema metafísico? É importante? É possível resolvê-lo definitivamente? Em que se distingue a metafísica da ciência e da prática? Que solução deram ao problema metafísico Platão, Aristóteles, Epicuro, Plotino, Agostinho, santo Tomás e Scot?

3. Na concepção socrática do homem, epistemologia e moral estão estreitamente unidas. Por qual motivo? Qual é a visão socrática do homem? Quais são os méritos e as limitações desta visão? Por que, na opinião de Sócrates, a morte é desejável? Muitas vezes se compara Sócrates com Jesus Cristo. Mesmo prescindindo da fé, por que esta comparação é pouco esclarecedora?

4. Platão e Aristóteles são universalmente considerados como os dois maiores filósofos da Antiguidade. Por quê? Que influência exerceram eles na filosofia medieval e moderna? Quais são os principais expoentes da corrente platônica e da corrente aristotélica?

5. A lógica é a disciplina que estabelece as regras do raciocínio correto. A quem cabe o mérito de ter sido o primeiro a codificar estas regras de modo sistemático? Qual é a diferença entre o método lógico de Platão e o de Aristóteles? Quais são os méritos e as limitações da lógica aristotélica? Quais são as diferenças entre a lógica simbólica ou matemática e a lógica formal? Quais são as obras reunidas sob o nome de *Órganon* e de que tratam?

6. Qual é a função da teoria das Ideias na filosofia de Platão? Ela é somente uma teoria metafísica ou também moral e religiosa? Quais são os diálogos nos quais Platão desenvolve mais a teoria das Ideias? Como explica ele, no *Parmênides* e no *Fédon*, as relações entre as coisas materiais e as Ideias?

7. Que coisa entende Aristóteles por metafísica? Como a define? Em quantos livros se divide a *Metafísica*? Quais são as ideias principais

da metafísica aristotélica? Como essas ideias foram usadas por santo Tomás?

8. Platão, com a teoria das Ideias, e Aristóteles, com a teoria das formas, propõem-se resolver o problema do ser das coisas materiais. Em que ponto as duas teorias concordam e em que diferem?

9. Aristóteles, Platão, Agostinho e santo Tomás concordam que, além do conhecimento sensitivo, o homem tem também conhecimento intelectivo, mas não concordam quanto à origem deste conhecimento. Como explica cada um deles a origem do conhecimento intelectivo? Por que o conhecimento universal (ou intelectivo) é contestado pelos sofistas e pelos nominalistas? Qual é a definição de verdade segundo Platão, Aristóteles e os estoicos? Quais são os métodos usados por eles para atingi-la?

10. Que se entende por princípio de não-contradição? Que função lhe atribuem Aristóteles e santo Agostinho?

11. O problema da imortalidade da alma é tratado sistematicamente em dois diálogos platônicos. Quais? Platão oferece muitas provas da imortalidade. Quais são as principais, aquelas às quais ele dá mais importância? É possível provar apoditicamente a sobrevivência da alma depois da morte? A morte faz emergir uma autêntica instância metafísica?

12. Aristóteles afirma que há no homem um elemento divino e imortal. Como entender esta afirmação? Este elemento é pessoal ou impessoal? Como é resolvido pelos estoicos o problema da sobrevivência? Quais são as provas de Plotino, Agostinho e santo Tomás para a imortalidade da alma?

13. Estabelecida a imortalidade da alma, colocou-se o problema de suas relações com o corpo durante a vida atual. Que soluções lhe deram Platão, Aristóteles, Plotino, Agostinho, são Boaventura e santo Tomás?

14. Como foram postos e resolvidos os problemas da origem das coisas e do sentido da história na filosofia grega e na filosofia cristã? Qual é o pensamento de Agostinho a este respeito. Qual o sentido da doutrina agostiniana das "duas cidades"? Que influência exerceu ela na Idade Média?

15. A respeito do problema do vir-a-ser, como é ele colocado e resolvido por Heráclito, Platão, Aristóteles e santo Agostinho? Como entendem esses autores o tempo e o espaço?

16. Sobre a distinção entre essência e existência, entre substância e acidente, como a entendem Platão, Aristóteles, Boécio, Avicena, santo Tomás e Duns Scot?

17. Como é resolvido na filosofia grega o problema religioso, especialmente por Platão e Aristóteles e pelos estoicos? Quem desempenha o papel de Deus na filosofia de Platão? Como prova Aristóteles a existência de um Motor imóvel?

18. Não obstante a fé, a existência de Deus pode constituir um verdadeiro problema também para os cristãos. Por quê? Como é ele resolvido por Agostinho, Anselmo, santo Tomás e Duns Scot. Qual é a qualidade mais específica, o atributo mais próprio, o "constitutivo metafísico" de Deus segundo estes autores?

19. Moral e liberdade parecem dois conceitos antitéticos. Por quê? Qual a solução dada ao problema por Platão, Aristóteles, pelos estoicos e epicuristas, por Plotino e pelos filósofos cristãos? Qual a definição de virtude dada por esses autores? Que é o homem prudente segundo Aristóteles? Como é resolvido o problema do mal na filosofia grega e na filosofia cristã?

20. Afirma-se que os conceitos de liberdade e de pessoa foram descobertos pelo cristianismo. É verdade e em que medida? Como justifica Aristóteles a escravidão?

21. Como Platão, Aristóteles, Agostinho, santo Tomás e Duns Scot entendem a relação entre intelecto e vontade? Qual a diferença entre o amor platônico *(eros)* e a caridade cristã *(ágape)*? Como entendem a ascensão ao mundo divino Platão, Plotino, Agostinho e Mestre Eckhart?

22. Platão, Aristóteles e Epicuro demonstram grande interesse pelas doutrinas políticas. Por quê? Qual a importância dada pelos gregos à participação na atividade política? Quais são as melhores formas de governo para Platão, Aristóteles, santo Tomás e Occam?

23. Que função e valor atribuem à arte Platão, Aristóteles, Plotino e santo Agostinho?

24. Quais são os elementos característicos da educação segundo os sofistas, Sócrates, Platão, Aristóteles, os estoicos, os epicuristas, santo Agostinho e santo Tomás? Quais são os caracteres essenciais que diferenciam a educação grega da educação cristã?

25. Que se entende por filosofia cristã? Quais são suas relações com a filosofia grega? Que se entende por helenização do cristianismo? Em que pontos o pensamento cristão forneceu uma contribuição original e importante para o desenvolvimento do pensamento filosófico?

26. Existe uma concepção filosófico-cristã do homem, do mundo e de Deus? Qual é? Como semelhante concepção foi elaborada por santo Agostinho, por santo Tomás e por Nicolau de Cusa?

27. Quais são as características específicas da Patrística e da Escolástica? Quais são os maiores expoentes destes dois movimentos? Como foram explicadas por Tertuliano, Clemente de Alexandria, Agostinho, são Boaventura, santo Tomás, Averróis e Occam as relações entre fé e razão?

28. Quais são os pontos de contato e de divergência entre santo Agostinho e santo Tomás sobre a origem do conhecimento, as relações entre alma e corpo, o conhecimento de Deus, a origem do mundo, o sentido da História, a constituição do Estado, as relações entre Estado e Igreja, a educação?

29. Quais são os fatores históricos e culturais que determinaram o nascimento, o florescimento e o declínio da Escolástica?

Apêndice
CRISTIANISMO E FILOSOFIA

1. Influência do cristianismo sobre a filosofia

Os estudiosos de todas as tendências concordam em que o cristianismo, apesar de não ser uma filosofia, mas uma religião, exerceu influência decisiva não só no desenvolvimento geral da filosofia da Idade Média e da época moderna, a tal ponto que elas se tornam incompreensíveis sem ele, mas também na aquisição definitiva de algumas verdades de capital importância como os conceitos de liberdade, de pessoa humana, de mal, de pecado, de historicidade, de transcendência etc.

Em confirmação do que afirmamos, citemos os testemunhos de Hegel e de Garaudy. A respeito da liberdade escreve Hegel: "A liberdade é a própria essência do Espírito, isto é, a sua própria realidade. Regiões inteiras do mundo, a África e o Oriente, nunca tiveram esta ideia e ainda não a têm: os gregos e os romanos, Platão e Aristóteles, e também os estoicos, não a tiveram. Eles sabiam somente que o homem é realmente livre em decorrência do nascimento (como cidadão ateniense, espartano etc.) ou graças à força do caráter e à cultura, graças à filosofia (o escravo, mesmo preso em cadeias, é livre). Esta ideia foi trazida ao mundo *pelo cristianismo*, para o qual o indivíduo como tal tem valor infinito e, sendo objeto e escopo do amor de Deus, é destinado a ter relação absoluta com Deus como espírito, e a fazer com que este espírito permaneça nele: isto é, o homem em si é destinado à suma liberdade".[1]

Opinião semelhante emite Garaudy, referindo-se à pessoa humana: "O cristianismo criou uma nova dimensão no homem: a da pessoa humana. Esta noção era tão alheia ao racionalismo clássico que os Padres

---

[1] HEGEL, G. C. F., *Enciclopedia delle scienze filosofiche*, Bari, 1951, 442 e 443.

gregos não conseguiam encontrar na filosofia grega as categorias e as palavras próprias para exprimirem esta nova realidade. O pensamento helênico não estava em condições de conceber que o infinito e o universal pudessem exprimir-se em uma pessoa".[2]

O cristianismo exerceu, como nenhuma outra religião até então, uma profundíssima influência e um fortíssimo estímulo sobre o desenvolvimento do pensamento filosófico, trazendo para a luz numerosas verdades que se apresentam como soluções adequadas para os mais graves problemas que sempre atormentaram a mente humana e para os quais a razão sozinha jamais conseguiu encontrar uma resposta satisfatória e definitiva.

Entre as principais verdades trazidas pelo cristianismo merecem ser aqui recordadas, pelo seu significado filosófico, as seguintes:

1. *Criação do mundo.* Com esta doutrina, resolve-se o problema da origem das coisas. O mundo não é eterno, não foi criado por divindades malignas ou indiferentes, não é produto do acaso, não nasce nem morre ciclicamente..., mas é efeito maravilhoso da bondade divina.

2. *Espiritualidade e imortalidade da alma.* Com essas duas doutrinas resolve-se o problema da sobrevivência da alma. Ela não morre com o corpo, nem está sujeita a um ciclo de reencarnações, mas é imortal: é criada imediatamente por Deus à sua imagem e é destinada a encontrar nele a felicidade sem fim.

3. *Nobreza da pessoa humana.* Todos os homens são imagem de Deus e são todos irmãos. Esta é a resposta ao problema antropológico. O homem difere dos animais não só somaticamente, mas também espiritualmente. Todos os homens têm a mesma natureza espiritual. Não há, por isso, divisão de classes, com separação entre livres e escravos: todos os homens são livres e pertencem a um nível privilegiado, porque são todos filhos de Deus.

4. *Deus, amor infinito.* É a resposta ao problema da natureza divina e da Providência. Deus não é o pensamento pensante de Aristóteles, nem o artesão de Platão, mas o amor eternamente previdente: por amor, cria o mundo e o homem.

---

[2] GARAUDY, R., *Qu'est-ce-que la morale marxiste?* Paris, 1963, 63.

5. *Origem divina da lei moral.* É a resposta ao problema ético. A origem da lei não é convencional nem puramente natural, mas divina. Criado por amor, o homem deve viver uma vida de amor, amor a Deus e amor aos homens. Aqui está a raiz da revolução cristã: impregnar de amor a vida e as ações.

6. *Origem do mal moral.* O mal moral, historicamente, teve origem com o pecado do primeiro homem; mas a sua possibilidade está radicada na finitude da natureza humana. Assim se responde a um dos problemas mais obscuros e mais árduos que angustiavam os homens na época helenística.

A tarefa da filosofia, para o pensador cristão, consistiu desde o começo no estudo deste grupo de verdades — manifestadas pela Revelação, mas em si mesmas acessíveis à razão — para dar-lhes uma base exclusivamente racional. Este objetivo foi conseguido em dois tempos: no primeiro, defendendo aquelas verdades dos ataques dos que não reconheciam a sua racionalidade (apologistas); no segundo, inserindo-as nas estruturas filosóficas já existentes, especialmente nas de Platão (platonismo cristão).

Tanto os pensadores do primeiro como os do segundo tempo ainda não têm consciência da clara distinção entre indagação filosófica e teologia (a teologia serve-se da filosofia para traduzir a Revelação em fórmulas científicas capazes de esclarecer sua profundeza e sua beleza). Para eles, filosofia e teologia constituem um saber único, cujo objetivo é duplo: de um lado, esclarecer as verdades dogmáticas por meio da razão, e do outro, iluminar as verdades filosóficas por meio da fé.

No mundo cristão a consciência da distinção clara entre filosofia e teologia se formará somente na avançada Idade Média, mas mesmo então os pensadores cristãos se preocuparão com elaborar um sistema filosófico autônomo e tratarão da filosofia apenas ocasionalmente, isto é, quando a questão teológica de que tratam o requerer. Assim, no seio do cristianismo a filosofia será sempre humilde serva da teologia.

2. Relação entre cristianismo e filosofia grega*

O que mais se admira no cristianismo, quando de seu aparecimento no mundo filosófico-religioso do helenismo, é o caráter de absoluteza e intransigência com que ele se impôs. Em um mundo no qual pululavam as mais diversas filosofias e os mais singulares cultos religiosos, que podiam conviver e que de fato conviviam uns com os outros, sem hostilidades nem imposições, o cristianismo apresenta-se como a única reflexão filosófica válida, como a única escolha possível e que exige o homem todo. Desde o começo ele rejeita qualquer tentativa de compromisso e impõe-se em linha de princípio.

Por que isso? pode-se perguntar.

Pode-se dizer que o cristianismo se apresentou como *resposta às necessidades religiosas e às inquietações filosóficas* da época. O culto que ele propunha aos homens satisfazia às suas aspirações de religião pessoal e ao mesmo tempo dava a elas um caráter social de fraternidade universal. A figura do Salvador que o cristianismo apresentava refulgia de incomparável grandeza moral e religiosa; não se tratava de um herói lendário, mitológico ou alegórico, acessível somente através de cultos grosseiros e despersonalizantes. Cristo era um personagem histórico, assinalado pelos caracteres da divindade, verificáveis seja através do anúncio profético do Antigo Testamento, seja pelas provas divinas que caracterizaram a sua vida e a sua vitória sobre a morte.

Além disso, a nova religião *vinha de encontro às aspirações místicas,* profundamente sentidas na época: o desejo de uma "gnose", isto é, de um conhecimento mais profundo e divino da realidade, de uma iluminação transcendente, de uma união com a divindade que comportasse a salvação do mundo. Isto o cristianismo trazia na sua mensagem, sem, com isso, comprometer o conceito de um Deus pessoal, muitas vezes ausente das religiões helenísticas.

Simultaneamente, o cristianismo propunha uma base filosófica, de tipo dogmático, dos contornos da visão do mundo, o que não era pouco em uma dimensão cultural como a helenística, na qual o homem se interessava menos pelo conhecimento da verdade do que pelo lugar que lhe cabia no universo.

---

* Para mais pormenores sobre este tema, cf. também os capítulos XIII e XV deste volume.

Quando ingressou no contexto refinadamente helenístico da Alexandria de Clemente e Orígenes, a filosofia cristã apresentou-se como um sistema bem ordenado, correspondendo ao que de melhor a especulação grega clássica havia produzido, satisfazendo assim tanto aos racionalistas como aos espíritos místicos; os primeiros, atraídos pelo rigor lógico; os segundos, pelo culto espiritual que encontrava no cristianismo.

Mas a doutrina cristã respondia também às exigências éticas profundamente sentidas pela consciência universal, que se pusera na escola do estoicismo: moral simples e clara, fundada em imperativos indubitáveis, aberta a um universalismo que não conhecia discriminações de pessoas ou estirpes, de castas ou privilégios, e sobretudo elevada pela caridade, que anima e sublima todo o ideal moral cristão.

Finalmente o cristianismo apresentava aos seus seguidores um livro sagrado que, de acordo com os documentos que chegaram até nós, era muito superior à literatura religiosa daqueles séculos.

Em suma, o cristianismo impunha-se porque podia dar tudo o que as religiões concorrentes pretendiam dar, e o dava melhor.

Mas, acima de tudo, a religião cristã apresentava uma conciliação entre o angustiante temor da divindade ofendida pelo pecador e o estado de pecado, que atraía a misericordiosa compreensão de Deus. Isto é, conciliava a justiça de Deus com a sua misericórdia. A força desta mensagem exerceu sem dúvida uma atração invencível sobre as consciências perturbadas e ansiosas por salvação.

Nem se esqueça a força que advinha ao cristianismo em virtude do seu exclusivismo. Se os outros cultos podiam coexistir, uns ao lado dos outros, e se o fiel de uma religião podia participar livremente de um culto concorrente, o mesmo não se dava com o cristianismo, que exigia do fiel uma adesão plena, absoluta, intransigente e irreversível. Do ponto de vista psicológico, era certamente essa intransigência que dava ao adepto da nova fé a persuasão de estar de posse de uma verdade indubitável.

Além disso, a estrutura hierárquica da comunidade deu ao cristianismo uma forte unidade e coesão no plano sociológico, uma unanimidade de consenso e uma unidade de ação que faltavam às outras religiões da época. O progresso do cristianismo deve-se também a este componente distintivo.

Enfim, o exercício da caridade fraterna, o cuidado com os mais abandonados, o delicado culto dos mortos certamente influíram não pouco no ânimo de inúmeras populações.

No fundo deste novo sentimento de fraternidade universal, de compreensão de todos e de valorização de cada um, aparecia vivo também o valor da pessoa humana. Numa sociedade na qual o indivíduo valia pela função que desempenhava a serviço do Estado ou pelo prestígio da família, o cristianismo ensinava a verdadeira liberdade e a dignidade inerente à pessoa, fosse qual fosse sua condição em virtude do nascimento ou da função desempenhada na sociedade. Nenhuma outra fase da história humana foi tão profundamente revolucionária para a consciência individual e social como os dois primeiros séculos do cristianismo.

3. Cristianismo e gnose

Não é raro encontrar pessoas para as quais o cristianismo — pelo menos em aspectos particulares — depende da gnose. É verdade que termos da gnose — empregados, aliás, com sentido diferente — aparecem até em textos do Novo Testamento; é certo que o posicionamento cristão, nos séculos II e III, foi determinado em grande parte pela gnose. Mas, que se deve entender por *fenômeno gnóstico*? No helenismo tardio, quando o cristianismo já tinha aparecido, formou-se uma corrente de pensamento religioso para a qual confluíam hebraísmo, cristianismo e platonismo. Nesta base ambiciosamente eclética não deixou de inserir-se uma interpretação cosmológica fortemente impregnada pelas teogonias míticas da antiguidade pagã. Todo este esforço visava conduzir o homem à salvação mística, que era a aspiração mais difundida na época. Assim o gnosticismo aparece como tentativa ambiciosa de resolver, nos planos metafísico e religioso, a complexidade do problema do homem, estruturando uma antropologia metafísica que desembocava em um conhecimento divino identificado com a intimidade com a divindade. Mais santa do que qualquer purificação, a *gnose é* o ápice da iniciação religiosa: ela é um deus dentro de deus (A. Omodeo).

É difícil reduzir a uma exposição sistemática esta enorme pulverização de conceitos, esta imensa dispersão de "hipostatizações" em múltiplas e variadas correntes.

Tomando por base, todavia, o sistema de Valentino — o ambicioso teólogo de Alexandria que, ao lado de Basílides e Carpócrates, é um dos ideólogos da gnose no seu período de maior esplendor —, parece-nos que se pode resumir o sistema nas seguintes linhas essenciais: Deus eterno é princípio do bem; oposta a ele está a matéria eterna, princípio do mal; entre um e outro está o pleroma, mundo intermediário, povoado por *éons*, que em um complexo sistema emanatista, resolve não só o problema do um ao múltiplo — através de uma série de conjunções *(sizígias)* —, mas também o do conhecimento e o angustiante problema da origem do mal moral. O mundo não foi criado por Deus, que, sendo espiritual, não poderia criar a matéria, mas por um dos *éons*, o Demiurgo; este é o criador do céu, da terra e de todas as criaturas que os habitam. Quando o Demiurgo criou o homem, ele o fez terrestre *(kílico)*, e soprou na face dele a sua própria substância psíquica; por seu lado, a companheira do Demiurgo, Hachamoth, inseriu no homem parte da substância espiritual que permanecera prisioneira da materialidade; por isso, o homem sofre e suspira incessantemente por Deus. Outro *éon* desceu, num corpo aparente, ao nosso mundo para libertar da matéria o espírito do homem; este *éon* é Jesus, graças ao qual se realiza a redenção em seu duplo aspecto de iluminação e salvação, de conhecimento e vida.

Esta extravagante mistura de mitologia, platonismo, hebraísmo e cristianismo fascinou a muitos espíritos nos dois primeiros séculos cristãos e provocou grande atividade teológico-polêmica dentro da Igreja. Era uma quantidade de erros que sutilizava e volatilizava os dados essenciais do dogma, mas que aparentemente tinha também o mérito de elevar o crente à contemplação mística e mesmo à posse da verdade e essência divinas, de nutrir e exaltar a razão e os sentimentos; que prometia tirar o mal do mundo e elevar o homem a uma dimensão espiritual realmente superior.

Mas semelhante tensão levava à destruição da "comunidade" fraterna, dividindo a Igreja em duas camadas, a dos eleitos, dos psíquicos, dos perfeitos (como se julgavam os gnósticos) e a dos grosseiramente materiais ou "hílicos", dos pobres de espírito, dos não inspirados, todos massa de segunda classe.

Mas, mais grave do que este perigo de ordem sociológica, era a corrupção da verdadeira fé. Antes de tudo, eram negados os atributos de Deus: assim como ele não é criador do homem, também não é onipotente em relação ao mal. Um dualismo radical sustenta toda a estrutura sistemática da interpretação do real. Também a unidade da natureza é comprometida, e a tal ponto que a perfeição à qual o homem aspira passa a exigir o aniquilamento do seu componente material corpóreo. Finalmente, o próprio conceito de salvação, de redenção do mal em que o homem se encontra, esgota-se num fato imanente à autoconsciência do sujeito, reduzindo-se o redentor gnóstico a nada mais do que ao mistagogo deste imanente processo humano de autossalvação.

A luta contra a gnose dividiu-se em duas frentes: Ireneu dedicou-se a refutar o erro e a reafirmar o dogma cristão, enquanto Clemente de Alexandria e Orígenes procuraram salvar alguns valores da gnose que pudessem conciliar-se com o cristianismo, dando lugar a uma "gnose cristã", a qual, na realidade, salvo uma convergência no plano da expressão e da linguagem, permanece, quanto aos conceitos e à finalidade, um abismo intransponível.

QUESTIONÁRIO

1. Quando apareceu o cristianismo, observou-se no mundo helenístico uma emulação de sistemas filosóficos e de cultos religiosos: quais são os mais importantes? Por qual motivo?

2. Em que sentido de completeza e exclusividade se apresenta o cristianismo perante as aspirações do helenismo? Quais são as deficiências das religiões preexistentes?

3. O caráter de absoluteza, de unicidade, de definitividade que distingue a nova religião nos seus primeiros contatos com o helenismo, em vez de prejudicar a sua difusão, foi um fator de sua aceitação; por quê?

4. A estrutura hierárquica da Igreja e o exercício da caridade e das obras de misericórdia colocaram o cristianismo em situação privilegiada em relação aos outros cultos: quais foram as razões profundas, além das psicossociais já mencionadas?

5. O fenômeno gnóstico nos dois primeiros séculos do cristianismo e sua importância na história da evolução do dogma cristão.

6. Na exposição sistemática do gnosticismo aparecem conceitos de várias procedências: quais são elas?

7. A dependência da gnose em relação ao paganismo manifesta-se sobretudo no emanatismo mitificante dos *éons*.

8. A antropologia gnóstica e o esvaziamento do conceito cristão de salvação.

9. A polêmica antignóstica no Ocidente e no Oriente.

Índice analítico-sistemático dos termos mais importantes

(*Os números remetem às páginas do texto*)

Acidente

Aristóteles: elemento não necessário de um sujeito enquanto não pertence à sua essência 88, é um dos principais constitutivos das coisas materiais 88, próprio ou puramente acidental 88.

Alma

Demócrito: a alma é constituída de átomos mais leves 37; Pitágoras: natureza espiritual da a. e suas partes 25; Sócrates: doutrina da imortalidade da a. 52; Platão: a. universal infundida pelo Demiurgo 66, a. mortal 74, a. irascível, concupiscível, racional 72, imortalidade da a. 72-77, virtudes que regram a a. 79; Aristóteles: funções da a. 107, imortalidade da a. 107, vegetativa, sensitiva e racional 107; Agostinho: problema da espiritualidade e da imortalidade da a. 158, doutrina do traducianismo (q. v.) 159; Tomás de Aquino: união substancial entre a. e corpo 192, imortalidade da a. 192-196, a. é forma do corpo 195, a. racional desempenha as funções das almas inferiores 195.

Antropomorfismo

é o atribuir à divindade atributos humanos, como sucede na religião grega 13.

Apatia

Estoicos: a prática da virtude consiste na anulação das paixões e na superação da própria personalidade 121.

Apocatástase

Estoicos: reconstrução do mundo realizada pelo Logos 119; Orígenes: retorno universal de todas as criaturas a Deus mediante a Redenção 134.

Ataraxia

Epicuro: ausência total de preocupações. Nela consiste a felicidade. O prazer é, pois, ausência de dor 124.

Ato

Aristóteles: toda realidade que, como a forma, tem como características ser determinada, finita, perfeita e completa, dois tipos principais de a.: ação e resultado 99, tem tríplice prioridade sobre a potência 101.

Atomísmo

doutrina segundo a qual o elemento primordial é constituído de átomos; Demócrito: verdadeiro fundador do a. 37.

Categorias ou predicamentos

Aristóteles: ideias gerais que não podem ser reduzidas a nenhuma outra. São dez: substância, qualidade, quantidade, ação, paixão, relação, tempo, lugar, posição, hábito 88, características das c. 88.

Causa material, formal, eficiente, final

Aristóteles: causas fundamentais, delas se ocupa a metafísica 91.

Cepticismo

doutrina filosófica segundo a qual o homem não pode conhecer a verdade, mas somente procurá-la 125.

Conceito

Sócrates: universal 52; Aristóteles: fez o primeiro estudo sistemático sobre o c. 88; Estoicos: o c. é prolepse 123.

Conhecimento

Empédocles: o semelhante é conhecido através do semelhante: princípio básico do c. 36; Demócrito: o c. é captação dos átomos efetuada pelos órgãos sensoriais 38; Sofistas: o conhecimento não é verdadeiro, mas provável 43; Sócrates: distinção entre opinião e verdade 51, c. e moralidade identificam-se 54; Platão: c. é recordação 63, c. intelectivo e sensitivo: profunda distinção 67, graus do c. sensitivo e intelectivo 68; Aristóteles: várias formas de c. 90; Estoicos: o c. está na total compreensão ou catalepse do objeto 118; Epicuristas: o c. sensorial é o fundamento do verdadeiro conhecimento 123; Agostinho: duplo aspecto do problema do c. 148, três operações e três objetos do c. 149; Averróis: dois modos diversos de exprimir a mesma verdade: 182, c. intelectivo da mente humana 183; Tomás de Aquino: autossuficiência do c. humano 194; Boaventura de Bagnoregio: doutrina aristotélica da abstração 208, doutrina agostiniana da iluminação 208; Guilherme de Occam: O c. dos indivíduos não é representativo, mas intuitivo 219.

Contingência

Platão: existência de uma Ideia necessária e estática para explicar o nascer e o perecer das coisas 63.

Credo ut intelligam

Santo Anselmo: Creio para entender. Princípio que afirma a necessidade da fé para se conhecer a verdade religiosa e moral de modo ativo 168.

Demiurgo ou fiturgo

Platão: ser supremo, "criador e pai do universo", "artífice de todo objeto" 65, funções do d. 65.

Deus:

Aristóteles: existência e natureza de D. 103; Agostinho: razões da existência de D. 152, natureza de D., uno e trino 153; Anselmo: procedimento *a priori* e *a posteriori* para provar a existência de D. 196-197; Tomás de Aquino: existência de D. 196, as cinco provas da existência de D. 196, valor das cinco provas 196, natureza de D. 198-199; Boaventura: ascensão a D. 209, existência de D. 209, três tipos de conhecimento em D. 209; Duns Scot: causalidade, prova a existência de D. 214, distinção formal entre os atributos de D. 214; Guilherme de Occam: provas *a posteriori* da existência de D. 220, na vontade de D. duas potências 220; Nicolau de Cusa: natureza de D., síntese dos opostos 223-224, criação do mundo: contração de D. 224.

Devir

veja Vir-a-ser.

Ekpyrosis (Ecpirose)

destruição, pelo fogo, de todo o universo, uma vez atingido o máximo grau de perfeição 119.

Emanação

Plotino: processo pelo qual as coisas se originam do Um 140, e. do homem 142; Proclo: concepção triástica do processo de e. 144.

Entelécheia

alma, ato primeiro de um corpo físico orgânico; é a síntese de matéria e forma 106, exerce três funções: vegetativa, sensitiva, intelectiva 106-107.

Epoché

Pirron, Cépticos: suspensão de todo juízo 126.

Eros

PLATÃO: aspiração do homem pela sobrevivência 75, três formas do e.: procriação, glória, filosofia 75.

Escolástica

movimento doutrinal que se caracteriza como estudo da Revelação, tendo por instrumento sobretudo a filosofia de Aristóteles 177.

Estado: veja Política.

Estética

estudo e indagação do que seja a sensação experimentada diante de uma obra de arte, do que sejam a arte e o belo e de qual seja a sua função. PLATÃO: a e. está estreitamente ligada à metafísica e à moral 83, atitude negativa em relação à arte 83, arte como *mímesis* 84, motivos da condenação da arte 84; ARISTÓTELES: definição do belo 111, espécies fundamentais do belo 112, dois tipos de arte 112, função catártica e pedagógica da arte 112.

Ética

estudo concernente à origem e à natureza da lei moral, da virtude, da felicidade (veja Moral).

Exemplarismo

BOAVENTURA: propriedade que as coisas têm de serem imagem de Deus; ela deve ser objeto da filosofia 206.

Fé e razão

CLEMENTE DE ALEXANDRIA: a razão está a serviço da f. 133; ANSELMO DE AOSTA: a razão está a serviço da f. 168; ABELARDO: a r. tem uma posição de crítica em relação à f. 173; TOMÁS DE AQUINO: f. e r. são modos diferentes de conhecer 187, f. e r. não podem contradizer-se 187-188, a r. é incapaz, por suas próprias forças, de penetrar nos mistérios de Deus 188; a r. pode prestar um serviço precioso á f. 188; BOAVENTURA DE BAGNOREGIO: r. é subordinada à fé 205; GUILHERME DE OCCAM: não existe colaboração entre f. e r. 209.

Fílon

interpretação alegórica da Escritura 131, estrutura piramidal do universo 131, fazer na vida presente 131.

Filosofia

forma de saber que tem uma esfera particular de competência, sobre a qual procura adquirir informações válidas, precisas e ordenadas; escopo da f. 7, métodos da f. 8, partes principais da f.: lógica, epistemologia, metafísica, cosmologia, ética, psicologia, teodiceia, política estética 9; CÍCERO: a f. é consoladora dos que sofrem, reveladora do absoluto 128; CLEMENTE DE ALEXANDRIA: a função da f. não é somente metodológica e propedêutica, mas também constitutiva 133; renovação da f. por obra do cristianismo 146; AGOSTINHO: interpretação interiorista da f. 152.

Forma

ARISTÓTELES: a f. é a essência de todas as coisas e a substância primeira. Em "síntese" (sínolo) com a matéria, forma a substância material 98, *principium specificationis* (princípio de especificação) 98.

Helenismo

universalização da língua e da cultura helênicas e de sua expansão pelos países orientais 115.

História

AGOSTINHO: visão teológica da h. 160, diferença entre a visão agostiniana da h. e a visão grega 161, relação entre cidade celeste e cidade terrestre 162-163.

Homeomerias

ANAXÁGORAS: elemento primeiro dos seres 39.

Ideia

PLATÃO: tira da doutrina das I. todos os demais ensinamentos 63, natureza das I. 63, propriedades das I. 64, valor ontológico das I. 64, número das I. 65, crítica de Aristóteles à doutrina das I. 95.

Iluminação divina

AGOSTINHO: processo através do qual se dá o conhecimento da verdade eterna 150.

Justiça

ARISTÓTELES: distributiva: refere-se à distribuição, de acordo com os méritos, das honras e dos cargos 109, corretiva: refere-se à imposição das penas aos transgressores da lei e à restituição aos legítimos proprietários 109.

Lógica

estudo do problema da exatidão do raciocínio; ARISTÓTELES: primeiro estudo sistemático dos conceitos 88, método para deduzir conceitos novos de outros conceitos: o silogismo 88; EPICURISTAS: a l. é o cânon da verdade 123.

Lógoi spermatikói ou razões seminais

Estoicos: os germes irradiados pelo Logos na matéria 119.

Logos

HERÁCLITO: lei que regula a ordem e a harmonia das coisas 28; ESTOICOS: princípio ativo do universo 118; ORÍGENES: filho de Deus, mas inferior ao Pai, criador do mundo 134, a encarnação do Logos efetua a libertação do pecado 135.

Mal

AGOSTINHO: privação da realidade, realidade negativa, *privatio boni* (privação do bem) 156, causa do m. 156, as duas formas principais do m.: sofrimento e culpa 156, necessidade do m. 157, depois da culpa, o livre arbítrio decaiu e é incapaz de resistir ao m. 157.

Metafísica

é o estudo do fundamento último das coisas em geral; PARMÊNIDES: primeiro grande metafísico 34; ARISTÓTELES: definições de m. 90-92, características da m. 91, distingue-se da física e da matemática 91; AVICENA: divisão da realidade em "seres necessários por si" e "necessários em virtude de sua causa" 179, distinção entre essência e existência 179; TOMÁS DE AQUINO: a perfeição máxima é o ser 178, os seres originam-se por criação 190, a criação é participação da perfeição do ser aos outros seres 190, a limitação da perfeição do ser nos seres é devida a uma potência que é a essência 191, entre os seres, e entre os seres e o Ser há analogia ou semelhança 192; BOAVENTURA DE BAGNOREGIO: criação no tempo 207.

Metempsicose

veja Reencarnação.

Mito

representação fantasiosa exprimindo uma verdade 11, principais interpretações do m. 11-12, passagem da mitologia grega para a filosofia 9ss, funções do m.: religiosa, social e filosófica 11, diferença entre m. e filosofia 12.

Moral (ou Ética)

DEMÓCRITO: a felicidade consiste na paz da alma 38; SÓCRATES: a m. identifica-se com o conhecimento 54; SOFISTAS: a m. é convencional 44; PLATÃO: a filosofia de Platão tem uma orientação ética 78, a virtude é única: a conquista da verdade 79, várias funções da virtude: sabedoria, fortaleza, temperança, justiça 79, transformação sofrida pelos valores tradicionais 79, coincidência entre o itinerário gnosiológico e ético 79; ARISTÓTELES: a felicidade consiste na atuação da razão 108, a virtude, meio para a consecução da felicidade, consiste em praticar ações que estejam no meio entre dois excessos 109, virtudes do intelecto ou dianoéticas 109, virtudes morais 109; ESTOICOS: a virtude é uma disposição interna da alma pela qual ela está em harmonia consigo mesma, isto é, com o próprio Logos 120, a prática da virtude consiste na apatia 121; EPICURISTAS: a virtude é o meio para a consecução do prazer verdadeiro 124; CÉPTICOS: a felicidade consiste na suspensão do juízo 126; ABELARDO: a moralidade das ações depende somente da intenção 174.

Motor imóvel

ARISTÓTELES: o m. i. é Deus, causa final de todas as coisas 103.

Naturalismo jônico

corrente filosófica que estuda a natureza e procura explicá-la por um princípio que geralmente se encontra na própria natureza 20-23.

Neoplatonismo

sistema filosófico que realiza uma síntese entre o pensamento religioso pagão-oriental e o de Platão 136, objetivo do n. 136, características do n. 136.

Nominalismo

ROSCELLINO: solução segundo a qual os universais (q. v.) não existem; existe apenas um *flatus vocis* (emissão da voz); é a palavra, enquanto aplicável a muitos indivíduos, que exerce a função de universal 175.

Nous

PLOTINO: inteligência que procede diretamente do Um 141, o n. é *infinito* 142.

Política

estudo da origem e da estrutura do Estado; PLATÃO: a p. deve ter como instrumento a filosofia 80, origem do Estado 81, classes ideais do Estado ideal 81, fim do bom governo: o bem do homem 82, Estado ideal 82, formas de mau governo 83; ARISTÓTELES: origem do Estado 110, formas de constituições justas e injustas 111; AGOSTINHO: a origem do Estado deve-se ao pecado original 162; TOMÁS DE AQUINO: origem natural do Estado 200, Estado, sociedade perfeita 200, formas de governo: a melhor é a monarquia constitucional 200, relações entre Estado e Igreja 201; GUILHERME DE OCCAM: independência do Estado em relação à Igreja 220.

Potência

ARISTÓTELES: qualquer realidade que, como a matéria, tem como propriedades ser indeterminada, passiva e capaz de assumir várias determinações 99.

Princípio de não-contradição

é impossível que a mesma propriedade, considerada do mesmo ponto de vista, pertença e não pertença à mesma coisa 92, propriedades do princípio de n-c. 92.

Princípio primeiro

TALES: a água 20; ANAXÍMENES: o ar 1920; ANAXIMANDRO: o *ápeiron* 21; PITÁGORAS: o número 24; HERÁCLITO: o fogo 28; EMPÉDOCLES: os quatro elementos 35.

Razões seminais

AGOSTINHO: virtualidades impressas por Deus nas coisas no momento da criação 155; teorias das r. s. 155; BOAVENTURA DE BAGNOREGIO: presença dos germes das coisas na matéria, os quais se desenvolvem ao impulso de algum agente 208.

Realismo

ABELARDO: teoria segundo a qual o universal não é uma coisa, nem um simples *flatus vocis* (emissão da voz), mas um conceito tirado das coisas pela abstração 175.

Reencarnação:

doutrina segundo a qual as almas renascem em outros corpos até alcançarem a purificação total; PLATÃO: 77.

Religião:

República grega 13, r. grega dos mistérios ou orfismo 15; PROTÁGORAS: agnosticismo 44.

Reminiscência:

teoria de Platão segundo a qual as essências das coisas se encontram em nós enquanto recordações de uma intuição que teve lugar em outra vida 61; funções da r. 71.

Ser:

PARMÊNIDES: única realidade 33, s. imóvel, universal 33.

Sic et non (Sim e não)

ABELARDO: método que consiste em reunir teses opostas a respeito de assuntos diferentes, deixando ao leitor decidir de que lado está a verdade 173.

Si fallor sum (Se me engano, existo):

AGOSTINHO: princípio do qual procede a certeza da existência e do conhecimento: 149.

Silogismo

ARISTÓTELES: técnica elaborada para a dedução de conceitos novos a partir de conceitos já conhecidos 88.

Sofística

razões do seu aparecimento 41-42, suas exigências e seus interesses 41, principais ensinamentos da s. 42-43; SÓCRATES e a s. 51.

Substância

ARISTÓTELES: aquilo que por si mesmo não é nem qualidade, nem quantidade, nem nenhuma outra categoria; é primeira em relação ao conceito, ao conhecimento e ao tempo 97, s. material corruptível, material incorruptível, imaterial 97.

Tempo

AGOSTINHO: duração da natureza finita que não pode ser toda simultaneamente, tendo, por isso, necessidade de fases sucessivas e contínuas para realizar-se completamente 154, fases do t. 154,
nunc transiens (agora que passa) 154, medida do t. 154, origem do mundo no t. 154; BOAVENTURA: a criação se deu no t. 207.

Traducianismo

AGOSTINHO: teoria segundo a qual a alma, ou parte dela, passa de pai para filho através da geração 159.

Ultrarrealismo

PLATÃO: teoria das Ideias 61-66; GUILHERME DE CHAMPEAUX: teoria segundo a qual existem coisas universais da mesma natureza dos conceitos. Não existem fora das coisas particulares, mas nos indivíduos, os quais se diferenciam somente por notas acidentais 175.

Um

PLOTINO: denominação do Absoluto, do qual procedem todas as coisas 137, características do Um; simplicidade e transcendência 137, várias emanações do Um 140, retorno da alma ao Um 142; AVICENA: o Um realidade suprema, Deus 178. do Um procede a primeira inteligência 178.

Vir-a-ser (ou Devir)

HERÁCLITO: a realidade está toda no v-a-s. 29; EMPÉDOCLES: o v-a-s. é constituído pela luta de duas forças primordiais: Amor e ódio 36; ANAXÁGORAS: o v-a-s. consiste na união ou na separação das homeomerias (q. v.) 39; PLATÃO: em Platão o v-a-s. do mundo deve-se ao fato de que a matéria reflete sucessivamente várias ideias 66; ARISTÓTELES: o v-a-s. é uma potência que se está atuando 101, as quatro espécies principais de v-a-s. 102, princípio fundamental do v-a-s. 102.

SUMÁRIO

7 *Introdução*

7   1. Que é filosofia?
9   2. Mito e filosofia
12 3. A religião grega e a filosofia
16 4. O contexto social, político e econômico da filosofia grega

19 **I. Os Jônios**
19 1. Tales
21 2. Anaximandro
22 3. Anaxímenes

24 **II. Pitágoras**

28 **III. Heráclito**

31 **IV. Parmênides**

35 **V. Empédocles**

37 **VI. Demócrito**

39 **VII. Anaxágoras**

41 **VIII. Os Sofistas**
41 1. Origem e objetivos da sofística
42 2. Principais ensinamentos dos sofistas
43 3. Os expoentes da sofística

46 **IX. Sócrates**
46 1. A vida
47 2. A personalidade
48 3. O problema socrático
49 4. A missão de Sócrates
49 5. O método: a ironia e a maiêutica
50 6. Sócrates e os sofistas
51 7. Ensinamentos filosóficos
54 8. As escolas socráticas

58	**X. Platão**
58	1. A vida
60	2. As obras
61	3. A teoria das ideias
67	4. O conhecimento
71	5. A psicologia
78	6. A ética
80	7. A política
83	8. A estética
84	Conclusão
86	**XI. Aristóteles**
86	1. A vida
87	2. As obras
87	3. A forma literária: o tratado filosófico
88	4. A lógica
89	5. A metafísica
104	6. A física
105	7. A psicologia
108	8. A ética
110	9. A política
111	10. A estética
112	Conclusão
115	**XII. A Filosofia Helenística**
115	1. Caracteres gerais da reflexão filosófica durante o período helenístico
117	2. Os estoicos
122	3. Os epicuristas
125	4. Os cépticos
127	5. Os ecléticos
130	**XIII. Os Pensadores de Alexandria**
130	1. Filosofia e religião
131	2. Fílon
132	3. Clemente de Alexandria
134	4. Orígenes
136	**XIV. Plotino**
146	**XV. Agostinho de Hipona**
146	1. A vida
148	2. As obras
148	3. Conhecimento humano e verdades eternas
151	4. Valor da linguagem
151	5. Deus
153	6. O mundo e o tempo
156	7. Mal e liberdade
158	8. Espiritualidade e imortalidade da alma
160	9. A teologia da história
162	Conclusão

Sumário

- 164 **XVI. Severino Boécio**
- 168 **XVII. Anselmo de Aosta e seus contemporâneos**
- 168   1. Anselmo de Aosta
- 170   2. A escola de são Vítor
- 171   3. A escola de Chartres
- 173 **XVIII. Abelardo**
- 177 **XIX. Os filósofos árabes**
- 177   1. Avicena
- 180   2. Averróis
- 185 **XX. Tomás de Aquino**
- 185   1. A vida
- 186   2. As obras
- 186   3. Fé e razão
- 188   4. A filosofia do ser
- 192   5. Antropologia
- 196   6. Teologia natural
- 200   7. A política
- 201   Conclusão
- 204 **XXI. Boaventura de Bagnoregio**
- 205   1. Vida e obras
- 205   2. Relação entre fé e razão, entre filosofia e teologia
- 206   3. O exemplarismo
- 208   4. A psicologia
- 209   5. A teodiceia
- 211 **XXII. Duns Scot**
- 211   1. A vida
- 212   2. As obras
- 212   3. As fontes
- 213   4. A metafísica
- 214   5. A teodiceia
- 215   6. A antropologia
- 218 **XXIII. Guilherme de Occam**
- 218   1. Vida e obras
- 218   2. A "navalha de Occam"
- 219   3. Lógica e epistemologia
- 219   4. A Metafísica
- 220   5. A Teodiceia
- 220   6. A política
- 221   Conclusão
- 222 **XXIV. Nicolau de Cusa**
- 225 **XXV. A desagregação da escolástica: misticismo e agnosticismo**
- 226   1. Mestre Eckhart

228   2. Nicholas d'Autrecourt
229   3. Marsílio de Pádua

232   **Temas para pesquisas e exercícios**

236   **Apêndice — Cristianismo e filosofia**

236   1. Influência do cristianismo sobre a filosofia
239   2. Relação entre cristianismo e filosofia grega
241   3. Cristianismo e gnose

245   **Índice analítico-sistemático dos temas mais importantes**